新编21世纪金融学系列教材

证券市场概论

第六版

Introduction to Securities Market

魏建华 李 雯 方 芳等 主编

中国人民大学出版社
·北京·

内容简介

该书比较系统地介绍了证券市场的基本理论和基本概貌，特别是对证券的基本概念与内涵、市场运行与发展、市场的法规与监管制度等问题作了非常明确的表述，概念清楚，思路清晰，逻辑性较强，使读者能一目了然地把握当前中国证券市场的现状、存在的问题及解决的方向，对于进一步更深入地分析和探讨中国证券市场理论、发展趋势和政策走向具有较大的帮助和参考价值。本次修订，作者在上一版的基础上，对近几年来中国证券市场新的政策和新的特点进行了补充，并对数据进行了更新。

本书既适合作为金融专业学生的教材和参考用书，也可供金融从业人员参考阅读。

作者简介

魏建华，中央财经大学金融学院金融学系教授，中国人民大学财政金融学院经济学博士。主要研究领域为货币银行理论、资本市场理论、公共财政理论；主要承担课程为《货币银行学》、《财政学》、《财政与金融》等。

前言

《证券市场概论》(第六版)是在中国人民大学金融与证券研究所组织编写的《中国证券从业培训暨资格考试选用教材》系列丛书(第四版)第一和第六分册的基础上改编、修订而成的。

从上海和深圳证券交易所成立之日起，我国的证券市场已经走过了24年的发展历程。24年中，证券市场的规模不断扩大，投资者人数也迅速增加。截至2014年8月5日，沪深两市上市公司达2 555家，总市值达26 438.01亿元，相当于2013年GDP的46.52%。与此同时，沪深两市开户数不断增加。据中国证券登记结算有限责任公司统计数据显示，截至2014年8月1日，沪深股市账户总数达13 561.05万户。证券市场已经成为我国经济社会生活的重要组成部分。为此《证券市场概论》进行了第六次修订。

在本教材的修订中，作者参考了国内外已出版的相关教材、著作和论文。参考的主要教材是：吴晓求主编的“21世纪证券系列教材”(中国人民大学出版社，2002)之基础知识模块与规则体系模块的相关内容，以及吴晓求主编的《证券投资学》(第三版)(中国人民大学出版社，2013)。

此次修订在第五版的基础上补充了近年来中国证券市场新政策和新特点的内容。前几版的主要撰稿人和修订人有：吴晓求、陈雨露、方芳、魏建华、李焰、李凤云、应惟伟等。第六版的修订由魏建华负责。

目 录

第一章 证券投资工具 …… 1
第一节 证券概述 …… 1
第二节 股票 …… 2
第三节 债券 …… 7
第四节 证券投资基金 …… 8
第五节 金融衍生工具 …… 11
第二章 证券市场 …… 16
第一节 证券市场概述 …… 16
第二节 证券市场的基本功能 …… 19
第三节 证券发行市场（一级市场） …… 21
第四节 证券交易市场（二级市场） …… 25
第三章 债券 …… 29
第一节 债券概述 …… 29
第二节 政府债券 …… 34
第三节 公司债券 …… 40
第四节 金融债券 …… 45
第五节 国际债券 …… 49
第四章 证券投资基金 …… 54
第一节 证券投资基金概述 …… 54
第二节 证券投资基金的发展 …… 59
第三节 契约型投资基金与公司型投资基金 …… 62
第四节 封闭式投资基金与开放式投资基金 …… 65
第五节 证券投资基金的管理与托管 …… 67
第六节 证券投资基金的专家化管理 …… 69
第五章 金融衍生工具 …… 74
第一节 金融期货与期权 …… 75
第二节 可转换证券 …… 83
第三节 其他衍生工具 …… 88
第六章 证券市场中介 …… 97
第一节 证券公司 …… 97
第二节 证券服务机构 …… 103
第七章 证券市场运行 …… 114
第一节 证券发行和流通市场 …… 114

第二节　证券价格和价格指数 …… 120
第三节　证券投资的收益和风险 …… 136
第八章　证券市场法规体系与监管构架 …… 143
第一节　证券市场法规体系 …… 143
第二节　证券市场监管体系 …… 161
第三节　证券市场监管的主要内容 …… 170
第九章　证券从业人员的资格管理 …… 185
第一节　证券从业人员的资格管理 …… 185
第二节　证券业从业人员的道德规范和行为准则 …… 187
第十章　海外证券市场 …… 198
第一节　美国、英国及日本证券市场 …… 198
第二节　韩国及中国香港证券市场 …… 233

第一章

证券投资工具

第一节 证券概述

一、证券的定义

证券是各类财产所有权或债权凭证的通称，是用来证明证券持有人有权依据券面所载内容，取得相应权益的凭证。股票、国债、市政债券、基金证券、票据、提单、保险单、存款单等都是证券。

二、证券的产生

证券首先是一种信用凭证或金融工具，它是商品经济和信用经济发展的产物。例如，债券就是一种信用凭证，无论是企业债券、金融债券，还是政府债券，都是经济主体为筹措资金而向投资者出具的承诺到期还本付息的债权债务凭证。再如股票，它就是股份有限公司发行的用以证明股东的身份和权益，并据以行使对股份公司所有权的凭证。从筹资的角度看，股份制是一种特殊的信用形式，即通过信用将分散的资金集中起来有效地使用。没有信用的发展，就很难有大规模的集资，也不会有股票的发行与交易，股份制就难以确立。基金证券是同时具有股票和债券某些特征的证券。投资基金本身就是集资的一种形式，是将分散的资金集中起来创设一个基金，然后委托专门的基金管理人从事能保证投资人收益的组合投资，证券持有人则对基金拥有财产所有权、收益分配权和剩余财产分配权。这些作为资本信用手段的证券能定期领取利息或到期收回本金，且具有买卖价格，可以在证券市场上进行转让和流通。除此之外，还有作为货币证券的商业票据。在商品经济和生产社会化发展的过程中，企业为了追求利润最大化，必然要加速资本流通，缩短周转周期，尽量节约资本的使用，为此便产生了商业信用和作为商业信用手段的商业票据，如汇票、支票及本票等。这些商业票据不仅是一种信用工具，而且还可以在一定范围内周转流通，发挥流通手段和支付手段等部分货币职能。

三、有价证券及其基本类型

按照不同的标准，可以对证券进行不同的分类。按其性质的不同，可以将证券分为证据证券、凭证证券以及有价证券。

证据证券是指只是单纯地证明事实的文件，主要有信用证、证据（书面证明）等。在证据证券中，有一种具有特殊效力的证券，被称为“免责证券”，如提单等即属于此类。

凭证证券是指认定持证人是某种私权的合法权利者，证明持证人所履行的义务有效的文件。如存款单、借据、收据及定期存款存折等就属于这一类。凭证证券实际上是无价证券，其特点是：虽然凭证证券也是代表所有权的凭证，但不能让渡，不能真正独立地作为所有权证书来行使权利。例如，存款单就是民法中的消费寄存凭证，属于单纯的凭证证券，不是有价证券，因为它既没有可让渡性，也没有完全代替存款合同的功能。当然，这也不是一成不变的。20 世纪 60 年代，美国的商业银行为了阻止存款额的下降，以企业的富余资金为对象，发行一种可以让渡的大额可转让定期存单（即 CDs）来筹集大量资金，这种存款凭据显然已不同于一般的存款单，它实际上可以看作金融债券的一种，应该归入有价证券。

有价证券是表示对某种有价物具有一定权利的、可自由让渡的证明书或凭证。有价证券通常被分为三类：(1) 货币证券是对货币有请求权的凭证，其标的是一定的货币额，如银行券、票据、支票等。(2) 货物证券是对货物有请求权的凭证，其标的是特定的货物，如货运单、提单、栈单等。(3) 资本证券是对收益有请求权的凭证，如股票、债券、基金等。

第二节　股　票

一、股票的定义

股票是一种有价证券，它是股份有限公司公开发行的用以证明投资者的股东身份和权益，并据以获得股息和红利的凭证。

股票一经发行，持有者即为发行股票公司的股东，有权参与公司的决策，分享公司的利益，同时也要分担公司的责任和经营风险。股票一经认购，持有者不能以任何理由要求退还股本，只能通过证券市场将股票转让和出售。作为交易对象和抵押品，股票业已成为金融市场上主要的、长期的信用工具，但实质上，股票只是代表股份资本所有权的证书，它本身并没有任何价值，不是真实的资本，而是一种独立于实际资本之外的虚拟资本。

二、股票的特征

（一）收益性

收益性是指持有者凭其持有的股票，有权按公司章程从公司领取股息和红利，获取投资收益。认购股票就有权享有公司的收益，这既是股票认购者向公司投资的目的，也是公司发行股票的必备条件。

股票收益的大小取决于公司的经营状况和盈利水平。一般情况下，投资股票获得的收益要高于银行储蓄的利息收入，也高于债券的利息收入。

股票的收益性还表现在持有者利用股票可以获得价差收入和实现货币保值。也就是说，股票持有者可以通过低进高出赚取价差利润，或者在货币贬值时，股票会因为公司资产的增值而升值，或以低于市价的特价或无偿获取公司配发的新股而使股票持有者获得利益。

（二）风险性

股票的风险性是与股票的收益性相对应的。认购了股票，投资者既有可能获取较高的投资收益，同时也要承担较大的投资风险。

在市场经济活动中，由于多种不确定因素的影响，股票的收益不是事先确定的固定数值，而是一个难以确定的动态数值，它随公司的经营状况和盈利水平而波动，也受到股票市场行情的影响。公司经营得越好，股票持有者获取的股息和红利就越多；公司经营不善，股票持有者能分得的盈利就会减少，甚至无利可分。这样，股票的市场价格就会下跌，股票持有者就会因股票贬值而遭受损失；如果公司破产，则股票持有者可能连本金也保不住。由此可见，股票的风险性是与收益性并存的，股东的收益在很大程度上是对其所承担风险的补偿。

（三）稳定性

稳定性有两方面的含义：(1) 股东与发行股票的公司之间存在稳定的经济关系；(2) 通过发行股票筹集到的资金有一个稳定的存续期间。

股票是一种无期限的法律凭证，它反映着股东与公司之间比较稳定的经济关系。投资者购买了股票就不能退股，股票的有效存在又是与公司的存续期间相联系的。对于认购者来说，只要其持有股票，公司股东的身份和股东权益就不能改变；同时，股票又代表着股东的永久性投资，他只有在股票市场上转让股票才能收回本金。对公司来说，股票则是筹集资本金的主要手段，由于股票一经认购不能退回，因此通过发行股票所筹集到的资金在公司存续期间是一笔稳定的自有资本。

（四）流通性

股票具有很高的流通性。在股票交易市场上，股票可以作为买卖对象或抵押品随时转让。股票转让意味着转让者将其出资金额以股价的形式收回，而将股票所代表的股东身份及各种权益让渡给受让者。

流通性是股票的一个基本特征。股票的流通性是商品交换的特殊形式，持有股票类似于持有货币，随时可以在股票市场兑现。股票的流通性有利于社会资金的有效利用和资金的合理配置。

（五）股份的伸缩性

股份的伸缩性是指股票所代表的股份既可以分割，又可以合并。

1. 股份的分割

股份的分割即将原来的1股分为若干股。股份分割并没有改变资本总额，只是增加了股份总数。当公司利润增多或股票价格上涨后，投资者购入每手股票所需的资金增多，股票的市场交易就会发生困难。在这种情况下，就可以将股份分割来降低单位股票的价格，以争取更多的投资者，扩大市场的交易量。

2. 股份的合并

股份的合并即是将若干股股票合并成较少的几股或 1 股。股份合并一般在股票价格过低、公司合并等情况下采用。

（六）价格的波动性

股票在交易市场上作为交易对象，同其他商品一样，也有自己的市场行情和市场价格。股票价格的高低不仅与公司的经营状况和盈利水平密切相关，而且与股票收益与市场利率的对比关系紧密相连。此外，股票价格还会受到国内外经济、政治、社会以及投资者心理等诸多因素的影响。从这点上看，股票价格的变动又与一般商品的市场价格变动不尽相同，大起大落是它的基本特征。

股票在交易价格上所表现出的波动性，既是公司吸引社会公众积极进行股票投资的重要原因，也是公司改善经营管理、努力提高经济效益、增强公司竞争能力的一个重要外部因素。

（七）经营决策的参与性

根据有关法律的规定，股票的持有者即是发行股票的公司的股东，有权出席股东大会，选举公司的董事会，参与公司的经营决策。股票持有者的投资意志和享有的权益，通常是通过股东经营决策权的行使而实现的。股东参与公司经营决策的权利大小，取决于其所持有的股份的多少。从实践中看，只要股东持有的股票数额达到决策所需的实际多数，就能成为公司的决策者。

股票所具有的经营决策的参与性特征，对于调动股东参与公司经营决策的积极性和创造性，对于建立一个制衡性的、科学合理的公司治理机制，具有十分重要的意义。

三、普通股

普通股股票（common stock）是指每一股份对公司财产都拥有平等权益，即对股东享有的平等权利不加以特别限制，并能随股份有限公司利润的大小而分取相应股息的股票。

从经济运行实际来看，普通股股票具有以下特征。

（1）普通股股票是股份有限公司发行的最普通、最重要也是发行量最大的股票种类。股份有限公司最初发行的大都是普通股股票，通过这类股票所筹集的资金通常是股份有限公司股本的基础。普通股股票的发行状况与公司的设立和发展密切相关。

（2）这类股票是公司发行的标准股票，其有效性与股份有限公司的存续期间相一致。正因为如此，股票持有者就是公司的基本股东，平等地享有股东权利。股东参与公司经营决策的权利，不会被加以特别限制；当然，也不会赋予这些股东以特别权利。

（3）普通股股票是风险最大的股票。尽管持有这类股票的股东有获取股息和红利的权利，但股息和红利收益并不确定，而是随公司经营状况和盈利水平波动，而且必须在偿付了公司债务利息及优先股股东的股息之后才能分得。此外，受经济、社会、政治、文化及投资者心理等各种主客观因素的影响，股票市场的交易价格也会经常大幅度波动，从而给投资者带来重大影响，投资者因此要承受巨大的市场风险。

四、优先股

优先股股票（preferred stock）是指由股份有限公司发行的在分配公司收益和剩余

资产方面比普通股股票具有优先权的股票。可见，优先股股票是相对于普通股股票而言的。优先股股票是特别股股票的一种。特别股股票是股份有限公司为特定的目的而发行的股票，它所包含的股东权利要大于或者小于普通股股票。因此，凡权利内容不同于普通股股票的，均可统称为特别股股票。特别股股票当中，最具有代表性的是优先股股票。

由于优先股股票的价格容易受到利率变动的影响，较少受到公司利润变动的影响，因此优先股的价格增长潜力要低于普通股。然而由于优先股股东享有普通股股东不可比拟的优先权，这就使得优先股股票仍能受到普遍而广泛的欢迎。优先股的特征表现在以下方面。

1. 约定股息率

优先股股票在发行时即已约定了固定的股息率，且股息率不受公司经营状况和盈利水平的影响。按照公司章程的规定，优先股股东可以先于普通股股东向公司领取股息，所以，优先股股票的风险要小于普通股股票。不过，由于股息率固定，即使公司经营状况良好，优先股股东也不能分享公司利润增长的收益。

2. 优先分派股息和清偿剩余资产

当公司利润不够支付全体股东的股息和红利时，优先股股东可以先于普通股股东分取股息；当公司因解散、破产等进行清算时，优先股股东又可先于普通股股东分取公司的剩余资产。

3. 表决权受到一定限制

优先股股东一般不享有公司经营参与权，即优先股股票不包含表决权，优先股股东无权过问公司的经营管理。然而，在涉及优先股股票所保障的股东权益时，如果公司连续若干年不支付或无力支付优先股股票的股息，或者公司要将一般优先股股票改为可转换优先股股票时，优先股股东也享有相应的表决权。

4. 股票可由公司赎回

优先股股东不能要求退股，但却可以依照优先股股票上所附的赎回条款，由公司予以赎回。大多数优先股股票都附有赎回条款。发行可赎回优先股股票的公司赎回股票时，要在优先股价格的基础上适当地加价，使优先股股票的赎回价格高于发行价格，从而使优先股股东从中得到一定的利益。

设立和发行优先股股票，对于股票发行公司来说，其意义在于便于公司增发新股票，也有利于公司在需要时将优先股股票转换成普通股股票或公司债券，以减少公司的股息负担。而且由于优先股股东一般没有表决权，又可以避免公司经营决策权的分散。

对投资者来说，优先股股票的意义在于投资收益有保障，而且投资的收益率要高于公司债券及其他债券的收益率。

五、我国目前的股权结构

（一）国家股

国家股是指以国有资产向股份有限公司投资形成的股权。国家股一般是指国家投资或国有资产经过评估并经国有资产管理部门确认的国有资产折成的股份。国家股的股权所有者是国家，国家股由国有资产管理机构或其授权单位、主管部门行使国有资产的所有权职能。国家股股权也包含国有企业向股份有限公司形式转换时，现有国有资产折成的国有股份。

我国国家股的构成，从资金来源看，主要包括三部分：（1）国有企业由国家计划投资所形成的固定资产、国拨流动资金和各种专用拨款；（2）各级政府的财政部门、经济主管部门对企业的投资所形成的股份；（3）原有行政性公司的资金所形成的企业固定资产。

国家有三种持股策略方式，即控制企业100%的股份，控制企业50%以上的股份，控制企业50%以下的股份。国家控股的程度因企业与国计民生的关切程度不同而异。

国家股股权的转让，应该按照国家的有关规定进行。

（二）法人股

法人股是指企业法人以其依法可支配的资产向股份公司投资形成的股权，或者具有法人资格的事业单位或社会团体以国家允许用于经营的资产向股份公司投资所形成的股权。

法人股是法人相互持股所形成的一种所有制关系，法人相互持股则是法人经营自身财产的一种投资方式。法人股股票，应记载法人名称，不得以代表人姓名记名。法人不得将其所持有的公有股份、认股权证和优先认股权转让给本法人单位的职工。

法人股主要有两种形式：（1）企业法人股，是指具有法人资格的企业把其所拥有的法人财产投资于股份公司所形成的股份。企业法人股所体现的是企业法人与其他法人之间的财产关系，因为它是企业以法人身份认购其他公司法人的股票所拥有的股权。有些国家的公司法严格禁止企业法人持有自身的股权。（2）非企业法人股，是指具有法人资格的事业单位或社会团体以国家允许用于经营的财产投资于股份公司所形成的股份。

（三）公众股

公众股是指社会个人或股份公司内部职工以个人财产投入公司形成的股份。我国上市公司历史上曾经有两种公众股形式，即公司职工股和社会公众股。

（四）外资股

外资股是指外国和我国香港、澳门、台湾地区投资者以购买人民币特种股票形式向股份公司投资形成的股份，它分为境内上市外资股和境外上市外资股两种形式。

1. 境内上市外资股

境内上市外资股是指经过批准由外国和我国香港、澳门、台湾地区投资者向我国股份公司投资所形成的股权。境内上市外资股称为B种股票，是指以人民币标明票面价值，以外币认购，设立之初规定B股专供外国及我国香港、澳门、台湾地区的投资者买卖，因此又称为人民币特种股票。境内上市外资股在境内进行交易买卖。上海证券交易所的B股以美元认购和交易，深圳证券交易所的B股以港币认购和交易。截至2014年8月5日，在上海和深圳证券市场上市交易的B股共计104只，其中沪市53只，深市51只。

2001年2月19日，中国证监会发布通知，允许境内居民以合法持有的外汇开立B股账户，交易B股股票。设计B股之初的目的是为了筹集外汇资本，但随着经济环境的不断改变，我国由外汇短缺变为外汇过剩，B股市场“招商引资”的历史使命已基本结束。现在，B股市场几乎处于停滞状态，基本丧失了融资和并购重组的功能，面临着重新定位的问题，B股市场究竟何去何从？未来B转H、B转A、回购和AB并轨都是可能的改革路线。

2. 境外上市外资股

我国境外上市外资股主要有两种。

(1) H股。它是境内公司发行的以人民币标明面值（面额为1元），供境外投资者用外币认购，在香港联合证券交易所上市的股票。由于香港为第一发行地，故称为H股(名称取HongKong的首字母)。1993年，我国内地企业第一只H股——青岛啤酒在香港联合证券交易所上市，目前已有83家内地的优质企业成功实现在香港联合证券交易所上市。2006年11月27日，中国工商银行A股和H股分别在上海证券交易所和香港联合证券交易所主板进行交易，这是首家实行A股和H股同时发行的上市企业。2010年7月15日，中国农业银行A股在上海证券交易所上市，次日其H股在香港联合证券交易所主板上市，并打破了全球首次公开发行募集资金金额的纪录。

(2) N股。它是境内公司发行的以人民币标明面值，供境外投资者用外币认购，在纽约证券交易所上市的股票。但是在实践当中，大多数外国公司（即非美国公司，但不包括加拿大公司）都采用存托凭证（American depository receipt，ADR）形式而非普通股的方式进入美国股票市场。存托凭证，又称存券收据或存股证，是指在一国证券市场流通的代表外国公司有价证券的可转让凭证，属于公司融资业务范畴的金融衍生工具。以股票为例，存托凭证是这样产生的：某国一公司为使其股票在外国流通，就将一定数额的股票委托给某一中间机构（通常为某一银行，称为保管银行或受托银行）保管，由保管银行通知外国的存托银行在当地发行代表该股份的存托凭证，之后存托凭证便开始在外国证券交易所或柜台市场交易，凭证的持有人实际上是寄存股票的所有人。

第三节 债 券

一、债券的定义

债券（bond）是一种有价证券，是社会各类经济主体为筹措资金而向债券投资者出具的并且承诺按一定利率定期支付利息和到期偿还本金的债权债务凭证。由于债券的利息通常是事先确定的，所以债券又被称为固定收益证券。

债券的票面要素有：(1) 债券的票面币种。债券票面价值的币种，即债券以何种货币作为其计量单位。币种的选择要依据债券的发行对象和实际需要来确定。若发行对象是国内相关经济实体，可选择本币作为债券价值的计量单位；若发行对象是国外相关经济实体，可选择债券发行地国家的货币或国际通用货币作为债券价值的计量单位。(2) 债券的票面金额。不同的票面金额，可以对债券的发行成本、发行数额和持有者的分布产生不同的影响。如果票面金额较小，有利于小额投资者购买，但可能会增加发行费用，加大发行工作量；如果票面金额较大，债券则会更多地被大额投资者持有，降低发行费用，减轻发行工作量，但可能会减少债券的发行量。

(一) 债券的发行价格

债券的发行价格是指债券发行时确定的价格，债券的发行价格可能不同于债券的票面金额。当债券的发行价格高于票面金额时，称为溢价发行；当债券的发行价格低于票面金额时，称为折价发行；当债券的发行价格等于票面金额时，称为平价发行。债券的发行价格通常取决于市场的利率水平以及债券二级市场交易价格。

（二）债券的交易价格

债券离开发行市场进入流通市场进行交易时，便取得交易价格。债券的交易价格随市场利率和供求关系的变化而波动，同样可能偏离其票面价值。

（三）债券的偿还期限

债券的偿还期限指从债券发行之日起至清偿本息之日止的时间。债券的偿还期限一般分为三类：偿还期限在 1 年或 1 年以内的，称为短期债券；偿还期限在 1 年以上、10 年以下的，称为中期债券；偿还期限在 10 年以上的，称为长期债券。债券偿还期限的长短主要取决于债务人对资金需求的时限、未来市场利率的变化趋势、证券交易市场的发达程度。

（四）债券的利率

债券的利率即债券的利息与债券票面金额的比率。影响债券利率的因素主要有银行利率水平的高低、发行人的资信状况、债券偿还期限的长短、资本市场资金的供求状况等。

二、债券的类型

对债券可以从各种不同的角度进行分类，并且随着人们对融通资金需要的多元化，会有各种新的债券形式不断产生。目前，按不同的分类标准可将债券分为政府债券、金融债券、公司债券、国际债券、短期债券、中期债券、长期债券、永久债券、附息债券、贴现债券、单利债券、累进利率债券、固定利率债券、浮动利率债券、记名债券、不记名债券、信用债券、担保债券、实物债券、凭证式债券、记账式债券等类型。

三、债券的基本特征

债券作为一种债权债务凭证，与其他有价证券一样，也是一种虚拟资本。从投资者的角度看，债券具有偿还性、流动性、安全性、收益性等特征。

债券的偿还性、流动性、安全性与收益性之间存在着一定的矛盾。一种债券很难同时具备以上四个特征。如果某种债券流动性强，安全性高，人们便会争相购买，于是该种债券价格上涨，收益率降低；反之，如果某种债券的风险大，流动性差，购买者减少，债券价格低，其收益率相对提高。对于投资者来说，可以根据自己的投资目的和财务状况，对债券进行合理的选择和组合。

第四节 证券投资基金

一、证券投资基金的含义与性质

（一）证券投资基金的含义

证券投资基金是指一种利益共享、风险共担的集合证券方式，即通过发行基金证券，集中投资者的资金，交由专家管理，以资产的保值增值为根本目的，从事股票、债券等金融工具投资，投资者按投资比例分享其收益并承担风险的一种制度。视各国的具体情况不同，证券投资基金的投资对象可以是资本市场上的上市股票和债券、货币市场上的短期票据和银行同业拆借，也可以是金融期货、黄金、期权交易、不动产等，有时还包括虽未上市但具有发展潜力的公司债券和股权。

从以上分析中，我们可以看出证券投资基金包含了两层含义。

（1）证券投资基金是一种投资制度，它从广大的投资者那里聚集巨额资金，交给基金管理公司进行专业化管理和经营。在这种制度下，资金的运作受到多重监督。

（2）证券投资基金发行的基金券是一种面向社会大众的投资工具，投资者通过购买基金完成投资行为，并凭其分享证券投资基金的投资收益，承担证券投资基金的投资风险。

（二）证券投资基金的性质

1. 证券投资基金是一种金融市场的媒介

它存在于投资者与投资对象之间，起着把投资者的资金转换成金融资产，通过专门机构在金融市场上再投资，从而使货币资产得到增值的作用。证券投资基金的管理者对投资者所投入的资金负有经营、管理的职责，而且必须按照合同（或契约）的要求确定资金投向，保证投资者的资金安全和收益最大化。

2. 证券投资基金是一种资金信托形式

它与一般资金信托关系一样，主要有委托人、受托人、受益人三个关系人，其中受托人与委托人之间订有信托契约。但证券投资基金作为资金信托业务的一种形式，又有自己的特点。如果还有一个不可缺少的托管机构，它不能与受托人（基金管理公司）由同一机构担任，而且基金托管人一般是取得基金托管业务资格的大型商业银行或其他金融机构，具有较高的信用和管理水平；基金管理公司并不对每个委托人的资金都分别加以投资运用，而是将其集合起来，形成一笔巨额资金再加以组合、运作。

3. 证券投资基金本身属于有价证券的范畴

证券投资基金发行的凭证即基金券（或受益凭证、基金单位、基金股份）与股票、债券一起构成有价证券的三大品种。但证券投资基金与股票、债券所反映的关系是不同的，由此带来的收益和风险也是不同的。股票反映的是一种产权关系，其收益取决于多种因素的影响，因此其投资收益是不固定的，风险性较大。证券投资基金反映的是一种信托关系，除公司型基金外，购买基金券并不是取得所购基金券发行公司的经营权，也不参加证券的发行、销售工作；同时证券投资基金是由投资专家进行操作的，按照投资组合理论进行分散投资，因而能把非系统风险降到最低限度，把收益提到最高程度。从债券方面来说，债券反映的是债权人和债务人之间的一种借贷关系，双方通常事先确定利率，债务人到期必须还本付息给债权人，因此债权人的收益是固定的。证券投资基金则不同，不论是公司型证券投资基金还是契约型基金，其收益都是不固定的。在法律关系上，公司型基金持有人是发行公司的股东，而契约型基金则是一种信托关系，不同于借贷关系。总体而言，证券投资基金的投资风险小于股票但大于债券，因而其收益一般也大于债券投资。

二、证券投资基金的主要类型

证券投资基金因各国的历史、社会、经济、文化等环境不同，呈现出各种各样的形态。世界各国的基金虽然形式多样，但仍然可以根据不同的标准来对它们进行分类。如果按其组织形式和法律地位来分类，证券投资基金基本有两种类型，即契约型和公司型。公司型证券投资基金以美国为代表，美国的证券投资基金皆按公司形式组成，也称共同基金。契约型证券投资基金以日本为代表。可以说，目前世界上的各种证券投资基金基本上都可以归到这两种类型中去。当然，在这两种类型的基础上，又演变出其他不同的类型。

根据基金是否可自由赎回和基金规模是否固定，可将基金划分为开放式证券投资基金与封闭式证券投资基金。

根据投资风险与收益的目标不同，可将基金划分为积极成长型投资基金、成长型投资基金、成长及收入型投资基金、平衡型投资基金和收入型投资基金。

根据投资对象不同，可将基金划分为股票基金、债券基金、选择权基金、指数基金、期货基金和认股权证基金等。

根据投资来源和运用的地域不同，可将基金划分为国内基金、国际基金、海外基金、国家基金和地域基金等。

根据投资计划的可变更性，可将基金划分为固定型投资基金、半固定型投资基金和融通型投资基金。

根据基金是否收费，可将基金划分为收费基金与不收费基金。

另外，还有一种交易所交易基金（exchange traded fund，ETF）。ETF 是一种在交易所上市交易的开放式证券投资基金产品，交易手续与股票完全相同。ETF 管理的资产是一揽子股票组合，这一组合中的股票种类与某一特定指数，如上证 50 指数，包含的成份股票相同，每只股票的数量与该指数的成份股票构成比例一致，ETF 交易价格取决于它拥有的一揽子股票的价值，即“单位基金资产净值”。ETF 是一种混合型特殊基金，它克服了封闭式基金和开放式基金的缺点，同时集两者的优点于一身。ETF 可以跟踪某一特定指数，如上证 50 指数；与开放式基金使用现金申购、赎回不同，ETF 使用一揽子指数成份股票申购、赎回基金份额；ETF 可以在交易所上市交易。由于 ETF 简单易懂，市场接纳度高，自从 1993 年美国推出第一个 ETF 产品以来，ETF 在全球范围内发展迅猛。20 多年来，全球共有 37 个交易所交易着 6 330 多只 ETF，管理资产规模高达 120 000 多亿美元。研究表明，ETF 在我国具有广阔的市场前景，不仅有助于吸引保险公司、QFII 等机构和个人投资者进入股市，提高直接融资比例，而且能够活跃二级市场交易，增加市场的深度和广度。

三、证券投资基金的投资限制与投资组合

证券投资基金作为一种投资信托方式，具有特定的投资范围。为维护基金资产的安全性与流动性，保障投资者的合法权益，许多国家对证券投资基金实施投资限制政策。

1. 对投资对象的限制

一般来说，不同的投资基金具有不同的投资对象，加之各国相关法规有不同规定，所以对投资基金的投资对象和投资范围的划分也不一样，但总体来讲还是较为宽松的。

2. 对投资数量的限制

为分散投资风险以及避免影响股价公正，通常对基金的投资数量加以限制。一是对取得同一种类股票的限制，规定基金投资于任何一家公司股票的股份总额不得超过该公司已

发行股份总数的一定比例；二是对同一种股票的投资限制，要求基金对于每一发行公司发行的证券投资额不得超过该基金资产净值的一定比例。

3. 对投资方法的限制

各国除对投资基金的投资对象和投资数量作出一定限制外，对投资方法也作了较严格的限制。第一，禁止与基金本身或与关系人的交易，以维护交易的公正性；第二，限制基金资产相互间的交易，以避免基金投资者的利益受到损害；第三，禁止用基金资产从事信用交易。

四、证券投资基金的管理与托管

在基金的运作中，有两个重要的机构，即基金管理人和基金托管人。为了保证基金资产的安全，基金应按照资产管理和托管分开的原则进行运作，并由专门的基金托管人保管基金资产。基金主要投资于证券市场，为保证基金资产的独立性和安全性，基金托管人应为基金开设独立的银行账户，并负责账户的管理。基金银行账户的款项收付及资金划拨由基金托管人负责，基金投资于证券后，有关证券交易的资金清算由基金托管人负责。基金管理人的主要职责是负责投资分析、决策，并向基金托管人发出买进或卖出证券的相关指令。

因此，不论是银行存款账户的款项收付，还是证券账户的资金和证券清算，基金托管人都是按照基金管理人的指令行事，而基金管理人的指令也必须通过基金托管人来执行。从某种程度上讲，基金托管人和基金管理人是一种既相互合作又相互制衡、相互监督的关系。

2003 年 10 月 28 日，第十届全国人民代表大会常务委员会第五次会议通过《中华人民共和国证券投资基金法》（以下简称《基金法》），标志着我国对投资基金的管理进入了法治时代。该法已于 2012 年 12 月 28 日经第十一届全国人民代表大会常务委员会第三十次会议修订，并自 2013 年 6 月 1 日起施行，2003 年的版本已失效。《证券投资基金运作管理办法》（以下简称《管理办法》）于 2004 年 6 月 4 日由中国证券监督管理委员会第 93 次主席办公会议审议通过，自 2004 年 7 月 1 日起施行。《基金法》和《管理办法》是我国目前对证券投资基金实施监管的依据。

第五节　金融衍生工具

一、金融衍生工具的内涵

金融衍生产品的共同特征是保证金交易，即只要支付一定比例的保证金就可进行全额交易，不需实际上的本金转移，合约的了结一般也采用现金差价结算的方式进行，只有在满期日以实物交割方式履行的合约才需要买方交足货款。因此，金融衍生产品交易具有杠杆效应。保证金越低，杠杆效应越大，风险也就越大。

二、金融衍生工具的主要类型

国际上金融衍生产品种类繁多，活跃的金融创新活动接连不断地推出新的衍生产品。

金融衍生产品主要有以下三种分类方法。

（一）按产品形态分类

根据产品形态，可以分为远期、期货、期权和掉期四大类。

远期合约和期货合约都是交易双方约定在未来某一特定时间以某一特定价格买卖某一特定数量和质量资产的交易形式。

期货合约是期货交易所制定的标准化合约，对合约到期日及其买卖的资产的种类、数量、质量作出了统一规定。远期合约是根据买卖双方的特殊需求由买卖双方自行签订的合约。因此，期货交易流动性较高，远期交易流动性较低。

掉期合约是一种由交易双方签订的在未来某一时期相互交换某种资产的合约。更为准确地说，掉期合约是当事人之间签订的在未来某一期间相互交换他们认为具有相等经济价值的现金流（cash flow）的合约。较为常见的是利率掉期合约和货币掉期合约。掉期合约中规定的交换货币如果是同种货币，为利率掉期；若为异种货币，则为货币掉期。

期权交易是买卖权利的交易。期权合约规定了在某一特定时间以某一特定价格买卖某一特定种类、数量、质量原生资产的权利而非义务。期权合同有在交易所上市的标准化合同，也有在柜台交易的非标准化合同。

（二）按原生资产分类

根据原生资产大致可以分为四类，即股票、利率、汇率和商品。

如果再加以细分，股票类中又包括具体的股票和由股票组合形成的股票指数；利率类中可分为以短期存款利率为代表的短期利率和以长期债券利率为代表的长期利率；汇率类中包括各种不同币种之间的比值；商品类中包括各类大宗实物商品。

（三）按交易方法分类

根据交易方法，可分为场内交易和场外交易。

场内交易，又称交易所交易，指所有的供求方集中在交易所进行竞价交易的交易方式。这种交易方式具有交易所向交易参与者收取保证金，同时负责进行清算和承担履约担保责任的特点。此外，由于每个投资者都有不同的需求，交易所事先设计出标准化的金融合同，由投资者选择与自身需求最接近的合同和数量进行交易。所有的交易者集中在一个场所进行交易，这就增加了交易的密度，一般可以形成流动性较高的市场。期货交易和部分标准化期权合同交易都属于这种交易方式。

场外交易，又称柜台交易，指交易双方直接成为交易对手的交易方式。这种交易方式有许多形态，可以根据每个使用者的不同需求设计出不同内容的产品。同时，为了满足客户的具体要求，出售衍生产品的金融机构需要有高超的金融技术和风险管理能力。场外交易不断产生金融创新。由于每个交易的清算是由交易双方相互负责进行的，交易参与者仅限于信用程度高的客户。掉期交易和远期交易是具有代表性的柜台交易的衍生产品。

三、金融衍生工具的功能

（一）转移风险

现货市场的价格常常是短促多变的，处于不断的波动之中，这给生产者和投资者带来了价格波动的风险。以期货交易为首的衍生工具的产生，为投资者找到了一条比较理想的转移现货市场上价格风险的渠道。衍生工具的一个基本经济功能就是转移价格风险，这是通过套期保值来实现的，即利用现货市场和期货市场的价格差异，在现货市场上买进或卖出基础资产的同时或前后，在期货市场上卖出或买进相同数量的该商品的期货合约，从而在两个市场之间建立起一种互相冲抵的机制，进而达到保值的目的。正是因为衍生工具市场具有转移价格波动风险的功能，才吸引了越来越多的投资者，这也是其生命力之所在。

（二）形成权威性价格

在市场经济中，价格信号应当真实、准确，如果价格信号失真，必然影响经营者的主动性和决策的正确性，打击投资者的积极性。现货市场的价格真实度较低，如果仅仅根据现货市场价格进行决策，则很难把握未来价格变动的方向。期货市场的建立和完善，可形成一种比较优良的价格形成机制，这是因为期货交易是在专门的期货交易所进行的。期货交易所作为一种有组织的正规化的统一市场，聚集了众多的买方和卖方，所有买方和卖方都能充分表达自己的愿望，所有的期货交易都是通过竞争的方式达成的，从而使期货市场成为一个公开的自由竞争的市场，影响价格变化的各种因素都能在该市场上体现，由此形成的价格就能比较准确地反映基础资产的真实价格。在期货价格和基期价格之间存在比较稳定的“资产存置费用”价格差异，这笔存置费用包括储存成本、利息支出、折旧费用等等，通过资产存置费用就可以从期货价格中观察即期市场价格。

（三）调控价格水平

期货交易价格能准确地反映市场价格水平，对未来市场供求变动具有预警作用。如果某一工具价格下跌，则反映其在市场上需求疲软；反之，则反映该工具的市场需求旺盛。投资者可根据不同工具的市场价格水平变化，选择自己的投资策略；同时，管理部门也可根据期货市场价格的变化，选择自己的调控策略。

（四）提高资产管理质量

就投资者来讲，为了提高资产管理的质量，降低风险，提高收益，就必须进行资产组合管理。衍生工具的出现为投资者提供了更多的选择机会和对象。同时，企业也可利用衍生工具达到优化资产组合的目的。例如，通过利率互换业务，会使企业降低贷款成本，实现资产组合最优化。

（五）提高资信度

在衍生市场的交易中，交易对方的资信状况是交易成败的关键之一。资信评级为AA级或A级的公司很难找到愿意与它们交易的机构。但是，并非只有少数大公司才可进入衍生工具市场，因为该市场提供了制造“复合资信”（synthetic creditworthiness）的机制，即由母公司对子公司的一切借款予以担保，再经过评估机构的参与，子公司的资信等级会得到提高。此外，还有许多中小公司通过与大公司的互换等交易，无形中提高了自己的信誉等级。

（六）可使收入存量和流量发生转换

收入存量是指人们拥有财富的数量，而收入流量是指财富给人们带来的定期的收入或支出。收入的存量和流量给人们带来的效用是不同的。一般来讲，中年人对额外的收入流量的需求程度很低，而老年人则对收入存量的需求不高。从存量和流量的关系看，虽然有了存量才有流量，但两者却可以分离。黄金储蓄只有存量无流量。英国的永久性公债仅有流量而无存量，因而永远不还本付息，当然，如果将其在二级市场抛售，则流量可重新转为存量。

能够提供流量和存量之间转换的衍生金融工具是除息债券，它的基础资产是长期国债。除息债券将本金索取权和利息索取权一分为二，投资者既可保留利息索取权，又可出售本金索取权，这对老年人来讲是一个很好的投资选择。

四、金融衍生工具的缺陷

金融衍生工具虽然是为规避投资风险和强化风险管理目的而设计并发展的，但由于发展时间较短，各种配套机制尚不完善，导致金融衍生工具的大量运用对社会金融经济发展存在潜在的负面影响，有成为新的巨大风险源的可能性。

首先，金融衍生工具的杠杆效应对基础证券价格变动极为敏感，基础证券价格的轻微变动会在金融衍生工具上形成放大效应。其次，许多金融衍生工具在设计上实用性较差，不完善特性明显，投资者难以理解和把握，存在操作失误的可能性。再次，金融衍生工具集中度过高，影响面较大，一旦某一环节出现危机会形成影响全局的“多米诺骨牌效应”。

本章小结

本章第一节介绍了证券的一般性基础知识，包括证券的定义、产生和基本类型等内容。

第二节详细介绍了股票的定义、特征等，并对普通股及优先股进行了分析，在此基础上对中国的股权结构进行了介绍。

第三节介绍了债券的定义、特征及分类等内容。

第四节主要介绍了证券投资基金的内涵、特征、类型等内容，并简要介绍了证券投资基金的投资与组合以及证券投资基金的管理与托管等内容。

第五节简要介绍了金融衍生工具的产生、类型、功能及缺陷等方面的基本理论和基础知识。

本章关键问题

- 证券的定义、产生和基本类型；
- 股票的定义、特征；
- 普通股和优先股的比较；
- 我国目前的股权结构特征；
- 债券的定义、类型和基本特征；
- 证券投资基金的含义、性质和主要类型；
- 证券投资基金的投资限制与投资组合；
- 证券投资基金的管理与托管；
- 金融衍生工具的产生、主要类型、金融功能和缺陷。

本章思考题

一、名词解释

证券	有价证券	股票	普通股	优先股
国家股	法人股	社会公众股	外资股	债券
基金	证券投资基金	ETF	金融衍生工具	期货
远期	期权	掉期		

二、简答题

1. 简述有价证券的种类。
2. 股票有哪几种主要类型?
3. 简述普通股股票的基本特征和主要种类。
4. 普通股股东享有哪些主要权利?
5. 简述优先股股票的基本特征。
6. 简述债券的种类。
7. 证券投资基金与股票、债券有哪些异同?
8. 金融衍生工具可分为哪些种类?
9. 金融衍生工具的主要功能有哪些?

第二章

证券市场

第一节 证券市场概述

一、证券市场的定义

证券市场是有价证券发行与流通以及与此相适应的组织与管理方式的总称。证券市场作为资本市场的基础和主体，通常包括证券发行市场和证券流通市场。在发达的市场经济中，证券市场是完整的市场体系的重要组成部分，它不仅反映和调节货币资金的运动，而且对整个经济的运行具有重要影响。

与一般商品市场相比，证券市场具有四个基本特征：（1）证券市场的交易对象是股票、债券、证券投资基金等有价证券；而一般商品市场的交易对象则是具有不同使用价值的商品。（2）证券市场上的股票、债券等有价证券具有多重职能，它们既可以用来筹措资金，解决资金短缺问题，又可以用来投资，为投资者带来收益。也可用于保值，以避免或减少物价上涨带来的货币贬值损失。还可以通过投机等技术性操作争取价差收益。而一般商品市场上的商品则只能用于满足人们的特定需要。（3）证券市场上证券价格的实质是对所有权让渡的市场评估，或者说是预期收益的市场价格，与市场利率关系密切；而一般商品市场的商品价格，其实质则是商品价值的货币表现，直接取决于生产商品的社会必要劳动时间。（4）证券市场的风险较大，影响因素复杂，具有较大的波动性和不可预测性；而一般商品市场的风险较小，实行的是等价交换原则，波动较小，市场前景具有较大的可预测性。

二、证券市场的形成和发展

证券市场形成于自由资本主义时期，股份公司的产生和信用制度的深化是证券市场形成的基础。

在资本主义发展初期的原始积累阶段，16 世纪的西欧就已有了证券交易。当时的里昂、安特卫普已经有了证券交易所，最早在证券交易所进行交易的是国家债券。此后，随着资本主义经济的发展，所有权与经营权相分离的生产经营方式的出现，使股票、公司债券及不动产抵押债券依次进入有价证券交易的行列。进入20世纪，随着资本主义由自由竞争阶段过渡到垄断阶段，证券市场也以其独特的形式适应着资本主义经济发展的需要，在有效地促进资本积累和资本集中的同时，自身也获得了巨大的发展。在这个时期，由于虚拟资本大量膨胀，整个证券业处于高速发展阶段，有价证券的发行总额剧增。1929—1933年，资本主义世界发生了严重的全球性经济危机，危机的前兆就表现为股市的暴跌，随之而来的大萧条使证券市场受到严重影响。危机过后，证券市场仍处于长期的萧条之中。

第二次世界大战爆发后，虽然各交战国由于战争需要发行了大量公债，但就整个证券市场而言，仍然处于不景气之中。第二次世界大战结束后，随着欧美和日本经济的恢复和发展，世界各国经济不断增长，大大地促进了证券市场的复苏和发展。20世纪70年代特别是90年代后，全球主要证券市场出现了高度繁荣局面，证券市场的规模不断扩大，证券的交易也越来越活跃，并出现了一些引人注目的新特点。

中国证券市场的萌芽出现在清代末期。19世纪70年代后，清政府洋务派兴办了一些股份制企业。随着这些企业的出现，股票应运而生，为便利这些股票的转让交易，证券市场亦随之产生。我国最早的证券交易市场创立于光绪末年上海外商组织的“上海股份公所”和“上海众业公所”。在这两个交易所买卖的证券，主要是外国企业股票、公司债券、南洋一带的橡胶股票、中国政府的金币公债以及外国设在上海的行政机构发行的债券等，特别是其中的外国企业股票和橡胶股票交易占了很大的份额。中国人自己创办的交易所在辛亥革命前还不多见。1912年以后，中国证券交易规模逐渐扩大。1919年，北京成立了证券交易所，这是全国第一家专营证券业务的交易所；上海则成立了上海华商证券交易所。

新中国成立后，证券交易所被取消。1990年12月1日，深圳证券交易所开始试营业。1990年12月19日，新中国第一家证券交易所——上海证券交易所正式营业。1991年7月3日，在试营业了7个月之后，深圳证券交易所正式营业。

三、证券市场的分类

证券市场作为经营股票、公司债券、政府债券、证券投资基金等有价证券的场所，可以按照不同的标准进行分类，最常见的有如下三种。

（一）按交易对象划分

按交易的对象不同，可分为股票市场、债券市场和基金市场。

所谓股票市场就是进行各种股票发行和买卖交易的场所。股票市场按其基本职能又可分为股票发行市场和股票交易市场，二者在职能上是互补的。股票交易市场亦称流通市场、二级市场，是已发行的股票交易与转让的市场。股票发行市场则是股票发行人向投资者发售股票进行筹资活动的市场。

债券市场是进行各种债券发行和买卖交易的场所。债券市场按其基本职能也可分为债券发行市场和债券交易市场，二者也是紧密联系、相互依存、相互作用的。发行市场是交易市场的存在基础，发行市场的债券条件及发行方式影响交易市场债券的价格及流动性。交易市场能促进发行市场发展，为发行市场所发行的债券提供变现场所，保证了债券的流动性。交易市场的债券价格及流动性，直接影响发行市场新债券的发行规模、条件等。

基金市场是指进行基金证券发行和转让的市场。由于投资基金是一种利益共享、风险共担的集合投资制度，它通过发行基金证券，集中投资者的资金，交由基金托管人托管，由基金管理人管理，主要从事股票、债券等金融工具投资。基金证券本身作为一种投资工具，也可以自由买卖和转让，从而也就形成了投资基金的流通市场。

（二）按组织形式划分

按组织形式不同，可分为场内市场和场外市场。

场内市场是指交易所交易。交易所交易是最主要的证券交易场所，它是交易市场的核心。交易所交易必须根据国家有关证券法律规定，有组织、规范化地进行证券买卖。

场外市场通常是指柜台市场（店头市场）以及第三市场、第四市场，它是指在正式的证券交易所之外进行证券交易的市场。柜台交易一般是通过证券交易商来进行的，通常采用协议价格成交。这种协商大多数在交易商之间进行，有时也在交易商与证券投资者之间进行。柜台方式交易的证券，可能是已上市证券，也包括部分未上市证券。

（三）按证券市场功能划分

按证券市场功能的不同，可分为证券发行市场和证券交易市场。

证券发行市场由证券发行人、投资人和经纪人构成。发行人包括本国及外国的中央政府、地方政府、金融机构、企业等。认购者包括国内外广大投资者、大型机构投资者等。经纪人在连接发行主体和认购者之间的关系时，发挥着很大的作用，他们不仅要对即将发行的证券投资价值作出正确分析、评价，而且要对发行条件、发行额等进行具体分析，并对发行时的金融、证券市场等进行市场预测，同时根据分析预测结果进行综合判断。经纪人的这种综合分析判断能力，是其长期经验积累所形成的专门技能。

证券交易市场是买卖已发行证券的市场，也就是将发行市场上发行的证券，通过在交易市场上转让出售给第三者，从而收回投资。证券交易市场的核心功能之一是综合市场上众多投资者的信息形成资产价格。

此外，在证券流通市场中，还存在着除证券交易所交易以外的场外交易市场、第三市场和第四市场。第三市场是指非证券交易所成员在交易所之外买卖挂牌上市证券的场所。它的出现，形成了对证券交易所市场的巨大冲击，增强了证券业务的竞争，促使证券交易所也要采取相应措施来吸引顾客。第四市场则是由大企业、大公司、大金融机构等团体投资者绕开通常的证券经纪人，彼此之间直接买卖或交换大宗股票而形成的场外交易市场。在这种场外交易市场上进行证券买卖，不仅可以使交易过程极大简化，而且交易费用也会大幅降低。

四、证券市场的参与者

证券的发行、投资、交易和证券市场的管理都有不同的参与主体。一般而言，证券市场的参与者包括证券市场主体、证券市场中介、自律性组织和证券监管机构四大类。这些主体各司其职，充分发挥其本身的作用，构成了一个完整的证券市场参与体系。

（一）证券市场主体

证券市场主体包括证券发行人和证券投资者。

（1）证券发行人。证券发行人主要有政府、金融机构、有限责任公司、国有独资公司及股份有限公司，其中政府包括中央政府和地方政府。

（2）证券投资者。证券投资者则既是资金的供给者，也是金融工具的购买者。投资者通常包括个人投资者、机构（集团）投资者，其中个人投资者是证券市场最广泛的投资者。

随着经济全球化、金融一体化趋势的不断发展，证券的发行与买卖早已超出了一国国界的限制。外国公司、外国金融机构、个人等外国投资者可以购买别国发行的证券，或者某国发行公司通过跨国公司在境外发行证券，向外国个人或团体募集资金。目前我国上市公司可以通过发行B股、H股、N股等方式实现国际发行融资，供境外投资者认购。此外，中国企业还可以通过发行美国存托凭证（ADR）、红筹股模式等融资制度安排进入国际证券市场筹资和进行交易。

2002年11月7日，中国证券监督管理委员会公布《合格境外投资者境内证券投资管理暂行办法》，该办法自2002年12月1日起施行，标志着中国证券市场正式引入了合格境外机构投资者（QFII）制度。为了进一步规范合格境外机构投资者在中国境内证券市场的投资行为，促进中国证券市场的发展，《合格境外机构投资者境内证券投资管理办法》由中国证券监督管理委员会第170次主席办公会、中国人民银行第4次行长办公会和国家外汇管理局第5次局长办公会审议通过，并已于2006年9月1日起正式实施。截至2014年7月底，已经有瑞士银行、花旗环球金融有限公司、德意志银行、汇丰银行、摩根大通银行等共252家境外机构获得QFII资格，总投资额度达578.98亿美元。

（二）证券市场中介

证券市场上的中介机构主要包括：（1）证券承销商和证券经纪商，主要是取得相关资质的证券公司；（2）证券交易所以及证券交易中心；（3）具有证券律师资格的律师事务所；（4）会计师事务所或审计师事务所；（5）资产评估机构；（6）证券评级机构；（7）证券投资的咨询与服务机构。

（三）自律性组织

自律性组织一般指行业协会，它发挥政府与证券经营机构之间的桥梁和纽带作用，促进证券业的发展，维护投资者和会员的合法权益，完善证券市场体系。我国证券业自律性机构主要有中国证券业协会和中国国债协会等。

（四）证券监管机构

现在世界各国证券监管体制的机构设置，可分为专管证券的管理机构和兼管证券的管理机构两种形式，它们都具有对证券市场进行管理和监督的职能。

在我国，对证券市场进行监管的机构主要是中国证券监督管理委员会。经过授权，中国证监会的派出机构也可在一定范围内行使部分监管职能。

第二节 证券市场的基本功能

证券市场是市场经济中一种高级的市场组织形态，是市场经济条件下资源合理配置的重要机制。世界经济发展的历史证明，它不仅可以推动本国经济的迅速发展，而且对国际经济一体化具有深远的影响。目前，世界上不少证券市场已发展成为国际著名的金融中心，发挥着重要的作用。

一、证券市场提供风险管理的方法

资金和风险经常是“捆绑”在一起，同时通过金融体系转移的，所以资金通过证券市场转移的同时，风险也在转移。证券市场上还有一些金融产品，本身不是为了转移资金、而更主要地是为了转移风险而设计，例如，期货、期权等衍生金融产品。证券市场具备强大的信息处理和资产定价功能，其交易的产品又具备良好的流动性、较低的交易成本、很高的财务杠杆、资金容量大等特性，可以很方便地构造各种投资组合，达到特定的风险管理目标。如果投资组合现金流是用来对冲原有资产风险暴露的现金流，构成的就是风险对冲组合；如果投资组合现金流进一步加大了原有资产的风险暴露，则构成的就是投机交易组合。

二、证券市场有利于证券价格的统一和定价的合理

证券交易价格是在证券市场上通过证券需求者和证券供给者的竞争所反映的证券供求状况所最终确定的。券商的买卖活动不仅由其本身沟通使买卖双方成交，而且通过券商的互相联系，构成一个紧密相连的活动网，使整个证券市场不但成交迅速，而且价格统一，使资金需求者所需要的资金与资金供给者提供的资金迅速匹配。证券市场中买卖双方的竞争，易于获得均衡价格，这比场外个别私下成交公平得多。证券的价格统一、定价合理，是保障买卖双方合法权益的重要条件。

三、证券市场是资源合理配置的有效场所

证券市场的产生与发展适应了社会化商品经济发展的需要，同时也促进了社会化大生产的发展，它的出现在很大程度上削弱了生产要素部门间转移的障碍。因为在证券市场中，企业产权已商品化、货币化、证券化，资产采取了有价证券的形式，可以在证券市场上自由买卖，这就打破了实物资产的凝固和封闭状态，使资产具有最大的流动性。一些效益好、有发展前途的企业可根据社会需要，通过控股、参股方式实行兼并和重组，发展资产一体化企业集团，开辟新的经营领域。另外，在证券市场上，通过发行债券和股票广泛吸收社会资金，其资金来源不受个别资本数额的限制，这就打破了个别资本有限从而难以进入一些产业部门的障碍，有条件也有可能筹措到进入某一产业部门最低限度的资金数额。这样，证券市场就为资本所有者自由选择投资方向和投资对象提供了十分便利的活动舞台，而资金需求者也冲破了自有资金的束缚和对银行等金融机构的绝对依赖，有可能在社会范围内广泛筹集资金。随着证券市场的不断深化发展，其对产业结构调整的作用将大大加强，同时得到发展的产业结构又转而成为证券市场组织结构、交易结构、规模结构的推动力，促进证券市场的发展。这种证券市场与产业结构调整的关系，就在于它使资产证券化，从而有助于生产要素在部门间的转移和重组。

四、证券市场是筹集资金的重要渠道

在证券市场上进行证券投资，一般都能获得高于储蓄存款利息的收益，且具有投资性质，所以，能吸引众多的投资者。对于证券发行人来说，通过证券市场可以筹集到一笔可

观的资金，用这些资金或补充自有资金的不足，或开发新产品、上新项目，有利于迅速增强公司实力。要在较短时间内迅速筹集到巨额资金，只有通过证券市场这个渠道才能实现。

五、证券市场是一国中央银行宏观调控的场所

从宏观经济角度看，证券市场不仅可以有效地筹集资金，而且还有资金“蓄水池”的作用和功能，这种“蓄水池”是可调的，而不是自发的。各国中央银行正是通过证券市场这种“蓄水池”的功能来实现其对货币流通量的宏观调节，以实现货币政策目标。

当社会投资规模过大、经济过热、货币供给量大大超过市场客观需要量时，中央银行可以通过在证券市场上卖出有价证券（主要是政府债券），以回笼货币，紧缩投资，平衡市场货币流通量，稳定币值；而当经济衰退、投资不足、市场流通因货币供给不足而呈现出萎缩状态时，中央银行则通过在证券市场上买进有价证券（主要是政府债券），以增加货币投放，扩大投资，刺激经济增长。

第三节　证券发行市场（一级市场）

一、证券发行市场的定义

证券发行市场，是指证券发行人向投资者出售证券以筹集资金的市场，又称初级市场或一级市场。从形式上说，证券发行市场是证券交易市场的基础，它与证券交易市场构成统一的证券市场整体，两者相辅相成、相互联系、相互依赖，是一个不可分割的整体。证券发行市场是证券交易市场的基础和前提，有了发行市场的证券供应，才有交易市场的证券交易。而证券交易市场是证券发行市场得以持续和扩大的条件，没有发达的交易市场，发行市场就难以生存和发展。此外交易市场的交易价格制约和影响着发行市场的证券发行价格。

证券发行市场通常是一个无形市场，没有具体的固定场所。从理论上说，证券发行人直接或者通过中介人向社会进行招募，投资者购买其证券的交易行为即构成证券发行市场。

由此可见，证券发行市场由发行人、投资人和中介人等要素构成。

（一）发行人

证券发行人是指符合发行条件并且正在从事证券发行或者准备进行证券发行的政府组织、企业或者金融机构，它是构成证券发行市场的首要因素。为了保障社会投资者的利益，维护证券发行市场的秩序，防止各种欺诈舞弊行为，多数国家的证券法规都对证券发行人的主体资格、净资产额、经营业绩和发起人责任设有条件限制。《中华人民共和国证券法》对证券发行人也规定了严格的条件要求。

（二）投资人

证券发行中的投资人是指根据发行人的招募要约，已经认购证券或者将要认购证券的个人或机构投资者，它是构成证券发行市场的另一基本要素。在证券发行实践中，投资人

的构成较为复杂，它可以是个人，也可以是金融机构、基金组织、企业组织或其他机构投资人；它可以是未来享有股权的投资者，也可以是持股代理人，或仅以承销为目的的中介人。

（三）中介人

在证券发行市场上，中介机构主要包括证券公司、会计审计机构、律师事务所、资产评估事务所等为证券发行与投资服务的中立机构。它们是证券发行人和投资者之间的中介，在证券发行市场上占有重要地位。

二、证券发行方式

证券发行是指政府、企业为了财政的需要或筹集资本的需要，在一级市场按照法律规定的条件和程序，通过证券承销商向投资者发行证券的行为。证券发行的方式很多。

（一）按发行对象划分

按发行对象不同，可分为私募发行与公募发行。

1. 私募发行

私募发行是指仅向少数特定投资者发行证券的一种方式，也称内部发行。发行对象一般是与发行人有特定关系的投资者，如发行人的职工或与发行人有密切关系的金融机构、公司、企业等。发行人的资信情况为投资者所了解，不必像公募发行那样向社会公开内部信息，也没有必要取得证券资信级别评定。私募发行手续比较简单，可节省发行费用，但私募证券一般不允许上市流通。

2. 公募发行

公募发行是指向广泛的不特定的投资者公开发行证券的一种方式。公募发行涉及众多投资者，其社会责任和影响很大。为保证投资者合法权益，政府对证券的公募发行控制很严，要求发行人具备较高的条件，如募集公司必须向社会提供各种财务报表及其他有关资料等。公募证券可以上市流通，具有较高的流动性，因而易于被广大投资者接受。公募发行提高了发行人在证券市场的知名度，扩大了社会影响，能够在较短的时间内筹集到大量资金，因而也有利于发行人。公募发行的不足之处是手续比较复杂，发行成本较高。

（二）按发行过程划分

按发行过程划分，可分为直接发行和间接发行。

1. 直接发行

直接发行是指发行人不通过证券承销机构而自己发行证券的一种方式。发行人自己直接发行股票，多是私募发行。如股份有限公司采用发起设立方式筹集股份，由于首次发行股票全部由发起人直接认购，属于直接发行之列。另外，一些公司为了调整资本结构或积累资本，只需在公司内部以某种转化方式，无偿地发行新股，包括资本公积金转增股本、股票分红、股份分割以及债券股票化等，也都属于直接发行之列。当然，直接发行的股票不只局限于内部发行的股票。有些国家的股份公司从节约发行费用的角度出发，对公众发行的股票也采用直接发行的办法。直接发行证券有利亦有弊，一般而言，直接发行可节约证券发行成本，但发行风险完全由发行公司自行承担。这种发行方式并不普遍采用，一般仅适用于发行风险较小，手续较为简单，数额不多的股票发行。在国外主要由知名度高、有实力的公司向现有股东销售股票时采用。

2. 间接发行

间接发行亦称承销发行，是指发行人不直接参与证券的发行过程，而是委托给一家或几家证券承销机构承销的一种方式。证券承销机构一般为投资银行、证券公司、信托投资公司等。间接发行对于发行人来说，虽然要支付一定的发行费用，但是有利于提高发行人的知名度，筹资时间较短，发行人风险也较小。因此，一般情况下，证券发行大都采用间接发行方式。

根据《中华人民共和国公司法》的规定，公司向社会公开发行股票，不论是募集设立时的首次发行股票还是设立后再次发行新股，均应当由依法设立的证券经营机构承销，即采用间接发行方式。具体而言，证券承销商承销证券的业务主要有代销和包销方式。证券代销是指证券承销商代发行人发售证券，在承销期结束时，将未售出的证券全部退还给发行人的承销方式。承销机构不负承购剩余证券的责任，而是将未售出的证券归还发行人，发行风险由发行公司自己承担。证券包销则是指证券承销商将发行人的证券按照协议全部购入，或者在承销期结束时将售后剩余证券全部自行购入的承销方式。包销方式可以使得发行人不承担发行风险，但不利之处是实际付出的发行费用通常较高。

三、证券发行价格的确定

（一）股票发行价格的确定

1. 发行价格的种类及基本规定

股票发行价格指股份有限公司将股票公开发售给特定或非特定投资者所采用的价格。《中华人民共和国公司法》规定，股票不能以低于股票票面金额的价格发行。根据发行价与票面金额的不同差异，发行价格可以分为面值发行与溢价发行。《中华人民共和国证券法》第 34 条规定："股票发行采取溢价发行的，其发行价格由发行人与承销的证券公司协商确定。"

一般而言，在确定股票发行价格时应综合考虑公司的盈利水平、公司潜力、发行数量、行业特点以及股市状态等影响股价的基本因素。

2. 确定发行价格的方法

确定股票发行价格的方法主要有市盈率法、净资产倍率法和竞价确定法等。

(1) 市盈率法。市盈率又称本益比（price to earnings ratio，简称 P/E），是指股票市场价格与每股收益的比率。计算公式为：

$$\text{市盈率}=\frac{\text{股票市场价格}}{\text{每股净盈利}} \tag{2—1}$$

$$\text{每股净盈利}=\frac{\text{税后利润}}{\text{股份总额}} \tag{2—2}$$

每股税后利润的计算通常有两种方法：一种为完全摊薄法，即用发行当年预测全部税后利润除以总股本，直接得出每股税后利润；另一种是加权平均法。不同的方法得到不同的发行价格，每股税后利润确定采用加权平均法较为合理，因为股票发行的时间不同，资金实际到位的先后将对企业效益产生较大影响，同时投资者只有在购股后才享受应有的权益。

加权平均法的计算公式为：

$$每股净盈利=\frac{发行当年预测净利润}{\frac{发行前}{总股本数}+\frac{本次公开}{发行股本数}\times(12-发行月份)\div 12} \quad (2—3)$$

通过市盈率法确定股票发行价格，首先应根据专业会计师审核后的盈利预测计算出发行人的每股净盈利；其次可根据二级市场的平均市盈率、发行人的行业情况（同类营业公司的股票市盈率）、发行人的经营状况及其成长性等拟订发行市盈率；最后依据发行市盈率与每股净盈利之乘积决定发行价。

发行价计算公式为：

$$发行价=每股净盈利\times发行市盈率 \quad (2—4)$$

（2）净资产倍率法。净资产倍率法又称资产现值法，指通过资产评估（物业评估）和相关会计手段确定发行人拟募股资产的净现值和每股净资产值，然后根据证券市场的状况将每股净资产值乘以一定的倍率或一定的折扣，以此确定股票发行价格的方法。

净资产倍率法常用于房地产公司或资产现值有重要商业利益的公司的股票发行。以此种方式确定每股发行价格不仅应考虑公平市值，而且还需考虑市场所能接受的溢价倍率或折扣倍率。其公式为：

$$发行价格=每股净资产值\times溢价倍率(或折扣倍率) \quad (2—5)$$

（3）竞价确定法。竞价确定法是指投资者在指定时间内通过交易柜台或者证券交易所交易网络，以不低于发行底价的价格并按限购比例或数量进行认购委托，申购期满后，由交易所的交易系统将所有有效申购按照价格优先、同价位申报按照时间优先的原则，将投资者的认购委托由高价位到低价位排队，并由高价位到低价位累计有效认购数量，当累计数量恰好达到或超过本次发行数量时，价格即为本次发行的价格。

如果在发行底价上仍不能满足本次发行股票的数量，则竞价的底价为发行价。

发行底价也可由发行人和承销商根据发行人的经营业绩、盈利预测、投资的规模、市盈率、发行市场与股票交易市场上同类股票的价格及影响发行价格的其他因素，共同研究协商确定。

（二）债券发行价格的确定

债券的发行价格，是债券投资者认购新发行的债券时实际支付的价格。举债人在准备发行债券时，通常要按市场收益率来确定债券的票面利率，但资金市场的利率是不断变化的，市场收益率也随之发生变化。市场收益率在短时间内可能上升或下降，从而使事先确定的票面利率与债券发行时的市场收益率出现差异，如果仍按票面值发行债券就会使投资者得到的实际收益率与市场收益率不相等。因此，需要调整债券发行价格，以使投资者得到的实际收益率与市场收益率相等。债券发行价格的计算公式随利息支付方式的不同而不同，下面仅以单利计息、按年付息的方式来说明债券发行价格的计算公式。

$$发行价格=A\sum_{t=1}^{N}\frac{1}{(1+市场收益率)^t}+\frac{面值}{(1+市场收益率)^N} \quad (2—6)$$

式中，N 为债券有效期限；A 为年息。

四、初始信息披露及其法定文件

股份有限公司公开发行股票并上市，依照《中华人民共和国公司法》、《中华人民共和国证券法》、《股票发行与交易管理暂行条例》和有关部门规章等规定，必须进行公开信息披露。首次公开发行股票的信息披露文件主要包括：招股说明书及其附录和备查文件；招股说明书摘要；发行公告；上市公告书。

第四节　证券交易市场（二级市场）

一、证券上市与终止上市

（一）证券上市

证券上市是指已公开发行的证券经过证券交易所批准在交易所内公开挂牌买卖，又称交易上市。证券的上市具有提高上市公司的经济与社会地位，便于以后新证券的发行和提高证券流动性的作用。

申请上市的证券必须满足证券交易所规定的条件，方可批准挂牌上市。各国对证券上市的条件与具体标准有不同的规定。

股票上市的一般程序见图 2—1。

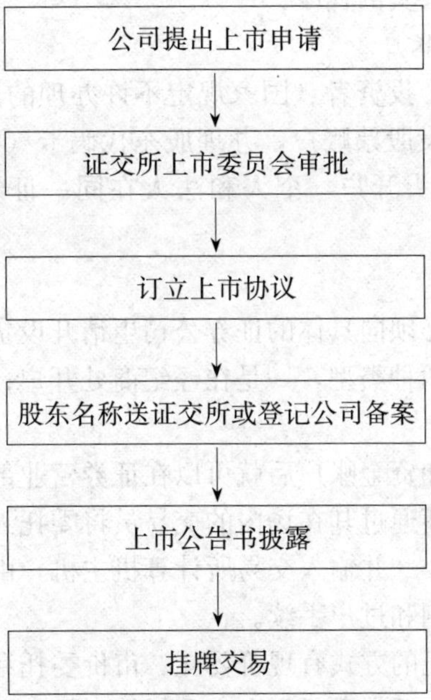

图 2—1　股票上市的一般程序

各国对于债券上市都有一定的标准，上市过程也就是各有关机构对其债券审查是否达到标准的过程。综合各国债券上市的实际操作，一般债券上市的程序为：发行公司提出上市申请；证券交易所初审；证券管理委员会核定；订立上市契约；发行公司交纳上市费；

确定上市日期；挂牌买卖。

（二）终止上市

公司证券的上市资格并不是永久的，当不能满足证券交易所关于证券上市的条件时，它的上市资格将被取消，交易所将停止该公司股票的交易，称为终止上市或摘牌。证券交易所一般在摘牌前先给予暂停上市处理，以示警告；对在规定期限内未能解决存在问题的，才做出终止上市的决定。即使对于已经摘牌的股票，为了保证股份流转的需要，仍允许股东在一定期限内在特别设定的交易条件下进行股份转让。终止上市制度是对上市公司的淘汰制度，对于防范和化解证券市场风险、保护投资者利益具有重要意义。

我国证监会于2001年2月23日发布了《亏损公司暂停上市和终止上市实施办法》，2001年4月23日，PT水仙股票自即日起停止上市交易，PT水仙成为新中国证券市场建立以来第一只被终止上市的股票，这标志着我国证券市场退出机制正式建立。2012年6月28日，上交所、深交所公布新退市制度方案，连续三年净资产为负，或者连续三年营业收入低于1 000万元，或连续20个交易日收盘价低于股票面值的公司应终止上市。

二、证券交易程序

不同品种的证券，其交易程序也不尽一致。我国目前证券市场上的证券品种主要有A股、B股、国债和基金等。现以A股买卖交易为例进行说明，国债与基金的交易原理大致相同。

鉴于目前我国的证券委托买卖业务绝大部分是通过交易所完成的，因此我们以交易所场内交易为前提来介绍证券买卖的程序。

1. 开设交易账户或股东账户

依照现行法律规定，每个投资者（国家规定不许办理的人员除外）欲从事证券交易，须先向证券登记公司申请开设股票账户，办理股东代码卡（实质上为证券交易账户）。另外，根据有关规定，禁止多头开户，个人和法人在同一证券交易所只能开立一个证券账户。

2. 开设资金账户

投资者委托买卖股票，必须向具体的证券公司申请开设资金账户，存入交易所需的资金。目前，开立资金账户有两种类型，一是在经纪商处开户；二是直接在指定银行开户。

3. 委托买卖

投资者开立了股票账户和资金账户后就可以在证券营业部办理委托买卖。其整个过程是：投资者报单给券商；券商通过其在场内的交易员将委托人的指令输入计算机终端；各券商的场内交易员发出的指令一并输入交易所计算机主机，由主机撮合成交；成交后由券商代理投资者办理清单、交割和过户手续。

在证券委托交易中，委托的方式有现价委托、市价委托和限价委托等；委托指令的形式则有当面委托、电话委托、函电委托和自主委托等。

由于在委托交易中委托单是委托人与受托人之间的委托合同，是保护双方权益的法律依据，因此，投资者必须认真填写委托单，经纪商必须按规定提供交易所认可的空白委托单。一份委托单必须包括日期、时间、品种、数量、价格、有效期、签名和其他基本要素。

4. 竞价成交

券商在接到投资者的买卖委托后，应立即通知其场内交易员申报竞价。证券交易所的竞价方式有两种，即集合竞价和连续竞价，这两种方式是在不同的交易时段采用的。集合竞价在交易日每天的开始前一段时间用于产生第一笔交易，这笔交易的价格称为开盘价。产生开盘价之后，以后的正常交易就采用连续竞价方式进行。

证券交易按价格优先、时间优先的原则竞价成交，其结果可能出现全部成交、部分成交和不成交三种情况。

5. 清算、交割与过户

（1）清算。清算是指证券买卖双方在证券交易所进行的证券买卖成交以后，通过证券交易所将各券商之间买卖的数量和金额分别予以抵消，计算应收应付证券和应收应付金额的一种程序。清算包括资金清算与股票清算两个方面。不同的交易所采用不同的清算体系，上海证券交易所和深圳证券交易所采用的登记结算体系就不同。（2）交割。交割是指证券卖方将卖出证券交付买方，买方将买进证券的价款交付卖方的行为。由于证券买卖都是通过券商进行的，买卖双方并不直接见面，证券成交和交割等均由券商代为完成，因此，证券交割分为券商与委托人之间的交付和券商与券商之间的交付两个阶段。（3）过户。过户是指在记名证券交易中，成交后办理股东变更登记的手续，即原所有者向新所有者转移有关证券全部权利的记录手续。

三、持续性信息披露及其法定文件

制定证券信息披露制度的目的是通过充分公开、公正的制度来保护公众投资者，使其免受欺诈和不法操纵行为的损害。世界各国均以强制方式对信息披露作出一系列规定。我国的证券法规也赋予上市公司某种持续性信息披露责任。按照这一制度，上市后的股份有限公司负有公开、公平、及时地向全体股东披露一切有关其公司重要信息的持续性责任，以使上市公司的经营活动和重大事件置于投资公众的公开监督之下，以便上市公司的股票能够在有效、公开、知情的市场中进行交易。由此可见，上市公司的信息披露责任并不限于对上市前招股说明书和上市公告书的披露，这一责任更偏重于对公司上市后有关信息的定期披露和临时披露。上市公司持续信息披露主要包括中期报告、年度报告等定期信息披露和重要会议、重要事件等临时信息披露。

另外，依照法律、行政法规规定必须作出的公告，应当在国家有关部门规定报刊上或者在专门出版的公报上刊登，同时将其备置于公司住所、证券交易所，供社会公众查阅。国务院证券监督管理机构行使对上市公司年度报告、中期报告、临时报告以及公告情况的监督权。

本章小结

本章第一节证券市场概述主要介绍了证券市场的定义、证券市场的形成和发展以及证券市场的分类等基础内容。

第二节论述了证券市场的基本功能。

第三节详细分析了证券发行市场的构成，并对证券发行价格的确定进行了介绍。

第四节介绍了证券的上市、终止及交易的程序。

本章关键问题

- 证券市场的定义、形成、发展和分类；
- 证券市场的参与者；
- 证券市场在金融市场中的地位及其金融功能；
- 证券市场的发展与融资结构的变化；
- 证券发行市场；
- 证券发行方式；
- 初始信息披露及其法定文件；
- 证券的上市交易与终止上市；
- 证券交易的基本程序和持续性信息披露。

本章思考题

一、名词解释

证券市场　一级市场　二级市场　私募发行　公募发行

市盈率　发行费用　初始信息披露　持续性信息披露

二、简答题

1. 为什么说股份公司的产生和信用制度的发展是证券市场形成的基础？
2. 证券市场的参与者与监管者包括哪些？
3. 简述证券市场的基本功能。
4. 发行债券有何条件限制？
5. 证券上市的一般程序是什么？
6. 上市公司的资本变动主要包括哪些情况？
7. 试述上市公司持续性信息披露的必要性。

第三章

债　券

第一节　债券概述

一、债券的定义

债券是一种有价证券，是社会各类经济主体为筹措资金而向债券投资者出具的并且承诺按一定利率定期支付利息和到期偿还本金的债权债务凭证。由于债券的利息通常是事先确定的，所以债券又被称为固定收益证券。债券是一种带有利息的负债凭证。发行人承诺在未来的确定日期（通常在发行债券以后若干年），偿还规定金额的本金，同时周期性支付一定的利息。

债券是由国家、金融机构、国际组织、工商企业按照一定手续发行的。它们通过发行债券，直接向社会广泛集资。债券性质如同借贷关系中的借据，但这种借贷关系被证券化了。债券可以在中途转让，但借据一般不能转让。

债券的票面要素有：(1) 债券的票面币种。债券票面价值的币种，即以何种货币作为债券价值的计量标准，若在境内发行，其币种自然就是本国货币，若到国际市场上筹资，则一般以债券发行地国家的货币或国际通用货币，如美元、英镑等币种为其计量标准。(2) 债券的票面金额。它根据发行时的具体情况而定。票面金额的不同，对于债券的发行成本、发行数额和持有者的分布都有影响。票面金额较小，则方便收入低的小额投资者购买，市场就广阔一些，但票券印刷及发行工作量大，有可能增加发行费用；票面金额过大，则会超过小额投资者的能力范围，销售面就窄，购买者就只能局限于少数大投资者，一旦这些投资者积极性不高不予认购，就可能导致发行失败。另外，票面价值对于发行人来说具有较为重要的意义，因为发行人是以它来计算所支付的利息和偿还本金的，它直接决定发行人筹资成本的高低。

（一）债券的发行价格

债券的发行价格是指债券发行时确定的价格，债券的发行价格可能不同于债券的票面金额，要视金融市场其他投资品种的收益和供求情况而定。当债券的发行价格高于票面金额时，称为溢价发行；当债券发行价格低于票面金额时，称为折价发行；当债券发行价格等于票面金额时，称为平价发行。债券的发行价格通常取决于市场的利率水平以及债券二级市场交易价格。

（二）债券的交易价格

债券离开发行市场进入流通市场进行交易时，便取得交易价格。债券的交易价格随市场利率和供求关系的变化而波动，同样可能偏离其票面价值。

（三）债券的偿还期限

债券的偿还期限是从债券发行日起至清偿本息之日止的时间间隔，主要由债券的发行人根据所需资金的使用情况来确定。债券的偿还期限一般分为三类：偿还期限在 1 年或 1 年以内的，称为短期债券；偿还期限在 1 年以上、10 年以下的，称为中期债券；偿还期限在 10 年以上的，称为长期债券。债券偿还期限的长短，主要取决于以下几个因素。

1. 债务人对资金需求的时限

足够的偿还期限，有助于实现债务人负债目的，也保证了债务人在规定的时间内有相应的资金作为偿还的来源，这既维护了发行人信誉，也便于发行人从容调配使用资金。

2. 未来市场利率的变化趋势

一般来说，如果市场利率趋于下降，则多发行短期债券；如果市场利率趋于上升，则多发行长期债券。这样可以减少因市场利率上升而引起的筹资成本增多的风险。

3. 证券交易市场的发达程度

如果交易市场发达，债券变现能力强，购买长期债券的投资者就多，发行长期债券就会有销路；反之，如果交易市场不发达，债券不能自由变现，投资者便会倾向于购买短期债券，长期债券就难有销路。

（四）债券的利率

债券的利率是债券每年应付利息与债券票面价值的比率。一种债券利率为 10%，即表示每认购 100 元债券，每年可得到 10 元的利息。

影响债券利率的因素主要有：一是银行利率水平。银行利率水平提高时，债券利率水平也要相应提高，以保证人们会去购买债券而不是把钱存入银行。二是发行人的资信状况。发行人的资信状况好，债券的信用等级高，表明投资者承担的违约风险较低，作为债券投资风险补偿的债券利率也可以定得低一些；反之，信用等级低的债券，则要通过提高债券利率来增加吸引力。三是债券的偿还期限。偿还期限长的债券，流动性差，变现能力弱，其利率水平则可高一些；偿还期限短的债券，流动性好，变现能力强，其利率水平便可低一些。四是资本市场资金的供求状况。资本市场上的资金充裕时，发行债券利率便可低一些；资本市场上的资金短缺时，发行债券利率则要高一些。

二、债券的类型

对债券可以从各种不同的角度进行分类，并且随着人们对融通资金需要的多元化，会有各种新的债券形式不断产生。目前，债券的类型大体有以下几种。

（一）按发行主体分类

1. 政府债券

政府债券又可区分为中央政府债券、地方政府债券和政府保证债券。政府债券是中央政府和地方政府发行公债时发给债券购买者的一种格式化的债权债务凭证。

2. 金融债券

金融债券是由银行或非银行金融机构发行的债券。发行金融债券的金融机构一般资金实力雄厚，资信度高，债券的利率要高于同期存款的利率水平。其期限一般为1～5年，发行目的是筹措长期资金。

3. 公司债券

公司债券是由公司企业发行并承诺在一定时期内还本付息的债权债务凭证。公司债券有广义和狭义之分。广义的公司债券泛指一般企业和股份公司发行的债券，狭义的公司债券仅指股份公司发行的债券。公司债券的风险相对于政府债券和金融债券要大一些。发行公司债券多是为了筹集中长期资金。

4. 国际债券

国际债券是由外国政府、外国法人或国际组织和机构发行的债券。它包括外国债券和欧洲债券两种形式。

（二）按偿还期限分类

债券可以分为短期债券、中期债券、长期债券、永久债券，以及可展期债券。各国对短、中、长期债券的期限划分不完全相同。

1. 短期债券

一般来说，短期债券的偿还期为1年以下。如美国短期国库券的期限通常为3个月或6个月，最长不超过1年。英国的国库券通常为3个月。日本的短期国债为2个月。

2. 中期债券

中期债券的偿还期为1～10年。如美国联邦政府债券中1～10年期的债券为中期债券。日本的中期附息票债券的期限为2～4年，贴现国债的期限为5年。中国发行的国库券大多为3～5年的中期债券。

3. 长期债券

长期债券的偿还期为10年以上。如美国联邦政府债券中的10～30年期债券为长期债券。日本的长期附息票债券的期限为10年。英国的长期金边债券为15年以上。在日本，偿还期在15年左右的债券则被称为超长期债券。永久债券也叫无期债券，它并不规定到期期限，持有人也不能要求清偿本金，但可以按期取得利息。永久债券一般仅限于政府债券，而且是在不得已的情况下才采用。

4. 可展期债券

这是欧洲债券市场的债券种类之一。债券期满时，可由投资者根据事先规定的条件把债券的到期日延长，且可以多次延长，这种债券的期限一般较短。

（三）按计息的方式分类

1. 附息债券

附息债券是指债券券面上附有各种息票的债券。息票上标明利息额、支付利息的期限和债券号码等内容。息票一般以1年或6个月为一期。债券到计息期时，持有人从债券上剪下息票并据此领取利息，这种领取利息的方式被称为“剪息票”。息票到期之前，持票人不能要求兑付。持票人并非一定是债券持有人，因为息票本身也是一种有价证券，每一张息票都可以根据其所附的债券的利率、期限、面额等计算出其价值。所以息票可以转让，非债券持有人也可以凭息票领取债券利息。

2. 贴现债券

贴现债券亦称贴水债券、无息票债券或零息债券。这种债券在发行时不规定利息率，券面上不附息票，筹资人采用低于债券票面额的价格出售债券，即折价发行，购买者只需付出相当于票面额一定比例的现款就可以买到债券。债券到期时，筹资人按债券票面金额兑付。发行价格与债券票面金额之间的差价即利息。实质上，这是一种以利息预付方式发行的债券。美国的短期国库券就是一种贴现债券。

3. 单利债券

单利债券是指债券利息的计算采用单利计算方法，即按本金只计算一次利息，利不能生利。计息公式为：

利息＝债券面额×年利率×期限

4. 复利债券

复利债券与单利债券相对应，它是指计算利息时，按一定期限将所生利息加入本金再计算利息，逐期滚算的债券。复利债券的利息包含了货币的时间价值。另外，在名义利率相同的情况下，复利债券的实得利息要多于单利债券。

5. 累进利率债券

累进利率债券是指债券的利率按照债券的期限分为不同的等级，每一个时间段按相应利率计付利息，然后将几个分段的利息相加，便可得出该债券总的利息收入。

（四）按风险程度分类

1. 固定利率债券

固定利率债券是指债券利率在偿还期内不发生变化的债券。由于其利率水平不能变动，在偿还期内，当通货膨胀率较高时，会有市场利率上升的风险。

2. 浮动利率债券

浮动利率债券是指债券的息票利率会在某种预先规定基准上定期调整的债券。作为基准的多是一些金融指数，如伦敦银行同业拆借利率；也有以非金融指数作为基准的，如按照某种初级产品的价格。采取浮动利率形式，减少了持有者的利率风险，也有利于债券发行人按照短期利率筹集中长期资金。

（五）按是否记名分类

1. 记名债券

记名债券是指在券面上注明债权人姓名，同时在发行公司的名册上进行同样的登记。转让记名债券时，要在债券上背书和在公司名册上更换债权人姓名。债券投资者必须凭印鉴领取本息。它的优点是比较安全，但是转让时手续复杂，流动性差。

2. 不记名债券

不记名债券是指在券面上无须注明债权人姓名，也不在公司名册上登记。不记名债券在转让时无须背书和在发行公司的名册上更换债权人姓名，因此流动性强；但缺点是债券遗失或被毁损时，不能挂失和补发，安全性较差。

（六）按有无抵押担保分类

1. 信用债券

信用债券亦称无担保债券，是指仅凭债务人的信用发行的、没有抵押品作担保的债券。一般包括政府债券和金融债券，少数信用良好的公司也可发行信用债券，但在发行时必须签订信托契约，对债务人的有关行为进行约束、限制，由受托的信托公司监督执行，以保证投资者的利益。利率一般高于担保债券。

2. 担保债券

担保债券是指以抵押财产为担保而发行的债券。包括以下几类：

(1) 抵押公司债券，指以土地、房屋、机器、设备等不动产为抵押担保品而发行的债券。当债务人在债务到期不能按时偿还本息时，债券持有者有权变卖抵押品来收回本息。抵押公司债券是现代公司债券中最重要的一种。在实践中，可以将同一不动产作为抵押品而多次发行债券，可按发行顺序分为第一抵押债券和第二抵押债券。第一抵押债券对于抵押品有第一留置权；第二抵押债券对于抵押品有第二留置权，即在第一抵押债券清偿后，可用其余额偿付本息，因此后者要求的利率相对较高。所以，第一抵押又称优先抵押；第二抵押又称一般抵押。

(2) 抵押信托债券，是以公司拥有的其他有价证券，如股票和其他债券为担保品而发行的债券。一般来说，发行这种债券的公司是一些合资附属机构，以总公司的证券作为担保。作为担保的有价证券通常委托信托人保管，当该公司不能按期清偿债务时，即由受托人处理其抵押的债券并代为偿债，以保护债权人的合法利益。

(3) 承保债券，指由第三者担保偿还本息的债券。这种债券的担保人一般为银行或非银行金融机构或公司的主管部门，个别的是由政府担保。

(七) 按债券形态分类

1. 实物债券

实物债券是一种具有标准格式实物券面的债券。指债券的发行与购买是通过债券的实体来实现的，是看得见摸得着的债券，且不记名。

2. 凭证式债券

凭证式债券主要通过银行承销，各金融机构向企事业单位和个人推销债券，同时向买方开出收款凭证。这种凭证式债券可记名，可挂失，但不可上市流通，持有人可以到原购买网点办理提前兑付手续。

3. 记账式债券

记账式债券没有实物形态的券面，而是在债券认购者的电子账户中作记录。记账式债券主要通过证券交易所来发行。投资者利用已有的证券交易账户通过交易所网络，按其欲购价格和数量购买。买入之后，债券数量自动计入客户的账户内。

三、债券的基本特征

债券作为一种债权债务凭证，与其他有价证券一样，也是一种虚拟资本，而非真实资本，它是经济运行中实际运用的真实资本的证书。从投资者的角度看，债券具有以下四个特征。

1. 偿还性

偿还性指债券必须规定到期期限，由债务人按期向债权人支付利息并偿还本金。当然，也曾有过例外，如无期公债或永久性公债。这种公债不规定到期时间，债权人也不能要求清偿，只能按期支取利息。历史上，只有英国、法国等少数几个国家在战争期间为筹措军费而采用过。而其他的债券都对债券的偿还期限有严格的规定，且债务人必须如期向持有人支付利息。

2. 流动性

流动性指债券能够迅速转变为货币而又不会在价值上蒙受损失的一种能力。一般来说，如果一种债券在持有期内不能任意转换为货币，或者在转换成货币时需要付出较高成本，如较高的交易成本或较大的资本损失，这种债券的流动性就较低。高流动性债券一般具有以下特点：一是发行人具有及时履行各种义务的信誉，资信程度较高；二是偿还期短，市场利率的上升只能轻微地减少其价值。

3. 安全性

债券安全性是相对于债券价格下跌的风险性而言的，是指债券在市场上能抵御价格下降的性能，一般是指其不跌破发行价的能力。债券在发行时都承诺到期偿还本息，所以其安全性一般都较高。一般来说，具有高流动性的债券其安全性也较高。导致债券价格下跌的风险有两类：一是信用风险，指债务人不能按时支付利息和偿还本金的风险。这主要与发行人的资信情况和经营状况有关。信用等级高，信用风险就小。信用风险对于任何一个投资者来说都是存在的，一般来说，政府的资信程度最高，其次为金融公司和企业。二是市场风险，指债券的市场价格因市场利率上升而下降的风险。债券的市场价格与利率呈反方向变化。市场利率上升，债券价格下降；市场利率下降，债券价格上升。债券的有效期（指到期之前的时期）越长，债券价格受市场利率波动的影响越大；随着债券到期日的临近，债券价格便趋近于票面价值。

4. 收益性

投资者可以在持有债券期限内根据债券的规定，取得稳定的利息收入。因为债券的风险比银行存款要大，所以债券的利率也比银行存款高，如果债券到期能按时偿付，购买债券就可以获得固定的、一般是高于同期银行存款利率的利息收入。投资者还可以通过在二级市场上买卖债券获得资本收益。这一点主要是通过对市场利率的预期来实现的。

债券的偿还性、流动性、安全性与收益性之间存在着一定的矛盾。一种债券很难同时具备以上四个特征。如果某种债券流动性强，安全性高，人们便会争相购买，于是该种债券价格上涨，收益率降低；反之，如果某种债券的风险大，流动性差，购买者减少，债券价格低，其收益率相对提高。对于投资者来说，可以根据自己的投资目的和财务状况，对债券进行合理的选择和组合。

第二节　政府债券

政府债券即一般所称的“公债”，是指政府为筹措财政资金，凭其信誉按照一定程序向投资者出具的承诺在一定时期支付利息和到期偿还本金的一种格式化的债权债务凭证。

公债一般具有以下几个特点。

（1）自愿性。政府在举借政府债务的过程中，投资者的购买行为完全出于自愿，政府不凭借权力强制其购买。

（2）安全性。以国债为例，由于国债是由中央政府发行的，中央政府是一国权力的象征，它以该国完全的征税能力作保证，因此具有最高的信用地位，风险也最小。一般而言，公债利率较一般债券要低。

（3）流动性。以国债为例，由于国债具有最高的信用地位，对投资者吸引力很强，又容易变现，一般来说，国债市场尤其是短期国债市场的流动性要高于其他同样期限的金融市场。

（4）免税待遇。大多数国家都规定，购买公债的投资者与购买其他有价证券的投资者相比，可以享受优惠的税收待遇，甚至免税。

（5）收益稳定。公债由于利息率固定，偿还期限固定，所以市场价格相对平稳，收益也就较为稳定。

由于公债具有较高的安全性和流动性，深受投资者青睐。公债一般被广泛地用于各种抵押和保证行为中，并且是金融衍生工具的重要相关证券种类。此外，公债还是中央银行的主要交易品种，中央银行通过对公债的公开市场交易，实现对货币供应量的调节，进而实现对最终政策目标的调节。

政府债券有两大类：一类是由中央政府发行的，称为国家债券，它占政府债券的绝大部分；另一类是由地方政府各职能部门发行的，称为地方债券。

一、国家债券

国家债券（简称“国债”）是指中央政府为筹措资金而向购买者出具的承诺在一定时期内还本付息的债务凭证。我国的国债专指财政部代表中央政府发行的国家公债，由国家财政信誉作担保，信誉度非常高，历来有“金边债券”之称，稳健型投资者喜欢投资国债。

（一）国债的分类

国债按不同的标准，可以分为不同的种类。

1. 按偿还期限划分

按偿还期限可以将国债分为短期国债、中期国债和长期国债。各个国家确定短中长的年限略有不同，如美国把 1 年以内的国债称为短期国债；2～5 年期的称为中期国债；10 年期以上的称为长期国债。我国则将 1 年以内的国债称为短期国债；2～7 年期的称为中期国债；7 年期以上的称为长期国债。

2. 按发行国债的用途划分

（1）战争公债。战争公债是政府为筹集军费而发行的债券。战争时期，政府开支骤增，战争公债是较理想的筹资方式。

（2）赤字公债。在政府财政收支不平衡，出现财政赤字的情况下，可通过发行赤字公债来平衡财政收支。

（3）建设公债。建设公债是政府为了投资于公路、铁路、桥梁等基础设施而发行的债券。

（4）特种公债。特种公债是政府为了实施某种特殊政策而发行的公债。

3. 按资金的来源划分

（1）国内债。国内债即一国政府以本国货币为币种，在国内金融市场上发行的国债。其投资者一般为国内的机构、企业和个人。

（2）国外债。国外债即一国政府以外国货币为单位，在国际金融市场上发行的债券。政府在国外发行的外币债券与国外一般借款共同构成一个国家的外债。

4. 按是否可以流通交易划分

（1）可流通国债。可流通国债指国债可以在二级市场上交易。这种债券在一些国家的国债中占主要部分，如美国的可流通国债约占其国债总额的2/3。

（2）不可流通国债。不可流通国债指在购买条款上规定不能在二级市场上进行买卖的国债。不可流通国债又可以分为投资者为私人的不可流通国债和投资者为机构的不可流通国债。当不可流通国债的发行对象以私人为主时，筹集的资金主要来自个人的储蓄，故此类债券可称为“政府储蓄债券”。一般投资于非流通国债的机构主要是政府部门。

5. 按债券发行本位划分

（1）货币国债。货币国债即以货币计值，亦以货币偿付本息的国债。商品经济比较发达的国家，通常发行货币国债，以上所提的分类主要是针对货币国债而言的。

（2）实物国债。实物国债是以货币计值，按事先商定的商品折价，用实物偿还本金的国债。这类债券通常是在通货膨胀率很高、币值极不稳定的情况下发行的。

（3）折实国债，又称折实公债。该种债券的筹集和还本付息均以实物作为折算标准。购买时，按照付款时每一单位实物的折合金额用货币购买；还本付息时，仍按付款时每一单位实物的折合金额用货币支付。它实际上是把国债面值与物价指数挂钩，以增加国债的吸引力。

6. 按国债券面形式分类

除此之外，按国债的券面形式可分为三大品种，即无记名式（实物）国债、凭证式国债和记账式国债。其中无记名式国债已不多见，而后两者则为目前的主要形式。

（1）无记名式（实物）国债。

无记名式国债是一种票面上不记载债权人姓名或单位名称的债券，通常以实物债券形式出现，又称实物债券或国库券。实物债券是一种具有标准格式实物券面的债券。在我国现阶段的国债种类中，无记名式国债就属于这种实物债券，它以实物债券的形式记录债权、面值等。我国从中华人民共和国成立之日起，在20世纪50年代发行的国债和从1981年起发行的国债主要是无记名式国库券。无记名式国库券的一般特点是：不记名、不挂失，可以上市流通。由于不记名、不挂失，其持有的安全性不如凭证式和记账式国库券，但购买手续简便。同时，由于可上市转让，流通性较强。上市转让价格随二级市场的供求状况而定，当市场因素发生变动时，其价格会产生较大波动，因此具有获取较大利润的机会，同时也伴随着一定的风险。一般来说，无记名式国库券更适合金融机构和投资意识较强的购买者。

无记名式国债发行时通过各银行储蓄网点、财政部门国债服务部以及国债经营机构的营业网点面向社会公开销售，投资者也可以利用证券账户委托证券经营机构在证券交易所内购买。无记名式国债的现券兑付，由银行、邮政系统储蓄网点和财政国债中介机构办理，或实行交易所场内兑付。

（2）凭证式国债。

凭证式国债是指国家采取不印刷实物券，而用填制“国库券收款凭证”的方式发行的国债。我国从1994年开始发行凭证式国债。凭证式国债其票面形式类似于银行定期存单，利率通常比同期银行存款利率高，具有类似储蓄、又优于储蓄的特点，通常被称为“储蓄式国债”。它是以储蓄为目的的个人投资者理想的投资方式。

凭证式国债通过各银行储蓄网点和财政部门国债服务部面向社会发行，主要面向公众，从投资者购买之日起开始计息，可以记名、可以挂失，但不能上市流通。

投资者购买凭证式国债后如需变现，可以到原购买网点提前兑取，提前兑取时，除偿还本金外，利息按实际持有天数及相应的利率档次计付，经办机构按兑取本金的千分之二收取手续费。对于提前兑取的凭证式国债，经办网点还可以二次卖出。

与储蓄相比，凭证式国债的主要特点是安全、方便、收益适中。具体来说是：

1）凭证式国债发售网点多，购买和兑取方便、手续简便；

2）可以记名挂失，持有的安全性较好；

3）利率比银行同期存款利率高1～2个百分点（但低于无记名式和记账式国债），提前兑取时按持有时间采取累进利率计息；

4）凭证式国债虽不能上市交易，但可提前兑取，变现灵活，地点就近，投资者如遇特殊需要，可以随时到原购买点兑取现金；

5）利息风险小，提前兑取按持有期限长短取相应档次利率计息，各档次利率均高于或等于银行同期存款利率，没有定期储蓄存款提前支取只能活期计息的风险；

6）没有市场风险，凭证式国债不能上市，提前兑取时的价格（本金和利息）不随市场利率的变动而变动，可以避免市场价格风险。

（3）记账式国债。

记账式国债又称无纸化国债，是没有实物形态的票券。它是指将投资者持有的国债登记于证券账户中，投资者仅取得收据或对账单以证实其所有权的一种国债，目前主要通过证券交易所交易，可以像股票一样买卖。与凭证式国债相比，收益率和变现能力优势都较为明显：记账式国债的利率比凭证式国债高；由于记账式国债可以上市流通，不仅可以获得固定的利息，同时还可以通过低买高卖获得差价收入。

我国自1994年推出记账式国债这一品种。记账式国债的券面特点是国债无纸化，投资者购买时并没有得到纸券或凭证，而是在其债券账户上记上一笔。其一般特点是：

1）记账式国债可以记名、挂失，以无券形式发行可以防止证券遗失、被窃与伪造，安全性好；

2）可上市转让，流通性好；

3）期限有长有短，但更适合短期国债的发行；

4）记账式国债通过交易所电脑网络发行，从而可降低证券的发行成本；

5）上市后价格随行就市，有获取较大收益的可能，但同时也伴随有一定的风险。

可见，记账式国债具有成本低、收益好、安全性好、流通性强的特点。

记账式国债是净价交易，净价就是不含利息，实际成交价格是净价和应计利息相加，净价就是我们通过交易所行情系统所看到的显示价格。例如，假设一只期限为3年、年利率为3.65%的记账式国债，发行时某投资者以100元买入，持有100天之后，该品种交易价格涨到了103元，该投资者卖出此债券的价格为103元，但实际的成交价格不仅包括103元，还包括100天的利息收入1元（年利率/365×实际持有天数），合计为104元。同样投资该债券的投资者买入价为103元，但由于需要把前100天的利息付给前一位持有者，因此实际成交价应为104元。

目前记账式国债票面利率有两种形式：浮动利率债券和固定利率债券。固定利率债券指在发行时规定利率在整个偿还期内不变的债券。而浮动利率债券会随着银行利率的变化而变化。

由于记账式国债的发行、交易特点，它主要是针对金融意识较强的个人投资者以及有现金管理需求的机构投资者进行资产保值、增值的要求而设计的国债品种，投资者将其托管在指定券商的席位上，便于流通交易，变现能力强，不易丢失，还可以通过低买高卖获得高额利润。

无记名式、凭证式和记账式三种国债相比，各有其特点。在收益性上，无记名式和记账式国债要略好于凭证式国债，通常无记名式和记账式国债的票面利率要略高于相同期限的凭证式国债。在安全性上，凭证式国债略好于无记名式国债和记账式国债，后两者中记账式又略好些。在流动性上，记账式国债略好于无记名式国债，无记名式国债又略好于凭证式国债。

（二）我国的国债

新中国成立以后，中央政府在1950年发行过人民胜利折实公债，并于1956年11月30日全部还本付息。1954—1958年，我国又发行了经济建设公债，于1968年底全部还清。之后的10年里，我国成为无债国，但是随着改革开放的发展，我国政府于1981年起又开始发行国库券，迄今已陆续发行了30多年。

到目前为止，我国发行的国库券，若不考虑期限约有10种，其中某些种类已不再发行。

1. 人民胜利折实公债

人民胜利折实公债是一种为解决新中国的财政困难而发行的公债，它的面值与物价指数挂钩。它于1950年1月由中央政府发行，规定公债的筹集和还本付息均以实物为折算标准，其单位为“分”。发行对象主要是城市工商业者，并采取对各大行政区域分配额度的形式，凭其经济实力合理分担。为加强管理，规定公债不能流通，不能向国家银行抵押贷款，也不能买卖。至1956年11月底，此项公债本息全部还清。

2. 国家经济建设公债

进入第一个五年计划建设时期以后，为促进国家经济建设，筹集建设资金，我国于1954年开始发行该种债券。至1958年共发行5次，总金额为35.39亿元。发行对象是社会各阶层人士，期限分为8年、逾10年两种，定期偿还本金，定期或期满一次支付利息，采用“合理分配，资源认购”的发行方式。此种债券不记名、不挂失，一概凭债券兑付本息。为加强管理，规定国家经济建设债券不得当作货币流通，不得向国家银行和公私合营银行抵押，亦不得自由买卖。到1968年止，该公债本息全部还清。

3. 国库券

我国于1981年第一次发行国库券，发行对象是企业、政府机关、团体、部队、事业单位和个人。票面金额分为1元、5元、10元、50元、100元、1 000元、1万元、10万元、100万元等。期限有3个月、半年、1年、2年、3年、5年、10年等。

4. 国家重点建设债券

发行国家重点建设债券的目的是为国家的基础设施建设筹集中长期建设资金，用于一些大型项目建设，以促进经济发展。1987 年我国首次发行该种国债 55 亿元，期限为 3 年，发行对象是地方政府、地方企业、机关团体和事业单位，以及城乡居民，按单位和个人利率分别为 6%和 10.5%，该债券个人持有部分可以转让。国家重点建设债券自 1987 年首次发行后没有继续发行。

5. 国家建设债券

国家建设债券所筹集的资金主要用于国家建设。1988 年首次发行 80 亿元，期限为 2 年。发行对象是城乡居民、基金会组织、金融机构和企业单位。同国家重点建设债券一样，此债券自 1988 年以后没有再继续发行。

6. 财政债券

财政债券是国家为筹集建设资金、弥补财政赤字所发行的一种债券。其发行对象主要是各专业银行、综合性银行及其他金融机构，期限除了 1988 年发行了 2 年期和 5 年期两个品种以外，其余年份均为 5 年，共计发行 337.03 亿元。此种债券一次还本付息，不计复利，并且均采用收款单的形式，可以挂失，可以抵押。

7. 特种债券

特种债券是一种只对企事业单位，不对个人发行的国库券。特种债券的认购者可以是经济条件较好的全民所有制企业、集体所有制企业、私营企业、金融机构、企业主管部门、事业单位和社会团体，以及全民所有制企业、退休养老保险基金管理机构等。该债券期限均为 5 年，平价发行，到期一次还本付息，不计复利，采取分配认购方式发行特种国债，于 1989—1992 年共发行了 4 次，其中 1989 年和 1990 年的特种国债可以向银行抵押贷款。

8. 保值债券

保值债券是 1989 年银行实行保值贴补率政策后，财政部发行的一种带有保值贴补的国债。1989 年首次发行，金额为 125 亿元，期限为 3 年，发行对象是城乡居民、个体工商户、各种基金会、保险公司以及有条件的公司。其年利率随中国人民银行规定的 3 年定期储蓄存款利率浮动，加保值贴补率，再外加 1 个百分点。期满 3 年一次还本付息，平价发行，不计复利。个人购买者的利息收入免缴个人收入调节税。保值公债不记名、不挂失，可以向银行抵押，可以在国家指定的场所转让。1993 年，面对日益高涨的通货膨胀率，自当年 7 月 11 日起，国家决定对若干特定种类的国库券恢复保值。

9. 基本建设债券

基本建设债券与国家建设债券和国家重点建设债券的发行目的相同，基本建设债券是为满足国家重点建设的需要而发行的一种国债。但从债务人的性质看，已不是由中央政府直接发行，而是由国家专业投资公司发行，即由政府所属机构发行，类似于美国的政府机构债券，而不是标准的国家债券。我国于 1988 年与 1989 年分别发行 80 亿元和 14.59 亿元基本建设债券。1988 年，该债券的发行对象是四大专业银行，期限为 5 年，平价发行，到期还本付息，可以上市转让，可以在银行和其他金融机构之间抵押。1989 年，该债券的发行对象是全国城乡个人，期限为 3 年，平价发行，给予保值，到期一次还本付息。此期间债券不记名、不挂失，可以转让。1991 年，又发行了 200 万元的基本建设债券。1992 年，它与重点企业债券合并为国家投资公司债券。

10. 转换债券

转换债券是1990—1992年连续发行的一种转换性质的国债。发行目的是延长偿还期限。1990年转换债券共发行150.04亿元，期限为5年。1991年转换债券是1982—1984年发行、1986年和1988年发行而于1991年到期的单位持有的国库券转换为等额的5年期新债，共70.83亿元。1992年转换债券是将单位持有的1983年、1984年和1987年发行，1992年到期的国库券转换为等额的5年期新债。因此，我国的转换债券是一种到期旧债转换成新债的形式。

二、地方债券

地方债券是政府债券的一大种类，它是指由地方政府的公共机关发行的债券。其发行目的在于筹集资金进行当地的公共设施和基础设施的开发和建设，如兴建电站、住宅、交通、教育、医院和污水处理系统等。

从广义上讲，地方债券可分为一般责任债券和收益债券两大类。一般责任债券是以发行人的征税能力来作为偿还保证的。这种债券极少拖欠，投资者能按期收回本金并取得利息。发行这种债券所筹措的资金往往用于修建公路、机场、公园以及市政设施等。收益债券是由地方有关机构、委员会或当局发行的债券，它不以政府的征税能力为偿还保证，而只以所建项目本身的收益来偿还债务。收益债券由于没有地方政府征税能力作保证，其风险通常要比一般责任债券大，相应地其利率要比一般责任债券高。发行这种债券的目的主要是为一些私人不愿从事的工业项目筹资，或建立污染控制设施、建造廉价住宅，或修建医院、城市交通，或兴办教育等等。

与其他金融工具相比，地方债券一般利率固定不变、收益率较高且利息可免交所得税。地方债券收入有保证、安全性高，是除国家债券以外最安全的一种债券。地方债券信誉好且安全可靠，所以它的交易较为方便，其流动性强、抵押价值高。

我国地方政府举债融资有一个演变发展的过程。1998年亚洲金融危机期间，国务院决定增发国债，由财政部转贷给省级政府，用于地方的经济和社会发展建设项目。2009年国际金融危机期间，为帮助地方政府解决一揽子经济刺激方案中配套资金不足的问题，国务院同意由财政部代理发行地方债券。目前，经国务院批准，允许上海、浙江、广东、深圳、江苏、山东、北京、江西、宁夏和青岛十省市试点地方政府债券自发自还。中央政府将对试点地区发行政府债券实行年度发行额管理，发行规模限额当年有效，不得结转下年。

第三节　公司债券

一、公司债券的定义

公司债券是公司企业依照法定程序发行，约定在一定期限内还本付息的债券。公司债券的发行主体是股份公司，但也可以是非股份公司的企业，所以，一般归类时，公司债券和企业发行的债券合在一起，可直接称为公司（企业）债券。公司债券是公司发行的有价证券，是公司为筹措长期资金而发行的一种债务契约，承诺在未来的特定日期偿还本金并按照事先规定的利率支付利息。

对一个企业来说，可能会因为种种原因而需要筹措资金，包括筹建新项目、一般业务发展、购并其他企业或者弥补亏损。当企业的自有资本金不能完全满足企业的资金需求时，就需要向外部筹资。企业向外部筹资主要有三个途径：发行股票、对外借款和发行债券。从企业的角度看，发行股票对企业的要求较高，发行成本也较高，对二级市场状况也有一定的要求。而向金融机构等借款，获得的资金期限一般较短，资金的使用要受到债权人的干预，有时还有一定的附加条件。采用发行债券的方式成本较低，对市场要求也低，同时筹集的资金期限长、数量大，资金使用自由，弥补了股票和借款方式筹资的不足，因此是许多公司偏好的一种筹资方式。

公司债券代表着发债公司或企业和投资者之间的一种债权债务关系，债券持有人是企业的债权人，债券持有人有权按期收回本息。公司债券与股票一样，同属于有价证券，可以自由转让。公司债券风险与其本身的经营状况直接相关。如果发行债券后经营状况不好，连续出现亏损，可能无力支付投资者本息，投资者就面临着损失的风险。所以，在公司或企业发行债券时，一般要对其进行严格的资格审查或要求其有财产抵押，以保护投资者的利益。另一方面，在一定限度内，证券市场上的风险与收益成正相关关系，高风险伴随着高收益。公司债券由于具有较大风险，它们的利率通常也高于国债。

二、公司债券的特征

公司债券除了具有债券的一般性质外，与其他债券相比还具有以下特征。

(1) 风险性较大。公司债券的还款来源是公司的经营利润，如果公司经营不善，就会使投资者面临利息甚至是本金损失的风险。因此在发行公司债券时，对发债公司要进行严格的信用审查或进行抵押担保，以保护投资者的利益。

(2) 收益率较高。投资于公司债券的持有人要承担较高的风险，其收益率也较高。正因为如此，公司债券才吸引了许多投资者。

(3) 债券持有人比股票持有者有优先索取利息和优先要求补偿的权利。公司债券的持有人只是公司的债权人，不是股东，因而无权参与公司的经营管理。但是公司债券持有人比股东有优先的收益分配权，并且在公司破产清理资产时，有比股东优先清偿的权利。

(4) 对于部分公司债券来说，发行人与持有人之间可以相互给予一定的选择权。如在可转换债券中，发行人给予持有人在一定期限内，按照一定的转换价格将债券兑换成本公司股票的选择权；在可提前赎回的公司债券中，持有人给予发行人在到期日前提前偿还本金的选择权。当然，获得该种选择权的当事人必须向对方支付一定的费用。

三、公司债券的分类

公司债券的种类繁多，按照不同的标准，可以把公司债券划分为不同的类别。

(1) 按照在发行时是否在债券上记有持有人的姓名可分为记名公司债券与不记名公司债券。记名公司债券是指在债券上登记持有人姓名，支取本息时要凭印鉴领取，转让时必须在债券上背书，同时到发行公司登记的公司债券。这种债券又可分为本息记名公司债和本金记名公司债。不记名公司债券是指债券上没有载明持有人姓名，还本付息时仅以债券为凭证。通常在市面上流通的企业债券都是不记名企业债。

（2）根据债券持有人的受益程度和方式可划分为参加公司债券和非参加公司债券。参加公司债券的持有人除可以得到事先规定的利息外，还可以按规定在一定程度上参与企业的盈利分红。非参加公司债券的持有人则没有这种权利。参加公司债券的分配方式和比例在事前都必须约定，一般来说这种债券的发行数量很少。

（3）按企业债券的信誉有无指定资产担保可划分为有担保公司债券和无担保公司债券。有担保公司债券又可以分为三种，即用不动产进行抵押的公司债券、用动产进行抵押的公司债券和信托抵押公司债券。其中，信托抵押公司债券是指以发债企业持有的其他有价证券作为抵押品而发行的公司债券。无担保公司债券是指发行债券不用实物资产作抵押，而是用企业自身的信誉作担保而发行的公司债券，也叫“信用公司债”。采用这种发行方式时，为保护投资者的利益，发行人在使用债务资金时要有一些约束和限制，如公司债券不得随意增加，未清偿债券之前，股东的分红要有限制等。同时，要求发行企业必须以信托契约方式发行，并指定受托人对有关规定的实施进行监督。

（4）按利率决定方式可划分为固定利率公司债券、浮动利率公司债券、分息公司债券和收益公司债券。固定利率公司债券是指其利率在发行之初便已确定。浮动利率公司债券的利率水平在发行之初不固定，而是根据一种或几种特定的利率作为浮动的参考依据加以确定，一般是根据银行业的同业拆放利率的平均水平，再加上一个既定的数额作为债券利息率。分息公司债券是指债券的利息一部分事先固定，一部分随发行人的经营收益状况而变动。收益公司债券也是一种非固定利率债券，其利息收入取决于企业收益水平，当举债企业的利润扣除各项固定支出并有剩余时才支付利息，收益不足时只按既定利息率支付其中一部分，等以后经营情况改善后再补发利息，直到所有应付利息全部付清后，企业的股东才能够分红。

（5）按债券偿还期的确定方式可划分为一次到期公司债券、分次到期公司债券和通知到期公司债券。一次到期公司债券是指所有的本金在到期时一次偿还的债券，反之称为分次到期公司债券。通知到期公司债券是指在债券预定的偿还期到来之前，企业随时张榜公布通知偿还债券的全部或一部分，它主要是便于企业在资金充足时可提前赎回债券，其目的是避免过高的利息负担。发行通知到期公司债券的企业通常向此种债券持有人支付高一些的收益，因为这种公司债券在通知到期后便要停止支付利息。

（6）按期限的长短可划分为短期公司债券和中长期公司债券。公司债券的期限一般都比较长，通常将期限在5年以内的称为短期债券，而长期债券一般指的是期限在5年以上的公司债券。

（7）按企业发行债券目的不同可划分为普通公司债券、改组公司债券、利息公司债券和延期公司债券。普通公司债券是指以固定利率、期限发行的公司债券，这种债券的筹资目的是为了扩大再生产，公司债券中的绝大部分都属于这种债券。除了这种普通目的的公司债券以外，还有一些特殊目的的公司债券。其中，改组公司债券是指为清理旧债或旧公司债而发行的债券，也叫以新还旧公司债券，为收回到期债券而发行新的公司债券，既可用旧债券兑换，也可用现金购买。

利息公司债券也叫调整公司债券，这是面临破产危机的企业在调整其资本结构时发行的一种收益公司债券，发行的目的是减轻企业改组时和改组后的利息支出负担，使企业尽快复苏，一般都有一些特殊的优越条件；延期公司债券是指原有公司债券到期时企业无力偿还，又不能借新债还旧债，故在征得债券持有人的同意后可将期限延长的债券。

(8) 按债券是否可转换为其他金融工具又可分为可转换债券和不可转换债券。可转换债券是一种特殊的债券，这种债券的持有人可根据自己的意愿在一定的时间内按规定的价格和条件将债券转换为发行企业的股票，如我国的上市公司中国宝安集团公司就发行过这种债券。由于这种债券享有转换股票的特权，所以它的利率比较低。除此以外，其他债券都是不可转换债券。

四、我国的主要企业债券

我国的企业债券是指在中国境内具有法人资格的企业在境内按法定程序发行的约定在一定期限内还本付息的有价证券。发行企业债券的目的是落实国家产业政策，完成在建工程和收尾工程，解决企业资金不足的问题。发行公司债券，需经过有关部门审批，并且发行额要严格控制。在国家下达的指标范围内所筹资金应当严格遵循审批机关批准的用途使用。如果用于固定资产投资，必须依照国家有关固定资产投资的规定办理。

我国企业债券主要有六种：重点企业债券、地方企业债券、企业短期融资债券、企业内部债券，以及 1992 年发行的住宅建设债券与地方投资公司债券。

(一) 重点企业债券

重点企业债券是从 1987 年开始发行的，目的是为了弥补国家计划内重点建设项目资金的不足。该年度重点企业债券共发行 45 亿元，由中国人民建设银行代理电力、钢铁、有色金属、石油化工与部门所属企业，面向企业和事业单位发行。债券到期由筹资企业还本付息，债券期限为 3～10 年，年利率较低。大部分债券以平价能源、原材料等来补偿本息。1988 年以后，重点企业债券改由各专业银行代理，国家专业投资公司发行。各部门、地方政府及单位按当年自筹资金的一定比例认购，并允许个人认购其中某些债券。1990 年以后，我国重点建设项目和重点企业的资金基本上都采用地方企业债券的形式募集，重点企业债券改为由国家专业投资公司发行。于是，发行重点企业债券的数量开始计入国家投资公司债券。1992 年起，它与基本建设债券分开，成为国家投资公司债券。

(二) 地方企业债券

地方企业债券从 1985 年开始发行，一般为 1～5 年，利率略高于同期银行的存款利率，发行对象主要是个人。个人购买地方企业债券的利息收入，要交纳 20%的个人收入调节税。比较规范的地方企业债券主要有三种类型：

(1) 附息票企业债券。即在债券上附有各期息票，期限为 5 年左右，一般 1 年支付一次利息。息票到期前，由原代理发行债券的金融机构将其剪下并代为支付利息，债券到期前，持券人凭债券券面部分向代理发行的金融机构兑取本金。

(2) 利还本清的存单式企业债券。该种债券最为普遍，期限为 1～5 年，平价发行，到期一次支付本息。该债券不记名、不挂失，发行后可以转让和抵押，发行对象是企事业单位和城乡居民。

(3) 产品配额企业债券。该种债券利息很低或者没有利息，由发行企业根据投资者认购债券的数额，按期向投资者提供一定数量的本企业产品，等价清偿部分或全部本息。其发行对象一般为相关的企业。

（三）企业短期融资债券

1987 年在上海首先发行企业短期融资债券，并于 1989 年在全国推广，发行短期融资债券的目的是为企业筹集短期流动资金，期限多为 3 个月、6 个月和 9 个月。发行对象是单位和个人，利息低于 1 年期的储蓄存款，所筹资金必须用于短期流动资金支出，不能用于固定资产投资或满足长期流动资金需要。

（四）企业内部债券

企业内部债券从 1988 年开始发行，发行对象主要是企业内部职工。所筹资金对于国有企业来说，用于补充流动资金；对于集体企业来说，用于增加铺底资金。

（五）住宅建设债券

住宅建设债券是从 1992 年开始发行的，当年发行 643 亿元，所筹资金主要用于地方的居民住宅建设。

（六）地方投资公司债券

这种债券是 1992 年开始发行的一种新的企业债券，当年发行 437 亿元。筹资主体是一些地方性的投资公司，筹措资金主要用于地方重点建设项目。

1. 上市债券

目前在上海和深圳证券交易所挂牌交易的债券品种包括国债、企业债券和可转换公司债券。交易方式包括所有债券品种的现货交易和国债品种的回购交易。在交易所上市的债券，一般其发行价为百元面值，上市流通后受市场供求和资金利率等因素影响可能在短期内跌破百元面值。上市债券的发行期限从 1 年到 10 年不等，债券发行利率一般高于同期银行存款利率。债券每年付息，与本金兑付同股票的现金红利发放模式相同。企业债券利息按照规定要交纳所得税，国债的利息则免交所得税。此外，根据 1995 年颁布的有关法规，个人不得直接参与国债回购交易。

2. 可转换债券

可转换债券是一种以企业债券为载体，允许持有人在规定时间内按规定价格转换为发债公司或其他公司股票的金融工具。可转换债券是金融创新浪潮中的新产品，由于它具有筹资和避险的双重功能，比单纯的筹资工具或避险工具更有优势。

从总体上看，我国企业债券尚不成规模，且计划色彩浓重，还需走过一条漫长的发展道路。

五、我国企业债券的监管

我国的企业债券经历了一个曲折的发展过程。早在 1984 年，我国就已出现企业债券，当时主要是企业自发向社会和内部职工发行债券，债券很不规范。1987 年，国务院颁布了《企业债券管理暂行条例》，使企业债券的发行和管理逐步走向规范化。1989 年，国务院颁布了《关于加强企业债券管理的通知》，1990 年，又制定了《企业债券的申报审批制度》，加强了对地方企业债券的计划管理工作。1991 年开始，各地试行了企业债券的承购包销发行方式，组织承购团，进行异地发行。1993 年，国务院重新制定了《企业债券管理条例》，使得企业债券的管理工作更加适合新的经济状况，使之更加趋于完善。目前，为适应债券市场的进一步发展，《企业债券管理条例》正在进行修改，不久即会出台。

第四节 金融债券

一、金融债券的定义

金融债券是由银行和非银行金融机构为筹措资金而发行的债务凭证。金融机构发行金融债券，有利于对资产和负债进行科学管理，实现资产和负债的最佳组合。

金融债券能够较有效地解决银行等金融机构的资金来源不足和期限不匹配的矛盾。一般来说，银行等金融机构的资金有三个来源，即吸收存款、向其他机构借款和发行债券。存款资金的特点之一，是在经济发生动荡的时候，易发生储户争相提款的现象，从而造成资金来源不稳定；向其他商业银行或中央银行借款所得的资金主要是短期资金，而金融机构往往需要进行一些期限较长的投融资，这样就出现了资金来源和资金运用期限上的矛盾。发行金融债券比较有效地解决了这个矛盾。债券在到期之前一般不能提前兑换，只能在市场上转让，从而保证了所筹集资金的稳定性。同时，金融机构发行债券时可以灵活规定期限，比如为了一些长期项目投资，可以发行期限较长的债券。因此，发行金融债券可以使金融机构筹措到稳定且期限灵活的资金，从而有利于优化资产结构，扩大长期投资业务。由于银行等金融机构在一国经济中占有较特殊的地位，政府对它们的运营又有严格的监管，因此，金融债券的资信通常高于其他非金融机构债券，违约风险相对较小，具有较高的安全性。所以，金融债券的利率通常低于一般的企业债券，但高于风险更小的国债和银行储蓄存款利率。

在具体的经济活动中，由于金融机构的资信程度较高，所以金融债券多为一年期以上的中、长期债券。金融机构在发行金融债券时一般要征得中央银行的同意，且只能由特殊的金融机构发行，我国前些年各专业银行发行的债券都属于金融债券的范畴。

二、金融债券的特征

金融债券作为由银行和非银行金融机构发行的债券，是一种特殊类型的债券，它具有以下特点：

（1）金融债券表示的是银行等金融机构与金融债券持有者之间的债权债务关系。

（2）金融债券一般不记名、不挂失，但可以抵押和转让。

（3）我国金融债券的发行对象主要为个人，利息收入可免征个人收入所得税。

（4）金融债券的利息不计复利，不能提前支取，延期兑付亦不计逾期利息。

（5）金融债券的利率固定，一般都高于同期储蓄利率。

（6）我国发行的金融债券所筹集的资金一般都专款专用，如建设银行曾发行的投资债券，其主要用途就是为国家的大中型建设项目筹措资金。

在西方国家，由于商业银行与其他金融机构同样采取股份公司的组织形式，故其发行的债券与公司债券一样，受同样的法律约束。日本则有所不同，其金融债券的管理受制于特别的法规。我国对于金融债券的发行和管理也有不同于企业债券的特殊规定。

三、金融债券的分类

按照不同的标准，可以把金融债券划分为不同的类别。

（1）按发行主体的不同，金融债券可划分为国家金融债券和地方金融债券。国家金融债券是专业银行总行等一级金融机构向全国范围发行的金融债券，而地方金融债券是专业银行的分行在所辖业务的地域范围内发行的一种金融债券。一般来说，为了能区别于储蓄存款且比储蓄存款更具吸引力，金融债券的利率比同期定期储蓄利率要高，特别是地方金融债券，其利率水平还可相应高一点。金融债券还可以上市流通转让，它具有“高于定期储蓄的利息，超于活期储蓄的方便”之特点，因而成为广大投资者乐意购买的债券之一。

（2）按其发行的价格、利率和期限不同，金融债券又可分为普通金融债券、累进利息金融债券、贴现金融债券（也称贴水金融债券）。普通金融债券按面值发行，到期一次还本付息，期限一般是1年、2年和3年。普通金融债券类似于银行的定期存款，只是利率高一些。累进利息金融债券的利率不固定，在不同的时间段有不同的利率，并且一年比一年高。也就是说，债券的利率随着债券期限的增加累进，比如面值1 000元、期限为5年的金融债券，第一年利率为9%，第二年利率为10%，第三年为11%，第四年为12%，第五年为13%。投资者可在第一年至第五年之间随时去银行兑付，并获得规定的利息。

（3）根据利息支付方式的不同，金融债券又可分为附息金融债券（也称剪息金融债券）和贴现金融债券两种。如果金融债券上附有多期息票，发行人定期支付利息，则称为附息金融债券；如果金融债券是以低于面值的价格贴现发行，到期按面值还本付息，利息为发行价与面值的差额，则称为贴现债券。比如票面金额为1 000元，期限为1年的贴现金融债券，发行价格为900元，1年到期时支付给投资者1 000元，那么利息收入就是100元，而实际年利率就是11.11%（即(1 000－900)÷900×100%）。按照国外通常的做法，贴现金融债券的利息收入要征税，并且不能在证券交易所上市交易。

此外，金融债券也可以像企业债券一样，根据期限的长短划分为短期债券、中期债券和长期债券；根据是否记名划分为记名债券和不记名债券；根据担保情况划分为信用债券和担保债券；根据可否提前赎回划分为可提前赎回债券和不可提前赎回债券；根据债券票面利率是否变动划分为固定利率债券、浮动利率债券和累进利率债券；根据发行人是否给予投资者选择权划分为附有选择权的债券和不附有选择权的债券等。

四、我国发行金融债券的意义

随着中国资本市场的不断完善和发展，越来越多的人意识到金融债券的重要性。

首先，发行金融债券有利于提高金融机构资产负债管理能力，化解金融风险。目前，中国商业银行等存款类金融机构资产负债期限结构错配现象非常严重，金融机构缺乏主动负债工具，资产负债管理能力普遍较弱，这在相当程度上制约了金融机构的经营主动性和风险承担能力。虽然发行次级债券为商业银行补充附属资本提供了一条途径，但难以作为经常性大规模融资渠道。从国际经验来看，发行金融债券可以作为长期稳定的资金来源，能有效解决资产负债期限结构错配问题，同时还可以成为主动负债工具，改变中国商业银行存款占绝对比重的被动负债局面，化解金融风险。

其次，发行金融债券有利于拓宽直接融资渠道，优化金融资产结构。目前，中国债券市场发展相对滞后，企业直接融资渠道缺乏，导致直接融资比重低，金融资产结构不合理，经济发展中应由市场主体承担的风险过度集中到银行和政府，加大了经济运行的社会成本。通过企业集团财务公司发行金融债券是推动债券市场发展的有效措施。企业集团财务公司是服务于企业集团的金融机构，财务公司发债可以在一定程度上满足企业集团的资金需求，起到增加直接融资比重、优化金融资产结构的作用。

最后，发行金融债券有利于丰富市场信用层次，增加投资产品种类。目前在中国债券市场中，具有国家信用的国债与准国家信用的政策性金融债占有绝对比重，具有公司信用的债券所占比重很小，市场信用层次较少，债券品种单一。这使投资者缺乏多样化的投资选择，也在一定程度上影响了债券市场的广度与深度。金融债券的发行将引入更多不同类型的发行主体，从而大大丰富了市场信用层次，增加了投资产品种类，这有利于投资者选择不同投资组合，完善债券市场投资功能，并进一步推动债券市场发展。

五、我国金融债券的监管

中国人民银行发布的《全国银行间债券市场金融债券发行管理办法》（2005 年 6 月 1 日起施行），允许并规范政策性银行、商业银行、企业集团财务公司及其他金融机构发行金融债券。此前，中国允许政策性银行发行政策性金融债券，允许商业银行发行次级债补充附属资本，允许证券公司发行短期融资券等，但是品种单一，市场较小。

而根据《全国银行间债券市场金融债券发行管理办法》，政策性银行发行金融债券，应按年向中国人民银行报送金融债券发行申请，经中国人民银行核准后方可发行。政策性银行金融债券发行申请应包括发行数量、期限安排、发行方式等内容，如需调整，应及时报中国人民银行核准。

金融债券可在全国银行间债券市场公开发行或定向发行。

金融债券的发行可以采取一次足额发行或限额内分期发行的方式。发行人分期发行金融债券的，应在募集说明书中说明每期的发行安排。发行人（不包括政策性银行）应在每期金融债券发行前 5 个工作日将所要求文件报中国人民银行备案，并按中国人民银行的要求披露有关信息。政策性银行应在每期金融债券发行前 5 个工作日将所要求文件报中国人民银行备案，并按中国人民银行的要求披露有关信息。

金融债券的发行应由具有债券评级能力的信用评级机构进行信用评级。金融债券发行后信用评级机构应每年对该金融债券进行跟踪信用评级。如发生影响该金融债券信用评级的重大事项，信用评级机构应及时调整该金融债券的信用评级，并向投资者公布。

发行金融债券时，发行人应组建承销团，承销人可在发行期内向其他投资者分销其所承销的金融债券。发行人和承销人应在承销协议中明确双方的权利与义务并加以披露。

发行金融债券的承销可采用协议承销、招标承销等方式。承销人应为金融机构。

金融债券的招投标发行通过中国人民银行债券发行系统进行。在招标过程中发行人及相关各方不得透露投标情况，不得干预投标过程。中国人民银行对招标过程进行现场监督。

发行人不得认购或变相认购自己发行的金融债券。发行人应在中国人民银行核准金融债券发行之日起 60 个工作日内开始发行金融债券，并在规定期限内完成发行。发行人未能在规定期限内完成发行的，原金融债券发行核准文件自动失效。发行人不得继续发行本期金融债券。发行人仍需发行金融债券的，应依据《全国银行间债券市场金融债券发行管理办法》另行申请。金融债券发行结束后 10 个工作日内，发行人应向中国人民银行书面报告金融债券发行情况。金融债券定向发行的，经认购人同意，可免于信用评级。定向发行的金融债券只能在认购人之间进行转让。

中央国债登记结算有限责任公司（以下简称“中央结算公司”）为金融债券的登记、托管机构。金融债券发行结束后，发行人应及时向中央结算公司确认债权债务关系，由中央结算公司及时办理债券登记工作。金融债券付息或兑付日前（含当日），发行人应将相应资金划入债券持有人指定资金账户。

发行人应在金融债券发行前和存续期间履行信息披露义务。信息披露应通过中国货币网、中国债券信息网进行。发行人应保证信息披露真实、准确、完整、及时，不得有虚假记载、误导性陈述和重大遗漏。发行人及相关知情人在信息披露前不得泄漏其内容。对影响发行人履行债务的重大事件，发行人应在第一时间向中国人民银行报告，并按照中国人民银行指定的方式披露。经中国人民银行核准发行金融债券的，发行人应于每期金融债券发行前 3 个工作日披露募集说明书和发行公告。发行人应在募集说明书与发行公告中说明金融债券的清偿顺序和投资风险，并在显著位置提示投资者：“投资者购买本期债券，应当认真阅读本文件及有关的信息披露文件，进行独立的投资判断。主管部门对本期债券发行的核准，并不表明对本期债券的投资价值做出了任何评价，也不表明对本期债券的投资风险做出了任何判断”。

金融债券存续期间，发行人应于每年 4 月 30 日前向投资者披露年度报告，年度报告应包括发行人上一年度的经营情况说明、经注册会计师审计的财务报告以及涉及的重大诉讼事项等内容。采用担保方式发行金融债券的，发行人还应在其年度报告中披露担保人上一年度的经营情况说明、经审计的财务报告以及涉及的重大诉讼事项等内容。发行人应于金融债券每次付息日前 2 个工作日公布付息公告，最后一次付息暨兑付日前 5 个工作日公布兑付公告。金融债券存续期间，发行人应于每年 7 月 31 日前披露债券跟踪信用评级报告。信息披露涉及的财务报告，应经注册会计师审计，并出具审计报告；信息披露涉及的法律意见书和信用评级报告，应分别由执业律师和具有债券评级能力的信用评级机构出具。上述注册会计师、律师和信用评级机构所出具的有关报告文件不得含有虚假记载、误导性陈述或重大遗漏。发行人应将相关信息披露文件分别送全国银行间同业拆借中心（以下简称“同业拆借中心”）和中央结算公司，由同业拆借中心和中央结算公司分别通过中国货币网和中国债券信息网披露。同业拆借中心和中央结算公司应为金融债券信息披露提供服务，及时将违反信息披露规定的行为向中国人民银行报告并公告。金融债券定向发行的，其信息披露的内容与形式应在发行章程与募集说明书中约定；信息披露的对象限于其认购人。

发行人有下列行为之一的，由中国人民银行按照《中华人民共和国中国人民银行法》第四十六条的规定予以处罚。

（1）未经中国人民银行核准擅自发行金融债券；

（2）超规模发行金融债券；

（3）以不正当手段操纵市场价格、误导投资者；

（4）未按规定报送文件或披露信息；

（5）其他违反本办法的行为。

承销人有下列行为之一的，由中国人民银行按照《中华人民共和国中国人民银行法》第四十六条的规定予以处罚。

（1）以不正当竞争手段招揽承销业务；

（2）发布虚假信息或泄露非公开信息；

（3）其他违反本办法的行为。

托管机构有下列行为之一的，由中国人民银行按照《中华人民共和国中国人民银行法》第四十六条的规定予以处罚。

（1）挪用托管客户金融债券；

（2）债券登记错误或遗失；

（3）发布虚假信息或泄露非公开信息；

（4）其他违反本办法的行为。

中国人民银行的管理办法在很大程度上体现了对“市场力量”的尊重，如未对金融债券发行规模作出明确量化规定；不将担保作为金融债券发行的必备条件，而是交由发行人自主选择；要求金融债券发行必须进行信用评级，但没有对信用评级机构的资格认定作出规定等。不过，中国人民银行的管理办法用很大篇幅要求发行人需对金融债券的有关信息进行充分披露。《全国银行间债券市场金融债券发行管理办法》于 2005 年 6 月 1 日起施行。中国人民银行有关负责人接受记者采访称，管理办法的制定可作为规范银行间市场一级市场金融债券发行的统一规章制度，有利于完善市场制度框架，保证市场监管的公正性和有效性。

第五节 国际债券

一、国际债券的定义

国际债券是一国政府、金融机构、工商企业或国际性组织为筹措长期资金而在国外金融市场上发行的、以外国货币为面值的债券。国际债券的发行人与发行地点不属于同一国家，因此它的发行人与投资者属于不同的国家。国际债券是一种在国家间直接融通资金的金融工具。国际债券的投资者主要是银行或其他金融机构、各种基金会、工商财团和私人。

国际债券的发行和交易，既可用来平衡发行国的国际收支，也可用来为发行国政府或企业引入资金从事开发和生产。一般来说，各国运用国际债券来筹集资金的主要目的有以下五个方面：

（1）用以弥补发行国政府财政赤字。对于一国政府来说，弥补财政赤字除了可以用发行国内债券的方式外，还可以通过发行国际债券的形式筹集资金，作为国内债券的补充。

（2）用以弥补发行国政府国际收支的逆差。发行国际债券所筹集的资金在国际收支平衡表上表现为资本的流入，属于资本收入，因而有利于减少国际收支逆差。在 1973—1975 年的石油危机中，许多西方工业国家都采用发行国际债券的方式来弥补由于石油价格上涨而造成的国际收支逆差。

（3）用以为大型或特大型工程筹集建设资金。这主要由一些国际金融公司或公司集团组成的投资机构来发行。

（4）用以为一些大型的工商企业或跨国公司增加经营资本来筹措资金，从而增强其实力。大型企业为增强其实力，故需要大量资金的支持。

（5）用以为一些主要的国际金融组织筹措活动资金。例如，世界银行就曾多次发行外国债券，以筹措巨额资金，实施其开发计划。

二、国际债券的特点

国际债券与国内债券相比，有以下三个特点。

（1）资金来源比较广泛。国际债券是在国外金融市场上发行的，面对众多的国外投资者，市场潜力很大。

（2）期限长、数额大。通过国际债券方式筹措资金与用国际贷款方式筹措资金相比，其期限更长，数额更大，而且债券所筹措资金的使用不受投资者的干涉，也没有附加条件。通过国际债券方式筹资，还有利于促使其负债结构多样化。

（3）资金的安全性较高。在国际债券市场上筹措资金，通常可得到一个主权国家以普通责任能力或“付款承诺”的保证，其安全性高，吸引力也大，因而有利于减轻或稳定还本付息的负担，有利于吸收中长期资金。

三、国际债券的分类

依发行债券所用货币与发行地点的不同，国际债券又可分为外国债券和欧洲债券。

1. 外国债券

外国债券是指一国政府、金融机构、工商企业或国际组织在另一国发行的以当地国货币计值的债券。它的特点是债券发行人在一个国家，债券的面值货币和发行市场则属于另一个国家。

2. 欧洲债券

欧洲债券指借款人在本国境外市场发行的，不以发行市场所在国的货币为面值的国际债券。

欧洲债券产生于20世纪60年代，是随着欧洲货币市场的形成而兴起的一种国际债券。欧洲债券市场是一个完全自由的市场，无利率管制，无发行额限制。其筹措的是境外货币资金，所以不受面值货币所在国法律的约束，市场容量大，自由灵活，能满足发行人的筹资要求。债券的发行通常由几家大的跨国银行或国际银行集团组成的承销辛迪加负责办理，有时也可能组织一个庞大的认购集团，因此发行面广；同时，它的发行一般采用不经过官方批准的非正式发行方式，手续简单，费用较低。欧洲债券的利息收入通常免缴所得税，或不预先扣除借款国的税款。此外，欧洲债券是以不记名的形式发行的，并可以保存在国外，可以使投资者逃避国内所得税。欧洲债券市场是一个极富活力的二级市场，债券种类繁多，货币选择性强，可以使债券持有人比较容易地转让以取得现金，或者在不同种类债券之间进行选择，规避汇率和利率风险，因此其流动性较强。欧洲债券的发行人主要是各国政府、国际组织或一些大公司，它们的信用等级很高，因此安全可靠，而且收益率又较高。欧洲债券的发行人具有某种极端的创造性，设计出种种票据以适应自己的需要，比如固定利率债券、浮动利率债券、附有认股权证的债券、可转换债券、投入债券等。其中，浮动利率债券的利息每隔 3 个月或 6 个月调整一次，其利率通常比伦敦同业拆借利率略高一些。由于这种债券采取了浮动利率，为保证投资者的一定收益，通常会规定一个利率下限，即使市场利率低于这个利率下限仍按此利率付息，而当利率升高时，债券利率也随之升高。总之，欧洲债券市场并不是个地理范围上的概念，它实际上包括了亚洲、中东等地的国际债券市场，因此，欧洲债券又称“境外债券”。

四、主要国际债券

1. 美国债券

美国债券又称扬基债券，是在美国债券市场上发行的外国债券，即美国以外的政府、金融机构、工商企业和国际组织在美国国内市场发行的、以美元为计值货币的债券。

扬基债券的特点包括：

（1）期限长、数额大；

（2）美国政府对其控制较严，申请手续比一般债券烦琐；

（3）发行人以外国政府和国际组织为主；

（4）投资者以人寿保险公司、储蓄银行等机构为主。

从 1963 年采取利息平衡税起至 1973 年取消为止，扬基债券的发行一直不景气；1974 年后，外国机构重新进入美国扬基债券市场，但由于手续简便的欧洲美元债券的竞争，加上扬基债券发行国政府较为严格的限制，扬基债券的增长量并不大。近几年来，随着改革的潮流，美国国会通过了证券交易修正案，简化了扬基债券的发行程序，有利于它的进一步发展。

2. 日本债券

日本债券又称武士债券，是在日本债券市场上发行的外国债券，是日本以外的政府、金融机构、工商企业和国际组织在日本国内市场发行的以日元为计值货币的债券。

它是外国政府、金融机构及某些国际性组织筹措日元长期资金的一种重要形式。第一笔日本债券是亚洲开发银行在 1970 年 12 月发行的，此后，武士债券的发行人主要是国际机构。1973 年 10 月的石油危机使日本的国际收支迅速恶化，日本债券的发行也随之中断了近两年。后来由于贸易顺差，逐渐形成了日元市场。1984 年以来，为了使日本的资本市场实现国际化、自由化，日本当局对债券发行规则作了大幅度的修正，使得日本债券大幅度增加。但是，由于日元公募债券缺乏发行的灵活性，缺乏流通性，并且不易进行美元掉期业务，因此，发行人主要是需要在东京市场进行连续筹资的国际机构、一些发行 4 年以上债券的长期筹资者，以及在欧洲债券市场上信誉不佳的发展中国家。

3. 龙债券

龙债券是以非日元的亚洲国家或地区货币发行的外国债券。一般是到期一次还本、每年付息一次的长期固定利率债券，或者是以美元计价，以伦敦银行同业拆放利率为基准，每一季或每半年重新定一次的浮动利率债券。龙债券的发行以非亚洲货币标定面额，尽管有一些债券是以加拿大元、澳元和日元标价的，但多数以美元标价。龙债券市场是指在除日本以外的亚洲地区发行的一种以非亚洲国家货币标价的公开债券市场。该市场的投资者都来自亚洲，而且它们都是发行债券的原始购买者；同时，这种债券的发行、定价和承销都在亚洲的几个时区之内进行。

龙债券的发行规模各不相同，大致在1亿美元～5亿美元之间，最适宜的规模是2.5亿美元～3亿美元之间。截至1994年5月，已有22种龙债券发行，包括GE Capital公司的一笔已发行的债券在内，发行总额达51亿美元。龙债券的发行人来自亚洲、欧洲、北美洲和南美洲，投资者则来自亚洲的主要国家。

五、我国的国际债券

我国是从1982年进入国际资本市场的。1982年1月，中国国际信托投资公司以私募方式在日本东京发行了100亿元的日本武士债券。1984年11月，中国银行以公募方式在日本东京发行了10年期200亿元的武士债券。两次发行标志着我国金融机构开始进入国际债券市场。迄今为止，我国进入国际债券市场的主体主要有各商业银行、信托投资公司以及财政部。发行国际债券的币种有美元、日元和德国马克。在计息方式上，浮动利率与固定利率方式平分秋色。而发行市场则主要集中于日本、新加坡、英国、德国、瑞士和美国。

本章小结

本章第一节详细介绍了债券的定义、类型和基本特征等内容。

第二节详细介绍了政府债券的定义、类型，以及中国国债的发展过程。

第三节主要介绍了企业债券的定义、特征、类型、现行的企业债券及政府对企业债券的监管等相关问题。

第四节系统介绍了金融债券的定义、特征、类型。在此基础上，对中国发行金融债券的意义、政府监管的相关问题进行了论述。

第五节主要论述了国际债券的定义、特点、类型，并对国际主要债券的类型进行了介绍。

本章关键问题

- 债券的定义、种类和特征；
- 政府债券的定义、特征及分类；
- 公司债券的内涵、特征及分类；
- 金融债券的定义、特征及类型；
- 国际债券的内涵及分类。

本章思考题

一、名词解释

债券　　政府债券　　金融债券　　公司债券　　国际债券

外国债券　欧洲债券　扬基债券　龙债券

二、简答题

1. 简述债券的种类和基本特征。
2. 简述政府债券的基本特征。
3. 与其他债券相比，公司债券有哪些特征？
4. 我国发行金融债券的意义。

第四章

证券投资基金

第一节　证券投资基金概述

一、证券投资基金的含义与性质

（一）证券投资基金的含义

证券投资基金是指一种利益共享、风险共担的集合证券方式，即通过发行基金证券，集中投资者的资金，交由专家管理，以资产的保值增值等为根本目的，从事股票、债券等金融工具投资，投资者按投资比例分享其收益并承担风险的一种制度。视各国的具体情况不同，证券投资基金的投资对象可以是资本市场上的上市股票和债券、货币市场上的短期票据和银行同业拆借，也可以是金融期货、黄金、期权交易、不动产等，有时还包括虽未上市但具有发展潜力的公司债券和股权。由此可见，证券投资基金包含了两层含义。

（1）证券投资基金是一种投资制度，它从广大的投资者那里聚集巨额资金，交给基金管理公司进行专业化管理和经营。在这种制度下，资金的运作受到多重监督。

（2）证券投资基金发行的基金券是一种面向社会大众的投资工具，投资者通过购买基金完成投资行为，并凭其分享证券投资基金的投资收益，承担证券投资基金的投资风险。

（二）证券投资基金的性质

1. 证券投资基金是一种金融市场的媒介

证券投资基金存在于投资者与投资对象之间，起着把投资者的资金转换成金融资产，通过专门机构在金融市场上再投资，从而使货币资产得到增值的作用。证券投资基金的管理者对投资者所投入的资金负有经营、管理的职责，而且必须按照合同（或契约）的要求确定资金投向，保证投资者的资金安全和收益最大化。

2. 证券投资基金是一种资金信托形式

证券投资基金与一般资金信托关系一样，主要有委托人、受托人、受益人三个关系人，其中受托人与委托人之间订有信托契约。但证券投资基金作为资金信托业务的一种形式，又有自己的特点。例如，还有一个不可缺少的托管机构，它不能与受托人（基金管理公司）由同一机构担任，而且基金托管人一般是取得基金托管业务资格的大型商业银行或其他金融机构，具有较高的信用和管理水平；基金管理人并不对每个委托人的资金分别加以投资运用，而是将其集合起来，形成一笔巨额资金再加以组合、运作。

3. 证券投资基金本身属于有价证券的范畴

证券投资基金发行的凭证即基金证券（或受益凭证、基金单位、基金股份），与股票、债券一起构成有价证券的三大品种。基金证券代表着证券持有人的资产所有权、收益分配权以及剩余财产分配权等诸多权益，因而也能在市场上进行交易，并在交易过程中形成自己的价格。作为有价证券，基金证券有着与股票、债券共同的特征。基金证券又有着与股票、债券的明显区别。这些区别主要体现在以下几个方面：

(1) 权利关系不同。基金证券是由基金证券发起人发行的。如果基金是发起人按照契约形式发起的，则投资购买基金证券的持有人与发起人之间是一种契约关系；如果基金是按照公司形式发起的，则通常先要组成基金公司，并由发起人组成董事会，由董事会决定基金的发起、设立、终止以及选择管理人和托管人等事项。证券持有人虽然也是公司的股东之一，但都不参与基金的运用。发起人与管理人、托管人之间完全是一种信托契约关系；股票是由股份公司发行的，股票持有人是股份公司的股东，有权参与公司的经营管理决策，股东对公司是一种股权关系；债券则是由政府、银行及企业等发行主体发行的，债券的投资者与发行人之间形成的是一种债权债务关系。

(2) 投资者的经营管理权不同。通过发行股票筹集到的资金，完全可以由发行股票的股份公司掌握和运用，股票持有人也有权参与公司的经营管理决策；通过发行债券筹集到的资金，也是由发行债券的公司自主支配。而投资基金的运作机制则有所不同。无论是哪种类型的基金，其发起人和投资者都不直接从事基金的运作，而是委托管理人营运。同时，投资基金信托又不同于个人信托。个人信托是单个投资者委托证券公司买卖证券，这种委托业务完全体现着投资者个人的意志，即完全按照投资者的指令买进或卖出。而投资基金信托则是一种集中信托，受托的管理人本着“受人之托，代人理财，重视服务，科学运用”的精神，按照基金章程规定的投资限制，对该基金自主地加以运用，并保证投资者获得丰厚的收益。投资者只分享基金的盈利和分红，不干预基金的管理和运作。

(3) 风险和收益各不相同。投资基金委托专门的投资机构进行分散组合投资，因而可以分散和降低投资风险。从风险程度上看，投资于基金证券的风险要小于对股票的投资，但大于对债券的投资。投资于基金证券的收益是不固定的，这一点不同于债券而类似于股票。从收益水平上看，基金证券的投资收益一般小于股票投资，但大于债券投资。因此，人们一般认为基金证券是一种风险低于股票、收益高于债券的有价证券。

(4) 存续时间不一致。每一种类型的投资基金都规定有一定的存续时间，期满即终止。这一点类似于债券投资。与债券投资所不同的是，也可以期满后再延续。封闭式基金在存续期间不得随意增减基金证券，持有人只能通过交易市场买卖基金证券。从这一点看，投资于基金证券又类似于股票投资。与股票投资所不同的是，开放式基金可以随时增加或减少基金券，持有人可以按基金的资产净值向公司要求申购或赎回其所持有的单位或股份。

二、证券投资基金的特征

投资基金的基本功能是汇集众多投资者的资金，交由专门的投资机构管理，由证券分析专家和众多投资专家具体操作运用，根据设定的投资目标，将资金分散投资于特定的资产组合，投资收益归原投资者所有。代理投资机构作为基金的管理者，只收取一定的服务费用。具体来说，是由代理投资机构把众多的、非特定的投资者的资金集中起来，组成一个共同的财产进行投资代理。投资机构根据与投资客户商定的投资最佳收益目标和最小风险，把集中的资金再适当分散投资于各种证券和其他金融商品。根据各国各地区的不同情况，投资的对象既可以是资本市场上的上市股票和债券，也可以是货币市场上的短期票据和银行间的同业拆借，还可以是金融期货、黄金、期权交易以及不动产等。

证券投资基金作为一种间接的投资工具，与其他投资工具相比具有以下特点：

1. 获得规模投资的收益

通常，证券投资基金管理公司为适应不同阶层个人投资者的需要，设定的认购基金的最低投资额不高，投资者以自己有限的资金购买投资基金的受益凭证，基金管理公司积少成多，汇集成巨大的资金，由基金管理公司经验丰富的投资专家进行运作，获得规模经济效益。

2. 专家理财，回报率高

证券投资基金是一种间接投资，投资于基金就等于聘请了专业的投资专家，投资基金的投资决策都是由受过专业训练、经验丰富的专家进行的。基金管理公司有发达的通信网络随时掌握各种市场信息，并有专门的研究部门进行国内外宏观经济分析，以及对产业、行业、公司经营潜力有系统的调研和分析。因此，专家理财的回报率通常会高于个人投资者。

3. 组合投资，分散风险

证券投资基金管理人通常会根据投资组合的原则，将一定的资金按不同的比例分别投资于不同期限、不同种类、不同行业的证券上，实现风险的分散。而中小投资者有限的资金很难做到像投资基金这样充分分散风险。例如，有的投资基金其投资组合不少于 20 个品种，从而有效地分散了风险，提高了投资的安全性和收益性。

4. 基金凭证交投活跃，变现性强

证券投资基金受益凭证的购买程序方便快捷，特别是现代电子技术和通信网络的发达，使得人们可以网上查询和完成交易。因此，持有基金凭证，可以在基金管理公司直接办理交易手续，或者可委托投资顾问代理机构或证券营业机构，随时随地方便地进行交易，从而获得了比持有其他金融资产更高的变现性。

5. 品种繁多，选择性强

国际资本流动和市场一体化，使许多基金都进行跨国投资或离岸投资。任何一种市场看好的行业或产品，都可以通过设立和购买证券投资基金得到开发和利用。所以，证券投资基金这一投资工具为投资者提供了非常广阔的选择余地。

6. 基金资产保管与运作安全性高

不论是何种投资基金，均要由独立的基金保管公司保管基金资产，以充分保障投资者的利益，防止基金资产被挪作他用。基金管理人和保管人的这种分权与制衡，通过基金章程或信托契约确立，并受法律保护。

三、证券投资基金的主要类型

证券投资基金因各国的历史、社会、经济、文化等环境不同，呈现出各种各样的形态。世界各国的基金虽然形式多样，但仍然可以根据不同的标准来对它们进行分类。如果按其组织形式和法律地位来分类，证券基金基本有两种类型，即契约型和公司型。公司型的证券投资基金以美国为代表，美国的证券基金皆按公司形式组成，也称共同基金。契约型的证券基金以日本为代表。可以说，目前世界上的各种证券基金基本上都可以归到这两种类型中去。当然，在这两种类型的基础上，又演变出其他不同的类型。

根据是否可自由赎回和基金规模是否固定，可将基金划分为开放式证券投资基金与封闭式证券投资基金。

根据投资风险与收益的目标不同，可将投资基金划分为积极成长型投资基金、成长型投资基金、成长及收入型投资基金、平衡型投资基金和收入型投资基金。

根据投资对象不同，可将投资基金划分为股票基金、债券基金、选择权基金、指数基金、期货基金和认股权证基金等。

根据投资来源和运用的地域不同，可将投资基金划分为国内基金、国际基金、海外基金、国家基金和地域基金等。

根据投资计划的可变更性，可将投资基金划分为固定型投资基金、半固定型投资基金和融通型投资基金。

根据基金是否收费，可将投资基金划分为收费基金与不收费基金。

还有其他多种分类。事实上，任何一种投资基金都可以归于不同种类，并没有严格的区分标准。

四、证券投资基金的投资限制与投资组合

证券投资基金作为一种投资信托方式，具有特定的投资范围。为维护基金资产的安全性与流动性，保障投资者的合法权益，许多国家对投资基金实施投资限制政策。

1. 对投资对象的限制

一般来说，不同的投资基金具有不同的投资对象，加之各国相关法规有不同规定，所以对投资基金的投资对象和投资范围的划分也不一样，但总体来讲还是较为宽松的。

2. 对投资数量的限制

为分散投资风险以及避免影响股价公正，通常对基金的投资数量加以限制。一是对取得同一种类股票的限制，规定基金投资于任何一家公司股票的股份总额不得超过该公司已发行股份总数的一定比例；二是对同一种股票的投资限制，要求基金对于每一发行公司发行的证券投资额不得超过该基金资产净值的一定比例。

3. 对投资方法的限制

各国除对投资基金的投资对象和投资数量作出一定限制外，对投资方法也作了较严格的限制。首先是禁止与基金本身或与关系人的交易，以维护交易的公正性；其次是限制基金资产相互间的交易，以避免基金投资者的利益受到损害；第三是禁止用基金资产从事信用交易。

五、基金的费用

在投资基金的酝酿、发行、日常经营过程中，要发生各种各样的费用，这些费用均从基金投资的盈利中扣除，即由投资者来承担；同时，这些费用又分别是基金管理人、经纪

人等的收入来源。一般来讲，与基金有关的费用主要有以下几种：

(1) 前期费用。指基金证券正式发行前和发行时所发生的费用，包括宣传费、招募章程费、申请费等等。在英国，基金的前期费用是基金管理人的收入来源，一般相当于发行金额的5%，如果是由辛迪加承销团认购的封闭式基金，该费用根据发行规模的不同，一般为发行金额的3%～7%。在美国，基金证券销售费用最高限规定为8.5%。

(2) 管理费用。管理费用也是基金管理人的收入，以该基金资产净值的一定百分比计算。由于以资产净值为基数，因此，基金经营得越好，资产净值越大，管理人得到的收入越多。在英国，基金的管理费一般为资产净值的1%，封闭式基金根据基金规模不同，从0.4%到2%不等。如果基金经营得非常出色，还可以向管理人颁发一定奖金。在美国，投资管理费为0.5%～2%。

(3) 保管与交割费用。保管费是一项固定费用，按托管资产金额的一定百分比计收。交割费是指每笔移动或转移票证所发生的费用，一般按交割证券的资产净值的一定百分比计算，在美国，托管费、法律费、会计费及转换代理成本，每年约占净资产的1%。根据美国法律，基金的财务报表必须列明每股总费用，以及占净资产的百分比。

(4) 经纪人费用，指经纪人代客买卖时，按交易所的规定计收的费用。

六、基金资产的估值与净资产值的计算

1. 基金资产的估值

基金资产的估值是指对基金的净资产值按照一定的价格进行估算。通常基金经理（管理公司）必须在每一个营业日或每周一次或至少每月一次计算，并公布基金的净资产值。

2. 基金净资产值的计算

基金的净资产值是衡量一个基金经营好坏的主要指标，也是基金单位买卖价格的计算依据。根据规定，基金经理公司须在每一营业日计算并公布基金净资产值。

按一般公认会计准则，基金净资产值总额以基金总资产价值扣除总负债计算。其计算方法是：

(1) 上市股票、公债、公司债、金融债等，以计算日证券交易所的收盘价格为准。

(2) 未上市公债及金融债券，以其面值加计至计算日止应收的利息为准，投资所产生其他利息或收益时，应予列入资产价值内。

(3) 短期票券，以买进成本加计自买进日起至计算日止应收的利息为准，投资所产生其他利息或收益时，应予列入资产价值内。

(4) 若第一条规定的计算日无收盘价格，则按其前日的收盘价格计算。

(5) 现金与相当于现金的资产、应收款项、已付（如果其未在计算日或其前扣除）及迟延费用应列计其全价或市价。

(6) 经理公司会同会计师如认为有任何资产可能无法全部收回时或基金有或将有负债时，可以预留适当的折价或提列准备。

(7) 尚未履行的资产取得或处分契约，应视同已履行。

(8) 债务应包括依信托契约规定至计算日止对保管公司或经理公司应付未付的报酬。

(9) 债务应以逐日提列方式计算。

(10) 如遇特殊情况而无法或不宜依上述标准确定净资产值时，经理公司应依照主管

机关规定办理。

每个受益权单位净资产价值以计算日的基金净资产价值总额，除以已发行在外受益权单位总数，计算至币值分为单位，不满一分者四舍五入。但如果与基金净资产值有关的证券交易所不是因为节假日而停止营业，或证券交易受限制或暂停，通常使用的通信中断，或非经理公司所能控制的其他事由发生，导致不能计算基金净资产值或计算有实质困难的话，经理公司可以暂停计算基金净资产值。

基金净资产值是基金单位价格的内在价值，因此，基金单位价格与其净资产值一般是趋于一致的，净资产值增大，基金单位的价格也跟着增长，特别是开放式基金，基金单位认购或购回的价格都是直接以净资产值计价的。但是，有时二者也会产生偏离，由于封闭式基金是在证券交易市场上市，其价格除了受净资产价值影响外，还要受到市场供求状况、经济形势、政治环境等多方面因素的影响，因此，二者不可避免地会产生偏差，有时甚至是反向趋势。

就基金净资产值本身来看，由于基金投资的各种有价证券，特别是股票的市场价格与其内在价值常常背离，因此建立在这一基础上的基金净资产值必然含有“水分”，尤其是在股市大起大落之时。从这个意义上说，基金净资产值并没能真正反映某个基金的资产拥有情况。

一般来说，在“牛市”的情况下，基金投资组合中股票的成分越多，净资产中“水分”就越大；反之，在“熊市”当道期间，基金的净资产值中，“水分”的因素就会少一些。若从投资的风险收益角度看，基金净资产值中“水分”越大，收益与风险就同时递增。

所以，对于各种基金的净资产值的多寡孰好孰坏，很难有一个统一的评判标准。主要应该根据以下几个标准来看：

（1）基金投资的有价证券质量。如果投资者想购买的基金所选择的投资对象是收益稳定、市场价格波动幅度小的有价证券，基金净资产值当然越高越好。

（2）基金投资的目的在于获利，其中资本利得是不可忽视的因素。这项收入本身就是靠有价证券在市场“低进高出”获取的。从这一标准看，基金净资产值中“水分”太小也是不行的。在此情况下，基金的净资产值应该在资产结构，特别是有价证券组合结构方面常有变化。这种变化表明基金的操作者在证券投资方面比较注意有价证券的市场价格变化，在投资中采用了比例较大的短线作业。收益与风险可能同时增长。

第二节　证券投资基金的发展

一、证券投资基金的产生与发展

（一）证券投资基金的兴起

证券投资基金起源于19世纪中叶的欧洲。英国于1868年创立了世界上第一个基金机构，即“海外和殖民地政府信托组织”，标志着证券投资基金作为大众化的理财工具正式问世。当时正是英国产业革命成功之时，工商业高度发达，殖民地和对外贸易遍及全球。

由于国内资金积累过多，国内市场相对狭小，资金苦于无出路，便纷纷转向海外发展。首创的这家投资基金机构专以分散投资于殖民地的公司债为主，投资地区远及南北美洲、中东、东南亚以及意大利、葡萄牙和西班牙等国。

尽管在起步阶段，由于投资者缺乏投资的基本知识和经验，一些“骗财公司”乘虚而入，骗财事件时有发生，但投资者很快汲取教训，开始寻求规范化的投资途径与方式，政府也支持并出面组成了投资公司，委托具有专门知识的代理人代为投资，并分散风险，让中小投资者也能和大投资者一样享受国际投资的丰厚报酬。这种集合众人资金委托专家经营的投资方式，很快就受到广大投资者的热烈欢迎和响应。

（二）现代基金的形成

虽然证券投资基金最早出现在英国，但现代意义的基金却是 1924 年在美国出现的。此后的几十年中，基金得到了充分的发展与繁荣。

进入 20 世纪，资本主义市场经济持续繁荣，1924 年美国从英国引进了证券投资基金这一工具，并由波士顿的马萨诸塞信托金融服务公司设立了美国第一只投资基金——“马萨诸塞投资信托基金”，这种新的投资方式深受广大投资者的欢迎。由哈佛大学的 200 名教授出资，一年后资产增加到 394 万美元。

1929 年资本主义世界经济危机爆发，股市崩溃，大部分投资基金纷纷倒闭，投资基金业受到严重打击。从证券投资基金诞生到 20 世纪 20 年代末，是投资基金发展的初级阶段，当时资本主义经济发展不充分，股份经济规模不大，投资基金品种单一，以封闭型基金为主，投资领域较窄，金融市场投资工具十分有限，基金流动性差，投资者主要由中小投资者组成，国际投资理论和实践尚不成熟，法律环境较差，使得投资基金的发展受到很大限制。美国 1933 年《证券法》、1934 年《证券交易法》、1940 年《投资公司法》的问世，开辟了一个崭新的证券投资基金时代。从 20 世纪 30 年代到 70 年代中期布雷顿森林体系崩溃前是证券投资基金的稳步成长阶段。在该阶段中，各国法规逐渐完善，开放式投资基金得到推广，废除了基金投资组合固定不变等条款。自 1973 年布雷顿森林体系崩溃后，证券投资基金得到进一步发展，货币市场基金崛起。80 年代末以来，证券投资基金进入全球发展阶段，形成了北美基金市场、欧洲基金市场和以亚太地区为核心的新兴基金市场。此阶段是证券投资基金成熟、繁荣阶段，以证券投资基金的品种创新、技术创新、管理现代化为主要发展内容。其中，货币市场基金和国家基金的兴起和蓬勃发展，为证券投资基金在世界范围内的繁荣铺平了道路。

在金融较为发达的国家中，日本属于后起之秀。虽然它的基金业起步较晚，但自建立以来，一直得以高速、顺利发展。日本投资基金萌芽于 1930 年。这一年，日本人寿保险公司为防止因纽约股市暴跌而引发的日本股市下滑，共同出资组建了“生命证券”投资公司，这是一个具有法人性质的公司。到了 1937 年，经纪人藤本创立了名为“藤本票据经纪商”的有价证券投资组织，这个组织以每户 500 元，每 10 万元为一组，向一般投资者募集资金，用以购买股票和债券，并将所获收益分配给投资者。“藤本票据经纪商”已具备了证券投资信托的性质，一般认为它是日本投资基金的第一个正式法人组织。随着金融市场的发展和投资者需求的多样化，日本的投资基金进入 70 年代以后不断扩大，1980 年推出中期国债基金这一划时代的投资商品，把长期投资与中期投资结合起来。其后，债券投资信托基金不断推出适合自然人和法人多样化需求的新品种，如 1975 年股票投资信托推出目标型高收益基金；1983 年推出追加型基金、为法人服务的无手续费基金，还有以工资预扣方式认购基金的累计型基金等，它们都普遍受到投资者的欢迎。1988 年，后来居上的日本超过美国，成为全球基金投资业最为发达的国家。

证券投资基金在西方资本主义国家得以蓬勃发展，是股份制经济发展到一定阶段、资本市场发展到一定规模的结果。其成功的缘由可以归结为：开放式基金大力发展，增强了基金流动性，投资专业化，投资工具全面化，投资货币化等。

二、中国证券投资基金的产生及发展

随着我国经济的高速发展，人均收入水平迅速提高。随着收入水平的提高和风险意识的增强，人们需要有更多的投资种类和投资机会，他们已不再满足于银行储蓄和国债等固定利息的投资。但由于个人的零散资金不能形成规模投资，而所需资金规模起点较低的股票投资，又因时间、精力及专业知识的限制而难以驾驭，风险较大，这样一来，投资基金作为汇集广大投资者的零散资金，交由专门投资机构经营的大众式集合投资制度便应运而生。中国的证券投资基金初创于 20 世纪 90 年代初期，规范于 90 年代末期，在短短的十余年里，中国证券投资基金从无到有，经历了从初创到规范、规范与发展并重的历程。

1987 年中国银行和中国国际信托投资公司首先设立投资基金业务，这是中国证券投资基金业的雏形，而较为规范和现代化的投资基金则是在 1991 年以后才开始出现的。从 1991 年开始，基金业务有了实质性进展。1991 年 10 月，武汉证券公司发起设立了我国第一家基金——“武汉证券投资基金”；同年，中国新技术创业投资公司与汇丰集团和渣打集团等几家机构在香港联合发起成立中国置业基金，首期集资 3 900 万英镑投资于以珠江三角洲为中心的乡镇高科技企业，随即在香港联合交易所挂牌上市交易；中国第一家国内基金也是于 1991 年由中国农村发展信托投资公司募集发行的山东淄博基金，当年该基金得到中国人民银行批准成为第一家国内基金，首期募集资金 1 亿元，并于第二年 8 月在上海证券交易所挂牌上市，成为第一家在国内证券交易所挂牌上市的基金，其整套运作均按国际惯例进行。

1992 年，我国开始出现了投资基金热潮，沈阳、大连、上海、广东、浙江、黑龙江等地推出了多个不同种类的基金。1992—1997 年，各地批设了 79 只证券投资基金，总资产 90 多亿元，投资者约 120 万。由于对基金认识和理解的不足、监管体制的不顺等历史原因和市场环境的影响，这些基金普遍存在设立和运作不规范、资产质量差等问题。从 1999 年 3 月起，证监会按照国务院的要求组织对老基金的清理规范。1999 年 10 月下旬，10 只老基金最先经资产置换后合并改制成 4 只证券投资基金，随后其他老基金也被陆续改制为新基金。截至 2003 年 9 月，全国共有 79 只老基金，4 只清盘，75 只清理规范合并为 29 只封闭式证券投资基金，上市扩募后总规模达 197 亿元。截至 2014 年上半年，我国共有封闭式基金 81 只，开放式基金 2 068 只，有效净资产规模达 18 336.91 亿元。

1997 年 11 月，经国务院批准，国务院证券委发布了《证券投资基金管理暂行办法》。1998 年 4 月，规范的、严格意义的证券投资基金正式开始试点。2000 年 10 月，证监会发布《开放式证券投资基金试点办法》。2001 年 9 月，首只开放式基金发行。2002 年 12 月，首家中外合资基金公司成立，基金业成为履行我国证券服务业入世承诺的先锋。2003 年 10 月 28 日，《中华人民共和国证券投资基金法》出台，中国的证券投资基金管理开始走向规范化。经 2012 年 12 月 28 日第十一届全国人大常委会第 30 次会议修订后，新的《中华人民共和国证券投资基金法》自 2013 年 6 月 1 日起正式施行。

现在，证券投资基金已逐步为公众所认识和熟悉，相关的法律法规体系也逐步健全，相信这一投资方式将在中国金融市场上发挥日益重要的作用。

三、发展证券投资基金对中国经济的作用

证券投资基金在稳定市场、倡导理性投资等方面发挥着越来越重要的作用，主要表现为以下几个方面：

第一，引导居民由储蓄向证券投资转化。居民的储蓄比重下降使证券投资基金的比重明显上升。投资基金已经成为银行和其他金融机构的有力竞争者。

第二，作为机构投资者的主力军能有效地稳定证券市场。证券市场投资者的成分相当复杂，任何成熟完善的证券市场都有稳定市场的中坚力量，机构投资者是主要的稳定力量，而证券投资基金是其中的主流。证券投资基金多以中长期资本的成长为主要的投资目标，能够根据上市公司的经营状况和基本经济因素，通过对各种资料的分析来作出投资决策。投资的行为比较理智和成熟，减少了一些盲目跟风现象，避免少数大户对股市的操纵，控制过分投机行为。

第三，强化金融证券化趋势，其特点是借款人筹资通过证券市场获得，取代了传统的银行贷款，使得许多以前只能从银行得到贷款的借款人更有可能进入证券市场，为投资者和筹资者提供一个更直接、更透明、高效的选择。

第四，促进国际资本的有效渗透。国际资本在金融世界中的地位日益突出，由于世界经济、国际金融环境的急剧变化，国家基金成为国际投资出色、灵活和高效的使者，对促进国际资本的有效渗透起了很大的作用。

第三节　契约型投资基金与公司型投资基金

一、契约型投资基金

契约型投资基金也称信托型投资基金，它是依据信托契约通过发行受益凭证而组建的投资基金。该类基金一般由基金管理公司、基金托管人及投资者三方当事人订立信托契约。基金管理公司是基金的发起人，通过发行受益凭证将资金筹集起来组成信托财产，并依据信托契约进行投资。基金托管人一般由银行担当，根据信托契约，负责保管信托财产，具体办理证券、现金管理及有关代理业务等。投资者也是受益凭证的持有人，通过购买受益凭证，参与基金投资，享有投资收益。基金发行的受益凭证表明投资者对投资基金所享有的权益。

契约型投资基金按最初的创设方式可划分为现金型和证券型两类。现金型是指基金最初设立时，投资者用现金购买受益凭证，待全部发行完毕后，基金全部资本总额也就全部获得，然后基金管理公司再将基金资产交由基金保管公司保管，并进行证券投资。证券型是指在最初发行时，先由基金管理公司预付基金的资本总额用于购买各种有价证券，交由基金保管公司保管，再通过发行受益凭证筹集资金归还发起人。

这两种投资信托资金创设的方式各有优劣。现金型是先集资，后投资，易为人们接受。但发行受益凭证需要一定时间，万一发行不顺利，需要时间太久，或者发行失败，受益凭证不能全部售出，就存在基金无法组成的可能。而且待全部资金筹集完毕后再进行投资，可能已贻误购买时机，影响基金收益。证券型是由投资信托机构发起人或委托人预付全部投资购买证券，这便于基金的组成，而且可以不误时机购买到优质证券。但由于投资证券是在投资信托基金创设以前购进，待基金成立后，交由信托机构或银行（受托人）管理时才以当日行情作价计算，因此，便会出现两种情况：如果作价低于进价，发起人必然蒙受损失；反之，发起人则可获得一笔差额，这便为发起人利用作价技巧进行低价垫付和高价转卖提供了机会，所以这种组成方法容易引起投资者的怀疑和误会。

契约型投资基金依据其具体经营方式又可分为单位型投资基金和基金型投资基金。

（一）单位型投资基金

单位型投资基金是指以投资者为受益人，通过内容广泛的投资信托活动取得和持有一些证券财产，并进行经营，从而获得利益收入。具体的做法一般是由券商组成信托公司，从证券发行人那里购入证券，与银行、保险公司等所组成的受托人签订信托契约，然后由委托人、受托人将上述证券向投资者出售以吸收社会资金。单位型投资基金在运用、决算和收益的分配上，分别按每个基金财产独立地进行。

单位型投资基金一般在筹集资金时有一个特定的货币总额，然后组成一个单独的证券基金进行管理。资金筹集工作结束后，该基金的设定往往规定一定的期限，收益每年分配一次，期限终止时，信托契约即解除，退回本金和收益；期满时，一般不准追加投资，也不准要求退回本金。单位型投资基金在某一特定货币总额的筹集工作结束后，投资者想投资，只能参加委托者新设定的另一个单位型投资基金。

单位型投资基金还有固定型、半固定型以及融通型基金之分。

固定型基金是指基金按投资计划投资，其投资的证券资产经编定后，不论其价格如何变化，除非发行该证券的公司合并或撤销，基金管理公司不得通过变卖等方式任意改变已编入的证券资产。这种方式的优点是便于投资者了解其资金投资有价证券的情况，缺点是基金资产的管理与运用缺乏弹性，当基金编入的有价证券的价格下跌时，基金管理公司无力通过转换投资挽救其受益凭证价格的同时下滑。投资基金发展初期的单位基金多为固定型，目前世界上这种基金在日益减少。

半固定型基金是介于固定型与融通型之间的一种基金形式。这种基金在基金投资的证券资产已经编定后，其管理公司在一定条件下可以变更基金资产的内容。所谓的一定条件，是指事先赋予基金管理公司在特定的证券资产中有一定的选择权。

融通型基金的基金管理公司可以根据市场情况，自由决定其投资的证券对象，是相对于固定型基金而言的。融通型基金是英国证券投资信托的传统形式。与固定型基金相比，融通型基金的优点是可以有效地防止受益凭证价格下降。因为固定型基金的基金管理公司不能改变基金证券资产结构，而融通型基金则不然，基金管理公司完全可以根据市场情况，自由地出售证券资产，自由地改变证券资产的结构。

目前，世界各国的基金大部分是融通型或类似融通型基金。如日本的证券信托公司，只要遵守信托条款的规定，便可以在相当程度上享有变更投资证券资产的自由。

（二）基金型投资基金

基金型投资基金是指基金的规模和期限都不是固定的，不像单位型投资基金那样分为一个个单位，而是综合为一个基金。在期限上，这类基金是无限期的；在资本规模上，可以有资本总额限制，也可以没有这种限制。基金管理机构依据其持有的有价证券的市价，计算出基金中每份受益凭证的净值，再加上管理费、手续费等，公布受益凭证的买卖价。据此，投资者可以在每一个营业日随时以买价把受益凭证卖给基金管理公司，解除契约，收回资金；也可以按卖价从基金管理公司买入受益凭证，进行投资，订立信托契约。

实际中，还存在一种介于单位型和基金型投资基金之间的半封闭型基金。如在日本，有些种类信托基金在信托期限结束前的某个时间内，允许投资者将部分投资额予以解约，取回资金，超过这一期限，则不允许解约。

二、公司型投资基金

公司型投资基金依公司法成立，通过发行基金股份将集中起来的资金投资于各种有价证券。公司型投资基金在组织形式上与股份有限公司类似，基金公司资产为投资者（股东）所有，由股东选举董事会，由董事会选聘基金管理公司，基金管理公司负责管理基金业务。公司型投资基金的设立要在工商管理部门和证券交易委员会注册。

公司型投资基金的组织结构主要有以下几个方面当事人：基金股东、基金公司、投资顾问或基金管理人、基金托管人、基金交易代理人、基金主承销商。基金股东指基金股票的持有者，基金公司就是基金本身，按照股份公司组织形式建立。基金公司可分为封闭型基金公司与开放型基金公司两种。封闭型基金公司是指公司发行的股份数量是固定的，以后不再追加资本，因此也称为固定股份基金公司；开放型基金公司是指公司只发行一种普通股票，发行数量不固定，发行之后可以根据投资者需求随时增发基金股份，因此也称为不固定股份基金公司或追加型基金公司。

实际管理和经营基金资产的是独立的基金管理公司，或称基金的投资顾问。投资顾问所负职责和所得报酬由基金公司和基金管理公司订立的顾问协议规定下来。投资顾问的主要职责包括研究分析有价证券、制定投资组合和从事日常的基金管理工作。基金托管人一般是银行，它的主要职责是保管基金资产及股息核算等，托管人也要同投资公司签订托管契约并收取托管费。交易代理人通常也由银行或其他金融机构承担，由其负责基金股票的转移以及股息分配等。基金承销商负责基金股票发售的具体工作。

三、公司型基金和契约型基金的比较

1. 二者的法律依据不同

公司型基金根据国家的公司法成立，因此基金公司具有企业法人资格。公司型基金除了两个当事人，即基金公司及其股东外，其他当事人之间的关系与契约型基金一样，基金公司及其股东之间的权利与义务以及基金的运用必须遵守公司法的要求。基金公司如果本身不是管理公司，则基金公司与基金管理公司之间也需要通过委托管理契约来进行规范。

契约型基金根据国家的信托法组建，基金本身不具有法人资格。契约型基金有三个当事人，即委托人、受托人和受益人，三者之间的权利与义务以及基金的运作遵守信托法的规定。

2. 二者依据的章程契约不同

公司型基金经营信托财产凭借公司章程、委托管理契约和委托保管契约等文件；而契约型基金则凭借信托契约来经营信托财产。

3. 二者的基金发行凭证不同

公司型基金组织的信托财产是通过发行普通股票筹集起来的，契约型投资基金组织的信托财产是通过发行受益凭证筹集起来的。前者既是一种所有权凭证，又是一种信托关系；后者反映的仅仅是一种信托关系。

4. 投资者的地位不同

公司型基金的投资者即基金公司股东，他们有权对公司的重大决策进行审批，发表自己的意见，并以股息形式收取投资收益。契约型基金的投资者是信托契约的当事人，通过购买受益凭证获取投资收益，对基金如何运用等重要投资决策通常不具有发言权。由此可见，公司型基金的投资者比契约型基金的投资者权利要大一些。

5. 二者的基金融资渠道不同

公司型基金由于具有法人资格，因此可以向银行借款，这比较有利于公司扩大资产规模，公司发展有雄厚的资本做保证。契约型基金因不具备法人资格，一般不通过向银行借款来扩大基金规模。

6. 二者的基金具体运作不同

公司型基金募集资金在发售证券方面有很多优势，可以迅速将股票销售完毕，这当然要对承销商和经销商支付一定费用。投资者办理股票移交手续后即成为股东。对于契约型基金而言，投资者只要向基金管理公司购买受益凭证，即可成为该基金的受益人。在基金运营中，公司型基金同一般股份公司一样，除非到了破产清算阶段，一般情况下基金公司都具有永久性，这有利于公司稳定经营。从宏观经济角度看，基金公司不能随意成立和终止，这有利于一个国家证券市场的稳定和国民经济的平稳发展。契约型基金依据信托契约建立和运作，随着契约期满，基金运营也就终止了。

就两类基金的共性而言，无论是公司型基金还是契约型基金，都涉及四个方面的当事人：基金受益人或基金投资人、基金管理人即基金管理公司、基金托管人以及基金代理人即承销公司。它们通称为基金组织的四要素，在基金的运用过程中发挥着不同的作用。从世界基金业的发展趋势看，公司型基金除了比契约型基金多了一层基金公司组织外，其他各方面都存在与契约型基金趋同化的倾向。

第四节 封闭式投资基金与开放式投资基金

一、封闭式投资基金

封闭式投资基金是相对于开放式投资基金而言的，是指经核准的基金份额总额在基金合同期限内固定不变，基金份额可以在依法设立的证券交易场所交易，但基金份额持有人不得申请赎回的基金，有时也称为固定型投资基金。

由于封闭式投资基金的股票及受益凭证不能被追加、认购或赎回，投资者只能通过证券经纪商在证券交易所进行基金的买卖，因此有人又称封闭式投资基金为公开交易共同基金。封闭式投资基金在取得收益后，以股利、利息和可实现的资本利得（或损失净值）等形式支付给投资者。

封闭式投资基金的单位价格虽然以基金净资产价值为基础，但更多的是随证券市场供求关系的变化而变化，或高于基金净资产价值（溢价）或低于净资产价值（折价），并不必然反映基金净资产价值。在低于市价购买基金时，可以获取平均收益，特别是购买后折价趋于减少时；另一方面，若折价进一步扩大，则可能减少收益。对于为什么会出现折价现象，有人曾作过研究，认为是由于固定税负存在及与基金过去的绩效表现有关。一般来说，投资者愿意选择不对具有潜在资本利得进行征税的投资基金。如果一只投资基金具有潜在资本利得，但投资者在获取资本利得的同时却由于税负存在不能使基金资产有所增加，那么投资者也就不愿意对该基金进行投资。为吸引投资者投资，一些基金往往采取折价发行。再有，投资者虽然愿意选择那些在过去年份中具有较高收益的投资基金，以期在未来时期中这些投资基金继续给他们带来高收益，但是由于基金赎回时的单位价格并不是按其净资产价值确定的，而是按包括券商所收取的佣金在内的市价进行交易的，这样折价买卖也就有可能存在了。

20 世纪 70 年代以后，封闭式基金又成为西方证券投资中的一个重要中介机构，并且得到了较大的发展，逐渐产生了两种新的形式。一种是股票保证金基金，即专门购买那些尚未登记而受到限制的证券以及直接的私人投资证券。对于这种证券，可按相同证券规定股份的市场价格而进行折价购买。另一种是双重目的的基金，它主要发行优先股和普通股两种股份，优先股占该种基金的一大部分，这样可以得到总基金的一切收入，并且偿还能够得到保证；普通股可以根据总基金的资本升值而得到一定的收入。这两种基金的股份既可以挂牌销售，也可以在场外进行交易，还可以溢价或折价销售。

二、开放式投资基金

开放式投资基金是指基金份额总额不固定，基金份额可以在基金合同约定的时间和场所申购或者赎回的基金。由于这种投资基金的资本总额可以随时追加，又称为追加型投资基金。根据上述定义，由于基金的持份总额随时因市场供求变动而变化，这样，若新份额被购买，则基金就有更多资产供投资用；若基金的持有份额被赎回，则基金的投资总额就要相应减少，从而引起基金投资组合中的资产变动。若基金被赎回的份额过大，超过基金正常的现金储备，基金管理机构须出售手中的有价证券以换取现金。

开放式投资基金的买卖价格是由基金的净资产价值加一定手续费确定的。由于基金的资本总额根据市场供求关系的变化而变化，基金的买卖价格必然反映基金的净资产价值，所以若估算某投资者在基金中所持有的资产价值，可以用每股净资产价值与其持有的份额相乘而得。

如果基金管理机构将所得股利（包括利息）、资本利得按比例用于再投资而不是将所得分配给投资者，投资者不必购买另外的份额也可以增加其在基金中的资产份额。基金所投资的有价证券价格上升也可以增加投资者所持份额的价值。

开放式投资基金的发行方式主要有以下两种：通过经销商或由基金管理人自身承担。这两种销售方式有的要收取一定的销售佣金或手续费。

开放式投资基金可以划分为两种基本类型：收费基金和不收费基金。不收费基金直接按净资产价值出售给投资者；收费基金则要雇用券商或其他经销商出售给投资者，因此在基金发行时其发行价格是由净资产价值加销售费用构成的。由于收费基金多收一笔销售费用，相应地减少了投资者实际投资于基金的资本，不收费基金虽然取得时不收取销售费用，但在赎回时往往要收取小额赎回费，这种赎回费鼓励投资者长期持有基金资产。总体而言，无手续费的基金投资成本低廉而且和其他开放型的证券投资基金一样成绩卓著，所以该种基金的增长幅度较大，也比较吸引人。

三、封闭式基金和开放式基金的比较

两种类型的基金除了上述区别之外，还可以从以下几个方面进一步把握它们各自的特点。

(1) 发展历史不同。封闭式基金早于开放式基金，这已为各国基金发展历史所证实。在证券投资基金初创阶段，人们总是希望基金运作更具稳定性，加上缺乏良好的市场环境，因此封闭式基金最先出现。到了20世纪20年代，证券市场上投机活动开始猖獗，许多封闭式基金也参与了投机与欺诈活动。在1929年经济大危机中，许多封闭式基金纷纷倒闭，此后开放式基金开始在证券市场上逐渐取得主要地位。

(2) 封闭式基金与开放式基金的主要区别在于基金所持份额是否能够赎回，或者基金资本规模是否可以变动。封闭式基金的份额不能被赎回，因而资本总额是固定不变的；而开放式基金的份额是可赎回的，因而资本总额是可变的。

(3) 两类基金的买卖方式不同。开放式基金的投资者可以随时直接向基金管理公司或通过经销商购买，封闭式基金的投资者必须根据这类基金的不同阶段采取不同的购买方式。在封闭式基金刚发起设立时，投资者可以向基金管理公司或经销机构按面值或规定价格购买；当发行完毕或基金已经上市交易后，投资者则只能通过经纪商在证券交易市场上按市价买卖。因为可以随时赎回或申购，开放式基金的流动性要高于封闭式基金。

第五节　证券投资基金的管理与托管

在基金的运作中，有两个重要的机构，即基金管理人和基金托管人。为了保证基金资产的安全，基金应按照资产管理和托管分开的原则进行运作，并由专门的基金托管人保管基金资产。基金主要投资于证券市场，为保证基金资产的独立性和安全性，基金托管人应为基金开设独立的银行存款账户，并负责账户的管理。即基金银行账户的款项收付及资金划拨由基金托管人负责，基金投资于证券后，有关证券交易的资金清算由基金托管人负责。基金管理人的主要职责是负责投资分析、决策，并向基金托管人发出买进或卖出证券的相关指令。因此，不论是银行存款账户的款项收付，还是证券账户的资金和证券清算，基金托管人都是按照基金管理人的指令行事，而基金管理人的指令也必须通过基金托管人来执行。从某种程度上讲，基金托管人和基金管理人是一种既相互合作又相互制衡、相互监督的关系。

一、基金管理人

基金管理人是指凭借专门的知识与经验，运用所管理基金的资产，根据法律、法规及基金章程或基金契约的规定，按照科学的投资组合原理进行投资决策，谋求所管理的基金资产不断增值，并使基金持有人获取尽可能多的收益的机构。

基金管理人在不同国家和地区有不同的称谓。例如，英国称为投资管理公司，美国称为基金管理公司，日本多称为投资信托公司，我国台湾称为证券投资信托事业，但其职责是基本一致的，即运用和管理基金资产。在我国，根据《中华人民共和国证券投资基金法》的规定，基金管理人由依法设立的基金管理公司担任，并承担相应的职责。

基金管理人是基金资产的管理和运用者，基金收益的好坏取决于基金管理人管理运用基金资产的水平，因此必须对基金管理人的任职资格作出严格限定，才能保护投资者的利益，只有具备一定条件的机构才能担任基金管理人。各个国家和地区对基金管理人的任职资格有不同的规定，一般而言，申请成为基金管理人的机构要依照本国或本地区的有关法规，经政府有关主管部门审核批准后，方可取得基金管理人的资格。审核内容包括：基金管理公司是否具有一定的资本实力及良好的信誉，是否具备经营、运作基金的硬件条件（如固定的场所和必要的设施等）、专门的人才及明确的基金管理计划等。

在中国，根据《中华人民共和国证券投资基金法》的规定，设立基金管理公司，需经国务院证券监督管理机构批准。应当具备的条件是：有符合《中华人民共和国证券投资基金法》和《中华人民共和国公司法》规定的章程；注册资本不低于一亿元人民币，且必须为实缴货币资本；主要股东具有从事证券经营、证券投资咨询、信托资产管理或者其他金融资产管理的较好的经营业绩和良好的社会信誉，最近三年没有违法记录，注册资本不低于三亿元人民币；取得基金从业资格的人员达到法定人数；有符合要求的营业场所、安全防范设施和与基金管理业务有关的其他设施；有完善的内部稽核监控制度和风险控制制度；法律、行政法规规定的和经国务院批准的国务院证券监督管理机构规定的其他条件。

根据《证券投资基金管理公司管理办法》（自 2012 年 11 月 1 日起施行）规定，基金管理公司的主要股东是指出资额占基金管理公司注册资本的比例（以下简称“出资比例”）最高，且不低于 25%的股东。

基金管理公司股东的出资比例应当符合中国证监会的规定。基金管理公司的股东不得持有其他股东的股份或者拥有其他股东的权益；不得与其他股东同属于一个实际控制人或者有其他关联关系。中外合资基金管理公司外资出资比例或者拥有的权益比例，累计（包括直接持有和间接持有）不得超过国家证券业对外开放所做的承诺。一家机构或者受同一实际控制人控制的多家机构参股基金管理公司的数量不得超过两家，其中控股基金管理公司的数量不得超过一家。

申请设立基金管理公司，申请人应当按照中国证监会的规定报送设立申请材料。主要股东应当组织、协调设立基金管理公司的相关事宜，对申请材料的真实性、完整性负主要责任。申请期间申请材料涉及的事项发生重大变化的，申请人应当自变化发生之日起 5 个工作日内向中国证监会提交更新材料；股东发生变动的，应当重新报送申请材料。中国证监会依照《中华人民共和国行政许可法》和《中华人民共和国证券投资基金法》第十四条第一款的规定，受理基金管理公司设立申请，并进行审查，做出决定。

二、基金托管人

基金托管人由依法设立并取得基金托管资格的商业银行担任。基金托管人应当履行下列职责：

（1）安全保管基金财产；

（2）按照规定开设基金财产的资金账户和证券账户；

（3）对所托管的不同基金财产分别设置账户，确保基金财产的完整与独立；

（4）保存基金托管业务活动的记录、账册、报表和其他相关资料；

（5）按照基金合同的约定，根据基金管理人的投资指令，及时办理清算、交割事宜；

（6）办理与基金托管业务活动有关的信息披露事项；

（7）对基金财务会计报告、中期和年度基金报告出具意见；

（8）复核、审查基金管理人计算的基金资产净值和基金份额申购、赎回价格；

（9）按照规定召集基金份额持有人大会；

（10）按照规定监督基金管理人的投资运作；

（11）国务院证券监督管理机构规定的其他职责。

为了明确各自的职责，保证基金资产的安全，基金管理人和基金托管人应根据《中华人民共和国证券投资基金法》及其实施准则、基金契约等有关规定，签订基金托管协议，就基金资产的保管、基金的管理和运作以及相互监督等事宜作出具体规定。在实际运作中，双方应诚实、勤勉、尽责，严格遵守基金托管协议的有关条款。

基金托管人发现基金管理人的投资指令违反法律、行政法规和其他有关规定，或者违反基金合同约定的，应当拒绝执行，立即通知基金管理人，并及时向国务院证券监督管理机构报告。

基金托管人发现基金管理人依据交易程序已经生效的投资指令违反法律、行政法规和其他有关规定，或者违反基金合同约定的，应当立即通知基金管理人，并及时向国务院证券监督管理机构报告。

由于基金托管人在基金运作中扮演着非常重要的角色，在国外，对基金托管人的任职资格都有严格的规定，一般都要求由商业银行及信托投资公司等金融机构担任，并有严格的审批程序。在中国，根据《中华人民共和国证券投资基金法》的规定，申请取得基金托管资格，应当具备相应条件，并经国务院证券监督管理机构和国务院银行业监督管理机构核准。

第六节　证券投资基金的专家化管理

一、证券投资基金专家化管理的内涵

证券投资基金管理公司的专家化管理，是指证券投资基金管理机制是一种全面的、系统的、科学的、艺术的、充满哲理的投资管理理念和投资管理运作体系。

专家化管理的内涵包括以下几个方面：

(1) 基金管理公司专家化管理的全面性。体现在其设立合法性上，它必须是经过中国证监会审查批准的，具备中国证监会所要求的各项条件，能够依法承担各项基金管理人职责，能够以“诚实信用、勤勉尽责”的原则管理和运用基金资产。

(2) 基金管理公司专家化管理的系统性。体现为其具备完善的法律法规保障，各方当事人之间，遵从《基金契约》，按照《基金章程》及《基金托管协议》等相关法律法规，享有权利，承担义务，尽职尽责，相互监督，互相制约，从而达到保护投资者合法权利，使基金资产保值增值的目的。

(3) 基金管理公司专家化管理的科学性。体现为专家们经过认真调查研究，运用现代资产组合理论，通过计算机模型测试和交易决策支持系统，进行科学合理的投资管理。

(4) 基金管理公司专家化管理的艺术性。体现为专家的个人智慧才能的充分发挥，与投资决策委员会集体智慧的结合，加上各项制度的保障，使投资管理适应市场变化，使投资决策不仅有科学性和制度保障，同时具有灵活多变的艺术性。

(5) 投资基金管理公司专家化管理的哲理性。体现在其投资理念上，因而表现在其投资风格特色上，也是各个基金管理公司创造出不同的基金管理业绩的来源之一。

二、证券投资基金专家化管理的决策程序

(一) 投资目标

证券投资基金管理最重要的目标是为投资者减少和分散投资风险，确保基金资产的安全并谋求基金长期稳定的投资收益。基金管理公司进行投资的具体目标要依所管理的投资基金的性质和类型而定，要符合《中华人民共和国证券投资基金法》的规定。

(二) 投资决策程序

1. 决策依据

(1) 根据宏观经济环境及其对证券市场的影响制定投资策略。

(2) 根据货币政策的变化、利率的走势决定各国债券品种占投资组合的比重。

(3) 根据对行业及上市公司的调查研究确定具体的股票投资组合。

2. 决策方式

(1) 决策机构。投资决策委员会是基金管理公司的议事机构，由董事长、总经理、基金管理部经理及相关人员组成，定期召开会议，在紧急情况下可召开临时会议。主要工作是负责制订基金投资的投资计划、投资策略和投资目标，确定基金资产的分散程度和各项投资的比重。在风险控制委员会的监督下，采取防范和控制风险的措施，保障基金资产安全。

风险控制委员会是基金管理公司的另一个议事机构，由副总经理、监察稽核部经理及其他相关人员组成，负责对基金投资业务的风险监控。

(2) 决策程序。研究发展部根据投资决策委员会及基金管理部的研究需求开展工作。通过对宏观经济政策、行业及上市公司的综合研究分析，为投资决策委员会提供研究报告。投资决策委员会对研究报告进行评估分析，作为制定投资策略、投资目标和投资计划的依据。

(3) 决策实施。基金管理部负责执行投资决策委员会制订的投资计划并将执行计划情

况及时反馈给投资决策委员会，以备投资计划的进一步完善。

（4）执行监督。风险控制委员会根据市场变化对投资计划的执行情况提出风险防范措施。投资计划执行完毕后，基金管理部负责向投资决策委员会提交总结报告，经签署后存档备案。

（三）投资基金管理公司须遵从的原则

投资基金的投资应符合以下原则：

（1）分散风险、获取稳定收益原则。综合不同投资品种、不同行业和企业及不同投资期限等因素，确定投资组合，达到分散和降低投资风险，确保基金资产安全，谋求基金长期稳定收益的目的。

（2）稳健性和投资目标性原则。制定切实可行的投资目标，在运作过程中，以中长期投资为主，选择具有良好业绩、经营稳健、高成长、朝阳产业的上市公司进行长期投资，实现基金资产的长期增值。

（3）灵活性原则。关注市场的变化以及投资组合绩效的实现情况，通过对政策、经济周期、产业前景和企业经营状况的敏感度分析，建立动态的投资组合并随时进行调整，以保证投资目标的实现。

三、投资基金专家化管理的运作理念

基金管理公司的运作理念包括管理理念和交易理念两部分。

（一）关于基金管理公司的管理理念

1. 基金管理公司在公众中的信誉与社会形象

投资者在选择投资基金管理公司时，都很注重其背景和声誉。信誉卓著的基金管理公司所管理基金的业绩回报出众，投资者才会信赖该基金管理公司的管理能力，对该基金管理公司所管理的基金有投资兴趣，才会将资金投向该基金公司。所以，著名基金管理公司在管理中很注重其信誉与社会形象。

以巴菲特为例，他所管理的伯克希尔-哈撒韦是美国著名的基金公司之一，在巴菲特的管理理念中，股东都是公司经营的参与者，公司的每一项决策都是从股东的利益出发，并征得主要投资者的同意，且从不向股东隐瞒公司经营中存在的弱点以及他本人在投资中的失误，所以广大股东信任他，也愿意与公司荣辱与共，共担风险损失，从而有利于公司的稳定发展。

2. 重视培养公司员工的敬业精神

投资基金管理作为一种高风险的行业，任何工作失误都有可能导致不可挽回的损失，一些著名的投资基金管理公司特别强调对公司员工敬业精神的培养，以保证不发生无谓的损失。它们在提高员工敬业精神方面有一套自己独特而有效的机制。

3. 建立符合自己投资风格的基金管理机制

一般来说，基金管理公司投资策略的制定取决于基金经理的投资风格，而既定投资策略的成功与否很大程度依赖于有效的基金管理机制。成功的基金经理懂得根据自己的投资风格，建立一套合适的管理机制，使自己在执行投资策略时得心应手，而不是盲目效仿某一固定的模式。

4. 投资风格的持续性

投资风格是一家基金管理公司的标志。投资者往往根据自己的投资偏好去选择风格不同的基金管理公司。因此，许多基金经理在基金管理中，特别注重公司投资风格的持续性，以避免由于投资风格的变动而失去投资者的信任和支持。他们在选择助手和继承者时，都要求他们符合已有的投资风格，并经常向员工灌输自己的投资理念，以保证公司的投资风格得以贯彻和延续。

（二）关于基金管理公司的交易理念

1. 注重交易时机把握的准确性

证券投资基金的操作往往需要很高的技巧，这就要求基金管理人在操作时对买入时机和卖出时机能够较准确地把握，尤其在从事风险较大的投资时，一笔交易的时机把握不好，会使本来盈利的交易变为被迫斩仓。成功的基金经理往往都有多年的实战经验和深厚的投资功底，能够较准确地把握交易时机。

2. 交易手法的灵活性

随着国际金融市场的进一步发展，可供选择的投资工具日渐丰富。一个有经验的基金管理人，往往擅长灵活地运用各种投资工具达到其投资目的。

3. 高度的自律

许多著名的基金经理经过多年的市场磨炼，形成了自己独特的投资原则。他们在交易时，能够严格地按照自己的投资原则进行交易，而不像一般投资者那样随波逐流，人云亦云。如美国著名基金经理欧内尔，他的风险控制原则是只要买入的证券损失达到7%就坚决斩仓。通过对这一原则的严格执行，使他多次免于灭顶之灾，其管理的基金年平均增长率达到30%。

4. 强烈的自信

成功的基金经理们有一个共同特征，就是在交易时对自己的投资理念充满信心，只要分析表明自己所作出的投资选择是正确的，他们就坚持自己的理念，有时甚至不惜承担巨大风险。

5. 专业化人才队伍的形成

投资基金管理是一个专业性很强的工作。基金管理能否成功，能否实现基金投资目标，基金管理公司能否取得良好的收益和社会效益，均取决于基金管理人的才能和素质，而且由其所管理的基金的市场价格体现出来。基金管理人的业绩通常成为投资人选择基金时的重要参考。因此，作为基金管理公司的人才资源——投资基金管理专家是十分重要的，基金管理公司的人才主要有：管理人才、专门人才、调研分析人才、投资决策人才。境外有的基金管理公司中调研分析人才可占到总人数的20%～30%。

6. 良好的投资管理服务

投资者投资于基金，享受的是基金管理公司提供的专家化管理服务，基金管理人的行为应以基金章程、基金信托契约为目标和约束，根据市场状况设计和调整投资组合。因为投资基金运作的好坏，直接关系到基金管理公司的生存与收益。基金管理公司收取的管理费、基金投资专家的业绩奖励均与基金资产的增值挂钩，也关系到基金管理公司的业务发展，基金管理运作得越好，委托基金管理公司管理的基金数量就越多，基金管理公司的经营规模越大，管理费用越低，基金管理公司的收益越好，同时对投资人的收费可以降得越低，基金管理公司的社会形象越好，业务发展就越有优势。

本章小结

本章第一节系统论述了证券投资基金的定义、性质、类型、证券投资基金的投资限制与投资组合、基金的费用、基金资产的估值与净资产的计算等内容。

第二节简要介绍了证券投资基金的发展过程。

第三节详细论述了契约型投资基金与公司型投资基金的异同并对其进行了比较分析。

第四节详细论述了封闭式投资基金与开放式投资基金的异同并对其进行了比较分析。

第五节介绍了证券投资基金的管理与托管问题。

第六节重点对证券投资基金的专家化管理问题进行了论述。

本章关键问题

- 证券投资基金的含义、性质和主要类型；
- 证券投资基金的投资限制与投资组合；
- 基金的费用及净值估算；
- 契约型投资基金与公司型投资基金的比较；
- 封闭式基金与开放式基金的比较；
- 证券投资基金的管理与托管；
- 证券投资基金的专家化管理。

本章思考题

一、名词解释

证券投资基金　　契约型基金　　公司型基金　　封闭式基金

开放式基金　　基金管理人　　基金托管人

二、简答题

1. 基金证券与股票、债券有哪些异同？
2. 投资基金主要有哪几种类型？
3. 公司型基金和契约型基金的比较。
4. 封闭式基金和开放式基金的比较。
5. 试述证券投资基金专家化管理的决策程序。

第五章

金融衍生工具

所谓衍生工具，是指一种价值取决于其他基本相关变量的工具；而金融衍生工具则是指在股票、债券等传统金融工具基础上派生出来的新型金融工具。

金融衍生工具以传统金融工具为存在前提，以这些金融工具为交易对象，价格也由这些金融工具决定。那些能够产生金融衍生工具的传统金融工具被称为基础工具。

金融衍生工具主要有金融期货、金融期权及其他一些工具。其中，金融期货包括外汇期货、利率期货和股票指数期货三类；金融期权包括现货期权和期货期权两大类，也主要以外汇、利率及股票指数为基础工具；其他一些金融衍生工具则主要包括可转换债券、认股权证以及备兑凭证等，一般认为这些属于期权的变通形式。

金融衍生工具是从 20 世纪 70 年代开始发展起来的，它们的产生与发展既是经济发展推动的结果，也是金融业自身生存与发展的内在需要。金融衍生工具的产生一方面促进了金融市场的证券化，大大地推动了国际债券和货币市场的发展，促使金融产品不断丰富，金融机构不断完善，金融服务不断提高，从而推进了金融的国际化进程；另一方面，金融衍生工具又给金融体系带来了一些负面影响。例如，金融衍生工具在消除市场阻碍的同时，也强化了因市场依存性增强而增加的脆弱性，任何源于某一市场的冲击都会快速地被传递到其他市场；金融衍生工具的表外交易形式会使银行从事这方面业务的增量风险加大；作为金融创新的产物，有些金融衍生工具本身就是用以规避金融管制的，加上场外交易规模的不断扩大、品种的不断增加，情况也越趋复杂，从而进一步增加了金融监管的难度。

金融衍生工具是一把既有独特功能又有一定副作用的“双刃剑”，我们既不能因其负面作用而因噎废食，也不能因其独特功能而放松管制。关键在于要对金融衍生工具扬长避短，使得这些在发达国家行之有效的新型金融工具在我国的市场经济建设中发挥应有的作用。

第一节　金融期货与期权

一、金融期货

（一）金融期货的定义

金融期货也称金融期货合约，是买卖双方在有组织的交易所内以公开竞价的形式达成的，在将来某一特定时间交收标准数量特定金融工具的协议。

金融期货主要包括外汇期货、利率期货和股票指数期货三种。

（二）金融期货的特征

由于金融期货是以特定的金融工具为基础工具的期货，因而它具有既区别于现货又区别于非金融期货的特征，主要体现在以下几个方面：

(1) 金融期货的交易对象是标准化的金融工具凭证，如外汇、股票、利率等。

(2) 金融期货的交易过程是在现在完成的，却在未来某个规定的时间进行交割。

(3) 金融期货的交易价格是通过公开的市场竞争形成的，并不会随着金融工具的市场价格的变化而变化。

(4) 金融期货的交易合约在规定的交割日期到来之前，可以在市场上任意转让。

（三）金融期货的主要种类

被称作金融期货的金融衍生工具有好几种，人们普遍认为最主要的是三种，即外汇期货、利率期货和股票指数期货。

1. 外汇期货

(1) 外汇期货概述。外汇期货是一种在期货市场上通过标准化外汇期货合约来买卖外汇和回避汇率风险的金融工具。而外汇期货合约实际上就是一种在交易所达成的标准化的、规定在将来某一特定的时间和地点交收一定数额外汇，并在合约有效期内每日都进行盈亏结算的外汇交易工具。

随着国际贸易和交流的不断增长和世界各国经济联系的日益密切，不同国家的货币交换也在频繁地进行，而且规模日益扩大。汇率作为一种货币与另一种货币的交换比例和价格，其波动和变化对世界各国经济的影响日益关键和重要。

20世纪70年代初以来，国际外汇体制发生了重大变化，原来以美元为中心的固定汇率制由于美国经济的严重滞胀、美国国际收支状况的日益恶化、美元的迅速贬值而崩溃。1973年3月起，西方各工业化国家开始实行由市场供求关系决定货币价格的浮动汇率制，各国政府都不再规定本国货币的含金量，也不维持本国货币对外币汇价。浮动汇率制普遍实行之后，国际外汇市场上的汇率波动日趋剧烈而频繁，有时一日之内的波幅竟高达5%，这就给从事国际贸易和国际融资的企业及投资者带来了极大的汇率风险。为了有效地规避外汇汇率风险，期货交易机制就被引入了外汇市场，从而为广大工商企业、金融机构和投资大众提供了一种规避汇率风险的有效工具。

世界上第一张标准化的外汇期货合约是在1972年5月由美国芝加哥商品交易所首先推出的。当时，芝加哥商品交易所为了适应经济形势发展的需要，在其内部建立了国际货币市场分部，主要进行英镑、澳大利亚元、加拿大元、德国马克、法国法郎、瑞士法郎和日元的期货合约交易。

外汇期货交易是在外汇现货交易基础上发展起来的，它与现货交易相互结合、相互补充、共同发展。现货交易通过期货交易转移风险并进行保值，期货交易又进一步促进了现货交易的不断增长。外汇期货自从在美国推出之后，立即被迅速推广到世界各地的期货市场，在短短二三十年的时间内，交易量迅猛增加，并逐渐超过了许多传统商品期货的交易量。

(2) 外汇期货的种类及其交易方式。到目前为止，在世界主要外汇期货市场上，几乎所有世界主要货币的期货交易都已经开办起来。如在美国期货市场上，就有英镑、澳元、加元、日元、瑞士法郎、法国法郎、欧洲货币单位等的期货。基于中国金融日益发展，芝加哥商品交易所于2006年8月开发并推出了三种基于人民币的合约：人民币/美元，人民币/欧元，以及人民币/日元期货。

外汇期货交易是指买进和卖出不同交割期限的外汇买卖活动，主要有外汇掉期交易和外汇套期保值交易这两种形式。外汇掉期交易是指交易者利用不同的交割日期、交易品种和汇率的差额进行外汇买空卖空的交易方式，它常同外汇套利交易一道配合运用，是外汇期货市场中十分独特的交易方式。目前外汇市场上为避免外汇风险而最常使用的做法则是利用外汇期货市场进行套期保值，如对国际贸易中的应收款、给国外附属机构贷款、货币市场存款等，都可以在外汇期货市场上进行套期保值。

(3) 外汇期货合约。与其他期货合约相比，外汇期货合约无论是在结构上还是在内容上都有其自身的特点。

外汇期货合约的交易单位一般是用一定数量的外币计价单位来规定的。不同的外汇币种其期货合约的交易单位也不同。如美国芝加哥商品交易所不同币种期货合约的交易单位为英镑期货合约62 500英镑/张；瑞士法郎期货合约125 000瑞士法郎/张等。

交易所一般还要对不同币种的外汇期货合约规定不同的最小变动价位。如芝加哥商品交易所规定：英镑期货的最小变动价位为0.000 1英镑，每张合约6.25英镑；瑞士法郎期货的最小变动价位为0.000 1瑞士法郎，每张合约12.50瑞士法郎。设置最小变动价位是为了保护交易者的利益，保障外汇期货交易的安全。最小变动价位是在期货交易所进行外汇期货交易时的最低报价单位，外汇期货报价必须是最小变动价位的整数倍。

交易所还要对上市交易的外汇期货合约规定相同的合约到期月份的循环周期，合约月份的安排主要依据外汇交易者的实际用汇习惯和外汇收支结算特点等因素而定，以最大限度地方便交易者进行套期保值和风险投资活动。

外汇期货合约中的最后交易日是期货交易所允许该期货合约进行交易的最后期限，过了这一期限未平仓的外汇期货合约必须进行外汇现汇交割。

外汇期货合约中还规定了交割日期和交割地点。所有到期的不平仓外汇期货合约都必须在交割日期进行现汇交割；交割地点一般是票据交换所指定的货币发行国银行。

2. 利率期货

(1) 利率期货概述。利率期货是一种在期货市场上通过标准化利率期货合约的买卖来规避利率风险的金融工具。而利率期货合约则是指在有组织的交易所内，买卖双方通过公开竞价而达成的在未来某一日期按成交价格交收标准数量特定金融凭证的标准合约。

利率期货的产生源于规避利率风险的需要。在金融市场上，借款人向贷款人开具的载明借款金额、利率水平和还款日期的单据是一种金融凭证，这种金融凭证是一种生息资产，可以在市场上买卖。既然可以买卖，就必然有价格，其价格取决于多种因素，但基本因素是市场利率。当市场利率高于凭证上标明的利率时，凭证的价格就会下跌；反之，其价格则会上涨。因此，当市场利率波动较大时，就给凭证的买卖双方带来了风险，这就是利率风险。利率风险的存在，使买卖双方都有可能遭受损失。因此，金融市场上的借贷双方、金融凭证的买卖双方都迫切需要一种工具来减少甚至避免这种利率风险。

利率期货最早出现在 20 世纪 70 年代的美国。此前尽管美国金融市场的资金短缺，货币供应量明显不足，但由于美国政府及金融部门的限制，金融市场的利率水平一直比较低，美国财政部当时发行的长期公债券的利率水平也比较平稳。但进入 70 年代之后，由于石油危机的冲击，像其他西方国家一样，美国经济也开始出现滞胀。为此，美国政府大幅度提高了资金利率。这虽然暂时延缓了通胀的速度，但实质上却又加剧了美国经济的停滞，造成失业率上升和产业结构不平衡。金融部门又不得不降低利率，以求经济发展速度的回升。利率如此频繁地波动，使金融市场上有关金融凭证，尤其是国家债券的买卖双方的风险越来越大，投资者的经济利益也无法得到基本的保证。

为了解决上述问题，1975 年 10 月，美国芝加哥商品交易所首次推出了利率期货——美国国民抵押协会的抵押债券期货。这种利率期货的推出并交易成功在美国及世界各地引起了强烈的反响。1976 年，美国芝加哥商品交易所又推出美国政府 90 天期的国库券期货交易，第二年又推出长期债券的期货交易。美国推出利率期货之后，西方各国竞相效仿，英国伦敦、日本东京等地也相继开办了利率期货。1990 年 2 月 7 日，香港期货交易所开办了港元利率期货；1993 年 10 月 25 日，上海证券交易所首先正式开办了国债期货交易。但由于当时缺乏必要的市场条件和完善的交易管理制度，“3·27”国债期货风波的爆发使我国国债期货被迫暂停交易。时隔 18 年后，2013 年 9 月 6 日，我国国债期货又正式在中国金融期货交易所上市交易。

（2）利率期货的种类。随着利率期货交易的迅速发展，利率期货交易无论是在数量上还是在品种上都形成了一定的规模。从品种上看，不仅有短期的货币期货，还有长期的资本期货。其中货币期货主要有短期国库券期货、欧洲美元期货及定期存单期货等；资本期货则主要有中、长期公债期货等。迄今为止，美国是世界上最大的利率期货交易市场，交易品种多，交易规模大。特别是美国联邦政府和地方当局目前发行的短期国库券、中期政府债券、长期政府债券、市政债券以及抵押证券等，建立在这些基础工具上的利率期货品种具有十分重要的代表性。

（3）利率期货合约。利率期货合约由交易所设计推出，投资者必须按照标准合约进行交易。因此，利率期货合约的设计是否科学合理，决定了投资者的期货交易能否顺利进行，交易所的经营管理能否成功。经过几十年的实践，美国的利率期货合约具有一定的示范价值。这里介绍美国的两种主要利率期货合约。

美国 90 天短期国库券期货合约，其标的为美国 90 天短期国库券，每份合约面值为 100 万美元；交割日通常在交割月（3 月、6 月、9 月、12 月）的第三周；国库券以贴现方式发行；其收益率是国库券的面值与市场价格之差；短期国库券期货按照“国际货币市场指数”报价，用短期国库券的收益率与 100 的差额表示；最小变动价位是 12.5 美元；

通过其交易大厅交易的期货合约没有每日价格波动限制，全天候电子网上交易平台GLOBEX®交易的才有每日价格最大波动幅度限制。

美国中长期国库券期货合约，每份基本交易单位为面值10万美元；交割月为3月、6月、9月和12月；最后交割日为交割月的最后一个工作日；以100美元的面值报价；没有每日价格最大波动幅度限制；初始保证金随着国库券期限的增加而增加。

3. 股票指数期货

（1）股票指数期货概述。股票指数期货是一种在期货市场上通过标准化股票指数期货合约的买卖来规避股票市场系统性风险的金融工具。而股票指数期货合约则是由协约双方同意在将来某一日期按约定的价格买卖股票指数的可转让合约。

股票市场是一个风险相当大的金融市场，股票市场的风险主要有两大类：一类是微观风险，与上市公司的财务经营状况等因素有关，也称非系统性风险；另一类是宏观风险，与整个社会、经济、政治形势及股民的群体心理因素有关，亦称系统性风险。对于前一种风险，投资者可以通过股票组合投资的方式加以分散；而后一种风险投资者则很难避免，因为在市场上所有股票价格都下跌的情况下，投资者手中掌握的股票种类再多也无济于事。系统性风险可以通过股票的期货合同来缓解，但一个人却又无法买卖所有股票的期货合约，人们便想到要把股票价格指数改造成一种可以买卖的商品，利用这种商品的期货合约对整个市场的股票进行保值，因为股票价格变动指数基本上代表了整个市场股票价格变动的趋势和幅度。

随着20世纪70年代西方国家股票市场波动的日益加剧，投资者对创造股票价格指数期货的要求越来越迫切。1977年，美国堪萨斯农产品交易所向当局提出申请开办股票指数期货业务，直到1982年2月16日，这项申请才得到批准，中间经过了整整5年的时间。拖延的关键原因在于无法解决期货合约到期交割的问题。到1981年，出现了“欧洲美元存款”期货，其交割方式采用的是现金交割办法。借鉴这种办法，股票指数期货的交割问题才最终得到了解决。因为股票指数同其他实物商品或金融工具不同，它由一揽子抽样股票计算而成；实物期货和其他金融期货可以在合约期满时交割实物，而股票指数期货在这方面则存在困难。以现金作为最后交割方式则扫清了最后一个障碍。股指期货发展至今，据美国期货业协会（FIA）发布的统计报告，在2013年全球期货中，股指期货几乎占据了全球期货交易量的近$\frac{1}{3}$。

（2）股票指数期货的利弊。作为金融期货的一种，股指期货也有价格发现及套期保值的功能，除了这两个基本功能外，股指期货还有其他的特殊作用。股票指数期货没有任何实物形式，交割以现金方式进行，不发生商品所有权的转移，其交易提供了一种买空卖空的现金交易形式。股票持有者可以运用股票指数期货来减少自己投资于某种具体股票的风险；非股票持有者也可以投入这一市场，并且可以不必选择某种具体的股票而获取股市丰厚的利润，因为股票指数期货是一种保证金买卖，交易双方只需支付每份合约总值10%左右的保证金即可开始进行交易，这使手持货币不多的投资者有了以小博大的可能。当然，也存在着预付保证金血本无归的风险。

虽然股票指数期货交易可以脱离具体的股票而存在，但由于以股票指数为交易基础，因而它实际上是一种间接买卖股票的经济活动。相对于具体股票的交易而言，股票指数期货交易具有规避风险能力强、投资成本低、盈利水平高以及手续相对简单等优势。但股票指数期货也有其弱点。例如，公司发行股票可以筹集资金来加速企业的发展，这对社会经济具有实质性的意义，而股票指数期货则是投资于一种无形的东西，具有一定的赌博性质；股票指数期货合约不能像股票那样长期持有，投资者也无法分得股息和红利。但从总体上看，股票指数期货是在股票市场的基础上发展起来的，它对推动股票交易发展和股票市场效率提高方面的积极作用还是应该肯定的。

(3) 股票指数期货合约。在股票指数期货的交易过程中，既没有股票的转手，也不是交易抽象的股票指数，而是代表一定价值的股票指数期货合约。合约的内容主要有以下几个方面：

1) 交易单位。股票指数期货合约的核心是股票指数，其交易单位是股票指数数字乘以规定的金额，如在CBOT上市的主要市场指数期货合约规定，交易单位为主要市场指数与250美元的乘积。

2) 最小变动价位。这是指某一合约交易中所允许的最小价格变动值，也称最小价格波动。每次报价时，加减的额度必须是最小变动价位的整数倍。最小变动价位在股票指数期货合约中常以指数点表示，指数点乘以规定的金额，即为每张合约的最小变动价值。

3) 每日价格最大波动幅度限制，俗称每日交易限价或每日交易停板额。它是由交易所逐日为每种期货合约规定的最大价格变动幅度，目的是防止由于价格过分波动对期货市场造成冲击。每日交易停板额是通过在某一合约的前一交易日结算价格的基础上增加或减少一定金额计算得出的。

4) 合约月份是指合约到期的月份，一般根据交易对象的特点而定。

5) 最后交易日是指期货合约到期月份中进行交易的最后一天。在最后交易日，空盘股指数期货合约必须采用现金结算方式予以平仓或对冲。

6) 合约到期日指的是合约到期进行结算的具体日期，是合约有效的最后一天。

股票指数期货合约以现金方式进行交割，这是股票指数期货的一大特色。

(四) 金融期货的功能

金融期货之所以能在短短二三十年的时间里迅猛发展，与它所具有的基本功能密切相关。

1. 风险转移功能

风险转移是金融期货市场最主要的经济功能。所谓风险转移是指将价格变化的风险，通过一定的机制和方法从一部分人身上转移到另一部分人身上，转移是通过套期保值来实现的。而套期保值就是通过买进或卖出与现货数量相等但方向相反的期货合约，以期在未来某一时间通过卖出或买进期货合约来补偿因现货市场价格波动而带来的实际价格风险。

套期保值规避价格波动风险的基本原理在于，期货和现货价格变动关系存在平行变动性和合二为一性，即影响某一商品的现货价格和期货价格的经济因素是相同的，而且市场走势还具有趋合性，即当期货合约临近交割时，现货价格和期货价格趋于一致，两者的基差接近于零，这是因为期货合约临近交割时，期货与现货价格若不一致，就会产生套利交易，促使两者趋同。因此，对期货和现货进行逆向操作就能规避大部分的市场风险，套期保值者只需承担较小的基差风险。

2. 价格发现功能

金融期货的价格发现功能源于其独特的交易方式。

期货交易所作为有组织的正规化的统一市场，聚集了众多的买方和卖方，他们带来了成千上万种关于期货合约标的的供求信息和市场预期，而期货交易又必须以公开竞价的方式进行，这就使得所有的买方和卖方都能获得同等的交易机会，也能在此基础上形成一种市场均衡价格。这一价格包含了影响期货价格的所有信息，体现了参加交易各方对期货商品的来源、市场供求以及对利率、汇率变化的看法，综合了大多数交易者的预测结果，因而能够比较真实、客观地反映现货市场的供求状况及其变动趋势，加上期货价格又具有连续性和公开性的特点，因此，在期货市场上形成的价格就成为一种权威性的报价，成为经济生活中重要的参考价格。这一竞争性价格通过现代化的通信手段迅速传递到世界各地，又形成了世界性的价格，成为国内贸易定价的重要依据和世界商情研究的重要对象。

二、金融期权

（一）金融期权的定义

金融期权是指在未来特定的期限内，按照特定的协议价格买卖某种金融商品的选择权。金融期权是在商品期权的基础上产生的。

期权实际上是一种选择权，就是买进或卖出期货合约的选择权利。在期权交易中，期权购买者向期权出售者支付一定数量的保险金后，即取得在规定时期内按协定价格向期权出售者购买或出售一定数量的某种商品（实物商品、金融商品等）合约的权利。对于购买方来说，期权只是一种权利而不是义务，他可以在到期前的任何时候行使、转卖或放弃这种权利，其最大损失只是购买期权的费用；对期权的出售方来说，由于收取了期权保险金，则要承担到期或到期前交割履约的义务和责任。

（二）金融期权的特征与功能

金融期权的主要特征在于它仅是买卖权利的交换，即买方付出权利金（期权费），获得权利，却无须承担买进或卖出的义务，而卖方却必须承担义务。

金融期权的功能也主要在于套期保值和价格发现。当然需要指出的是，利用金融期权进行风险管理时，买方承受风险的上限是确定的，即期权费的金额。

（三）金融期权的种类

按照不同的标准，可以对金融期权进行不同的划分。根据交易对象的不同，可以将金融期权分为现货期权和期货期权两大类。其中现货期权包括外汇期权、利率期权、股票指数期权以及股票期权；期货期权则包括外汇期货期权、利率期货期权以及股票指数期货期权。

三、金融期货与期权的区别

金融期货和金融期权买卖的都是远期交易的标准化合约，都要通过公开竞价进行交易，这是两者的共性。但金融期货和金融期权也存在明显的区别，主要体现在以下几个方面。

（一）标的不同

金融期货交易的标的是金融商品或期货合约，而金融期权交易的标的则是一种金融商品或期货合约选择权的买卖权利。

(二) 投资者权利与义务的对称性不同

期权是单向合约，期权的买方在支付保险金后即取得履行或不履行买卖期权合约的权利，而不必承担义务；期货合同则是双向合约，交易双方都要承担期货合约到期交割的义务。如果不愿实际交割，则必须在有效期内对冲。

(三) 履约保证不同

金融期货合约的买卖双方都要交纳一定数额的履约期权费；而在期权交易中，买方由于获得权利但没有义务，因此买方不需交纳履约保证金，只要求卖方交纳履约保证金，以表明他具有相应的履行期权合约的财力。

(四) 现金流转不同

在金融期权交易中，买方要向卖方支付期权费，这是期权的价格，大约为交易商品或期货合约价格的5%～10%；期权合约可以流通，其期权费则要根据交易商品或期货合约市场价格的变化而变化。在金融期货交易中，买卖双方都要交纳期货合约面值5%～10%的初始保证金，在交易期间还要根据价格变动对亏损方收取追加保证金；盈利方则可提取多余保证金。

(五) 盈亏的特点不同

金融期权买方的收益随市场价格的变化而波动，是不固定的，其亏损则只限于购买期权的期权费；卖方的收益只是出售期权的期权费，其亏损则是不固定的。金融期货的交易双方则都面临着无限的盈利和无止境的亏损。

(六) 套期保值的作用与效果不同

金融期货的套期保值不是对期货而是对期货合约的标的金融工具的实物（现货）进行保值，由于期货和现货价格的运动方向会最终趋同，故套期保值能收到保护现货价格和边际利润的效果。金融期权也能套期保值，对买方来说，即使放弃履约，也只损失期权费，对其购买资金保了值；对卖方来说，要么按原价出售商品，要么得到期权费也同样保了值。可见，期权的套期保值可以在不增加风险的情况下仍抓住市场变化有利于自己的盈利机会，而且只需做一笔买入看涨期权或买入看跌期权。这与期货要做两笔交易才能达到套期保值的效果相比，在操作上要简便得多。

四、金融期货与期权的价格

(一) 金融期货的价格及其影响因素

期货合约是规定在某一特定时间和地点交割一定数量和质量商品的标准化合约，其价格反映了市场对标的资产未来价格的预期。

首先，假定在一个理性的无摩擦的市场上，当市场处于均衡状态时，期货价格与现货价格这二者之间有着稳定的关系，二者呈现向同一方向变动的趋势，这种情况下的期货价格就是期货的理论价格。而影响期货理论价格的主要因素是持有现货的成本和时间价值。

但是，在实际中，由于市场利率不断变化，因此持有现货的成本和时间价值无法确定。而且市场事实上存在摩擦，投资者不全是理性的，因此，期货的理论价格与实际的期货价格不完全一致。影响期货价格的因素也是非常广泛的。

（二）金融期权的价格及其影响因素

金融期权的定价模型，最著名的是1973年由布莱克和斯科尔斯两位学者提出的欧式期权定价模型。这个模型成为期权定价理论的基础，并在实践中得到广泛运用。

这个模型建立在一系列基本假设之上：市场上不存在套利机会；不考虑股利及交易成本；股价的波动服从某种特殊的随机过程——维纳过程；每个市场参与者可以用无风险利率借进或贷出任意数量的资金。

经过上述一系列假设，布莱克和斯科尔斯用一个微分方程描述了欧式期权的定价模型。这个模型显示出影响期权价格的主要因素是期权的执行价格、标的资产的现货价格、标的资产的价格波动、合约的期限和无风险利率。在实际的期权交易市场中，由于在确定期权价格之前期权的执行价格、标的资产的现货价格、合约的期限都可确定，所以最终影响期权定价的主要因素是标的资产价格的波动和无风险利率。

五、金融期货与期权发展史简述

（一）金融期货的产生和发展

金融期货的产生有其深刻的社会背景。20世纪70年代初期，世界经济格局发生了重大变化，布雷顿森林体系彻底崩溃，浮动汇率制取代了固定汇率制。与此同时，以美国为首的西方发达国家因经济迅速发展而积存的通货膨胀的压力也进一步增加，利率的波动幅度和波动频率进一步加大。利率和汇率波动的加大，使得经济活动的不确定性和经济运行的风险也随之增加。为了保证资产价值免遭捉摸不定的利率和汇率的剧烈波动而造成损失，许多公司和金融机构都想方设法用新的手段来减少甚至避免利率和汇率风险。而投机者也想通过对风险投下赌注谋求巨额利润。在这种形势下，金融期货便应运而生。此外，70年代后期的西方国家进入了低经济增长阶段，企业活力下降，企业成长缓慢，这使企业的成本意识大为增加，纷纷寻找新的金融手段来保护自身利益，例如为避免现有资本降价而进行套期保值等，这也刺激了金融期货市场的进一步发展。当然，计算机和信息处理技术的改进及其在金融领域的运用，不仅使金融期货的产生有了技术上的可能，而且为金融期货在世界范围内迅猛发展创造了必要的条件。

1972年5月，美国芝加哥商品交易所（CME）在该交易所内另设专门从事金融期货业务的部门，即国际货币市场（IMM），并首次上市标准化通货期货合约，这是第一笔金融期货合约在交易所内上市交易，使期货交易产品从实物商品扩展到金融期货商品。继CME首次推出通货期货合约之后，1975年10月，美国芝加哥期货交易所（CBOT）上市第一笔利率期货合约。随后，其他类型的期货合约也纷纷引入到场内进行交易。到70年代末期，这项由美国市场引发的创新工具因许多国际性大银行和证券公司的积极运用而开始走向国际市场。1981年，美国CME开始引进3月期的欧洲美元存款利率期货合约。随后，伦敦国际金融期货交易所（LIFFE）、东京股票交易所（TSE）以及新加坡国际货币交易所（SIMEX）都引入了欧洲美元利率期货合约。1982年2月，美国堪萨斯交易所（KCBOT）首次推出股价指数期货，随后，伦敦LIFFE也开始推出股价指数期货。1986年5月，香港期货交易所推出恒生指数期货；同年10月，新加坡SIMEX开始交易日经225种股票指数期货。到80年代中期，已有美国、英国、德国、法国、荷兰、加拿大、澳大利亚、新西兰、日本、新加坡、中国香港及巴西等12个国家和地区的交易所进行了金融期货交易。

由于金融期货交易具有成本低、流动性强以及杠杆作用大等特征，目前许多金融期货的交易额都已经超过了与之相对应的现货市场交易额。1991 年，德国政府债券期货合约和法国政府债券期货合约的年周转额，分别是与之相对应的现货市场交易额的 440%和 250%；2013 年，世界期货交易量达 122.2 亿张合约。而在金融期货诞生前的 1971 年，美国期货交易所只成交了 1 460 万张合约。而电子化交易使人们摆脱了交易地域的局限，对交易量的增长有巨大的贡献。金融期货市场已经开始在整个经济生活中扮演日益重要的角色。

我国于 2006 年 9 月 8 日在上海成立了中国金融期货交易所。打造一个健康规范、高效透明、功能齐备、技术先进的现代化金融衍生品交易中心对于深化我国资本市场改革，完善资本市场体系，发挥资本市场功能，具有重要的战略意义。

（二）金融期权的产生和发展

20 世纪 70 年代以前，由于条件的限制，金融期权的交易很少，并且几乎都是在场外市场进行的。例如，早在 20 世纪 20 年代，美国就已经出现了股票期权交易，只是由于当时的交易环境和交易条件太差，因而成交量非常有限，交易规模很小，对股票市场的影响也不大。

到了 70 年代，动荡不定的国际金融形势和世界经济形势，以及跌宕起伏的利率和汇率刺激了期权交易向规范化的场内市场发展。1973 年 4 月 26 日，美国芝加哥期权交易所（CBOE）成立，推出了标准化的股票期权并正式挂牌交易，这标志着现代意义上的金融期权的诞生。以后，美国各大交易所都开办了股票期权业务，交易规模也越来越大。1982 年 10 月，芝加哥期权交易所又推出了期货合约的期权交易，为进一步扩大期权业务开辟了新的天地。到目前为止，伦敦、阿姆斯特丹、蒙特利尔、费城、悉尼以及香港等地都相继引进了金融期权交易，这一交易已在全球范围内迅速展开。

伴随着金融期货期权业竞争的加剧，世界各大期权期货交易所的重组合并成为新的趋势。1998 年德国期货交易所（DTB）和瑞士期权交易所（SOFFEX）合并成立欧洲期货交易所（EUREX）；2002 年巴黎、阿姆斯特丹、布鲁塞尔、里斯本证券交易所和伦敦国际金融期货交易所共同组建了泛欧交易所（EURONEXT）；2005 年 EURONEXT 和纽约石油交易所（NYMEX）联合。这一系列的强强联合使得各交易所自身的实力加强。2006 年 10 月，芝加哥商品交易所和芝加哥期货交易所两个竞争了一个半世纪的期货行业巨头的合并使新的交易所成为期货期权行业的新巨无霸，并一举超越欧洲期货交易所成为全球最大的期货交易所。

第二节　可转换证券

一、可转换证券的定义

可转换证券就是指可以根据证券持有者的选择，以一定的比例或价格转换成普通股的证券。

当公司发行债券和优先股缺乏良好的投资信誉，而且预期普通股的前景较为乐观的时候，有两种改善其发行条件的方法可供选择，以提高债券和优先股的吸引力，这就是发行可转换证券和购股权证书。这两种方法都有可能使债券和优先股通过增加收益和股息获得高于普通股的收益。可转换证券发行后，持有者可以根据自己的意愿在公司债或优先股与普通股之间作出选择。若持有人喜欢持有普通股，那他就必须放弃原先持有的公司债或优先股。换句话说，可转换公司债或可转换优先股的持有人可以根据需要，将手中的公司债或优先股转换为普通股，而这时对于股份公司来说就增发了新的普通股。

从国内外的情况看，尤其是从我国近年来的经济实践看，可转换证券一般是指可转换公司债券，简称可转换债券。

可转换债券在发行时就明确规定，债券持有者可选择有利时机请求发行公司按照发行时规定的价格将债券转换为公司的普通股股票；若不想转换，则可继续持有，直至偿还期满时收回本金和利息。对于上市流通的可转换债券，在发行公司的股票价格上扬时，债券持有者可以通过在证券市场上抛售债券来实现收益，并不一定要转换成股票。

二、可转换证券的意义

由于可转换证券是一种兼有债权和股权双重性质的独特的融资工具，因而无论是对证券发行公司还是对证券投资者都有独到的好处。

（一）可转换证券对发行公司的意义

可转换证券对发行公司来说主要有以下益处。

1. 低成本筹措资金

由于这种证券可以转换成股票，作为发行公司给予投资者可将债券转为股份权利的回报，投资者愿意接受比直接债券更低的利率。因此，可转换债券的票面利率通常要比一般债券低30%左右，这就降低了发行公司的筹资成本。此外，发行可转换债券无须资产抵押，公司易于掌握资产处置和追加借贷资金等方面的自由权等。

2. 获得转换溢价

可转换债券是以转换溢价转为股票的，一旦发生转换，实质上就等于是公司在将来以高于当前市价的价格发行新股，从而可获转换溢价。与此相对照，直接发售新股通常要按当前股票市价的一定折扣（如配股）售出。

3. 扩大股东基础，增加长期资金来源

可转换债券的期限一般都比较长，这符合大中型投资项目的资金需要，有利于公司的长远经营。此外，在有些国家中机构投资者和投资基金大部分都不允许投资于外国公司的股票，可转换债券则能解决这个问题。因而这类债券的发行能扩大发行公司的股东基础，同时还能扩大公司的影响，树立公司的国际地位，拓展公司业务，为公司进一步在海外市场融资打下良好基础。

4. 可以实现合理避税

可转换债券的利息可以作为固定开支在确定计税收入时予以扣减，而股票红利是不作税收扣减的。因此，从税收扣减的目的来看，公司发行可转换债券比直接发行新股更为有利。

5. 无即时摊薄效应

在可转换债券转换成股份以前，公司现有股权结构没有变化，故与出售普通股份不同，不会立刻产生大面积摊薄每股盈利的负面影响。在一般情况下，可转换债券的持有者会在股票市价高于转换价格时行使转换权，而市价表现往往与公司盈利状况息息相关。因此，一旦发生债务转为股份，其摊薄效应会因公司盈利的增加而得以相对抵消。

（二）可转换证券对投资者的意义

除了对发行公司具有积极意义之外，可转换证券对投资者而言，也有特殊的益处。

1. 可转换债券的双重性质使得投资者可以具备双重身份

债券转换之前，投资者是公司的债权人，获取固定的债券利息收入；如果发生转换，投资者就从原来的债权人转变为公司的股东，从而可以分享公司的股息和红利。

2. 可转换债券可以使投资者在低风险下获得高收益

在公司的经营状况不稳定的情况下，投资者可以稳收债券的利息收入，即使公司破产倒闭，投资者也能比优先股和普通股先得到收回公司所欠债务的权利；而在公司股票上扬或股利收入高于债券收入的情况下，投资者又可以及时将债券转换成股票，从而获得更高的收益。

三、可转换证券的特点

可转换证券具有债权性、股权性以及可转换性三大特点。

（一）债权性

与其他债券一样，可转换债券也有固定的利率和期限。不过，可转换债券的票面利率通常要低于同等条件下的普通债券，以此来反映可转换债券转换期权的价值。

（二）股权性

可转换债券在转换之前是纯粹的债券，持有者只按固定的利率领取利息，利息的多少与企业的经营状况无关；转换之后，原债券持有者就成为公司的股东，有权参与公司的红利分配和企业的经营管理，收益的大小则受公司业绩的影响。当然，对于上市流通的可转换债券，在公司股票价格上扬时，债券持有者也可以在证券市场上抛售债券来实现收益，并不一定要转换成股票，但在实质上，这种收益还是源于可转换债券的股权性。

（三）可转换性

可转换债券在约定的期限内，可以由债券持有者按预定的价格转换成发行公司的股份。实现转换不必发生货币的支付，而是投资者将可转换债券换成一定数量的公司股份。可转换债券的转换期权可以确保债券持有者分享股票持有者的任何未来的增长利益。

四、可转换证券的要素

关于可转换证券，其要素有许多个，其中最主要的是转换比例、转换期限和转换价格。

（1）转换比例。转换比例是指每一份可转换债券可以换取多少股普通股股票。从实质上看，转换比例也是转换价格的另一种表现。

（2）转换期限。转换期限是指可转换债券持有者有权将债券转换成公司股份的有效时间区域。从实践中看，转换期限通常为可转换债券发行日之后的若干年起至债券到期日止。

（3）转换价格。转换价格是指在发行可转换债券时即已确定的、将可转换债券转换为股票的价格。转换价格一般不作任何调整，除非发生诸如发售新股、配股、送股、派息、股份的拆细与合并，以及公司兼并、收购等特殊情况。

五、与可转换证券发行有关的中介机构

可转换证券的作用日益为越来越多的企业所认识。有些公司正在筹备或创造条件筹备发行可转换债券。在可转换债券的发行过程中，必然要与一系列的中介机构发生联系，这些中介机构主要包括以下几方面。

1. 主经办人

可转换债券的整个发行工作是由主经办人会同其他承销团成员统筹安排的。主经办人主要负责分析市场形势，订立最终发行条款等工作，以确保发行工作的顺利进行与最终完成；而其他承销团成员只是参与可转换债券的销售工作。

2. 受托人

受托人主要根据受托协议代表投资者的权益，他们的工作是要确保可转换债券的发行公司履行应承担的义务。

3. 代理支付人

代理支付人代表可转换债券的发行公司向投资者支付利息和本金，并存放发行公司的年报以供投资者查阅。

4. 上市协调人

上市协调人的主要工作是辅导可转换债券发行公司的上市工作。

5. 律师

律师要负责准备所有与债券发行有关的协议文本，并对发行过程中遇到的法律问题提供专业意见。除国内律师外，必要时还可以聘请国外律师。

6. 审计师

审计师的工作是审计可转换债券发行公司的财务报表并出具审计报告。

六、我国对可转换证券的实践

由于可转换债券具有债权性和股权性的双重性质，具有股票和债券的双重优点，无论是对债券发行公司还是对投资者都具有积极的意义，因而它引起了我国专家学者和实际部门的高度重视。

从1991年8月起，我国先后有琼能源、成都工益、深宝安、中纺机、深南玻等发行了可转换债券，其中琼能源3 000万元可转换债券中的30%转换成功，1993年6月转为A股在深圳证券交易所上市。成都工益5 922.5万元可转换债券于1993年5月转为A股，1994年1月3日在上海证券交易所上市。深圳证券交易所在1992年10月发行了“宝安可转换债券”，有效期为1993年1月1日至1995年12月31日，但由于转换价格过高，到1995年底，只有27%的可转换债券转换成了宝安股份。

由于深圳宝安可转债转股的失败，之后我国的可转换债券市场一直处于停滞状态。直到1997年3月25日由国务院证券委发布了《可转换公司债券管理暂行办法》，该办法明

确了上市公司以及非上市重点国有企业均可发行可转换债券，三家非上市公司先后发行可转换债券，才使可转换债券市场重现生机。

1998 年 8 月 3 日，南宁化工股份有限公司获准发行可转换债券（简称“南化转债”），“南化转债”的出台意味着得到官方承认的全国性可转换债券市场正式启动。“南化转债”是《可转换公司债券管理办法》颁布后的第一只可转换债券，在上海证券交易所 1998 年 9 月 8 日上市交易后，得到了二级市场的热烈响应和投资者的普遍欢迎，超额认购倍数高达 770 倍，中签率仅为 13%。南化公司的总股本是 11 225 万股，这次发行的可转换债券面值为 15 亿元。

1998 年 8 月 28 日，继“南化转债”之后，吴江丝绸股份有限公司又获准发行了面值 2 亿元的可转换债券（简称“丝绸转债”），“丝绸转债”于 9 月 15 日在深圳证券交易所上市交易。发行上市初期，“丝绸转债”的市场虽然远不如“南化转债”，但上市一个半月之后，价格便快速上扬；两个半月之后，“丝绸转债”便从上市交易日的 201 元飙升到了 12 月 2 日的 371.96 元的天价。“丝绸转债”的这一强劲走势也带动了“南化转债”，使其在上市后不到 3 个月的时间内，交易价格由上市日的 229 元快速上升到 290 元。

2001 年 4 月，中国证监会颁布了《上市公司发行可转换公司债券实施方法》（以下简称《办法》）和 3 个配套的相关文件，这一《办法》具有里程碑意义，标志着中国可转换债券市场的发展步入了一个新的阶段。

2002 年共有 5 家上市公司发行可转债，实际融资规模达 415 亿元。2003 年迎来了可转债发行的高峰，共有 16 只可转债发行上市，总发行规模达到 185.5 亿元，且上市公司通过可转债募集的资金规模超过了增发、配股等方式。2004 年，我国可转债发行市场依然火爆，投资者介入踊跃，可转债市场新添 12 只产品，总发行规模达到 209 亿元。2005 年可转债一级市场停滞，间隔一年半以后，得以重新启动。

2006 年 5 月《上市公司证券发行管理办法》出台，2006 年 7 月 27 华发转债成功上市，成为股改之后首只上市可转债，接着柳华转债、凯诺转债、招商转债也相继上市。

近几年发行的转债品种在票面要素上与股改前发行的品种没有太大变化，然而发行方式却有了明显改变，发行规模基本上全部向原有股东配售，放弃余额上网定价和网下配套，且新券上市溢价幅度较大。

根据中国证监会发布的《上市公司发行可转换公司债券实施方法》的规定，我国可转换公司债券的发行主体仅限于上市公司。

上市公司发行可转换公司债券，应当符合下列条件：

（1）在最近三年特别在最近一年是否以现金分红，现金分红占公司可分配利润的比例，以及公司董事会对红利分配情况的解释。

（2）发行人最近三年平均可分配利润是否足以支付可转换公司债券一年的利息。

（3）是否有足够的现金偿还到期债务的计划安排。

（4）主营业务是否突出。是否在所处行业中具有竞争优势，表现出较强的成长性，并在可预见的将来有明确的业务发展目标。

（5）募集资金投向是否具有较好的预期投资回报。前次募集资金的使用是否与原募集计划一致。如果改变前次募集资金用途的，其变更是否符合有关法律、法规的规定。是否投资于商业银行、证券公司等金融机构（金融类上市公司除外）。

（6）发行人法人治理结构是否健全。近三年运作是否规范，公司章程及其修改是否符合《公司法》和中国证监会的有关规定，近三年股东大会、董事会、监事会会议及重大决策是否存在重大不规范行为，发行人管理层最近三年是否稳定。

（7）发行人是否独立运营。在业务、资产、人员、财务及机构等方面是否独立，是否具有面向市场的自主经营能力；属于生产经营类企业的，是否具有独立的生产、供应、销售系统。

（8）是否存在发行人资产被有实际控制权的个人、法人或其他关联方占用的情况，是否存在其他损害公司利益的重大关联交易。

（9）发行人最近一年内是否有重大资产重组、重大增减资本的行为，是否符合中国证监会的有关规定。

（10）发行人近三年信息披露是否符合有关规定，是否因存在虚假记载、误导性陈述或者重大遗漏而受到处罚的情形。

（11）中国证监会规定的其他内容。

与《可转换债券管理暂行办法》相比，《上市公司发行可转换公司债券实施方法》（以下简称《实施办法》）更加符合可转债市场的情况。《实施办法》规定，中国境内的上市公司申请在境内发行可转换公司债券以人民币标价并在证券交易所上市的适用该办法及相关文件。这意味着原则上只有上市公司才可以发行可转换公司债券。《实施办法》指出，目前的指导思想是“扶优”，即扶持业绩优异、成长性强、运作规范的上市公司。在风险控制方面，该《实施办法》作了特别规定，可转换公司债券发行后，公司的资产负债率不得高于70%；除此之外，规定发行可转换公司债券应当有担保，并相应规定了充当担保人的条件及担保的形式和范围，同时，要求可转换公司债券到期时有足够现金支付债务的计划安排。《实施办法》还规定，上市公司发行可转换公司债券应由主承销商负责向中国证监会推荐并出具推荐意见，并且强调律师和会计师的专业意见，要求发行人律师应针对可转换公司债券发行的特点、方案及上市的实质条件等方面进行核查验证，要求充分反映和披露对发行人财务会计信息的意见。

第三节 其他衍生工具

一、存托凭证

（一）存托凭证的定义

存托凭证是指在一国证券市场上流通的代表外国公司有价证券的可转让凭证。存托凭证一般代表的是外国公司的股票，有时也可代表公司的债券。

存托凭证起源于1927年的美国证券市场，它是为便利美国投资者投资于非美国股票而产生的。因此，直到现在国际上的存托凭证也主要是以美国存托凭证（American deposit receipt，ADR）的形式存在，即主要是面向美国投资者发行并在美国证券市场上交易的存托凭证。

（二）美国存托凭证的种类

存托凭证的种类有很多，其中最主要的是美国存托凭证。美国存托凭证又可分为有担保和无担保两大类。

（1）无担保的 ADR。无担保的存托凭证没有存券协议，存券银行不是通过发行公司而是自行向投资者存券，这类存托凭证目前已很少使用。

（2）有担保的 ADR。有担保的存托凭证是通过发行公司和存券银行签订存券协议，明确双方的权利与义务，以便发行公司从总体上掌握存托凭证的数量及其他要素。有担保的存托凭证又可分为一级、二级、三级公募 ADR 和美国 144A 规则下的私募 ADR。这四种有担保的 ADR 各有不同的特点和运作惯例，美国的相关法律也对其有不同的要求。

（三）存托凭证的优点

作为一种新式金融工具，存托凭证尤其是美国存托凭证所具有的优点日益为企业及投资者所认识和接受。近年来，几乎所有赴美上市的外国公司都以美国存托凭证的形式进入美国股票市场。

我国也有企业已经或正在准备以这种方式进入美国。这是因为存托凭证具有以下显著优点。

（1）市场容量大，筹资能力强。以美国存托凭证为例，美国证券市场最突出的特点就是市场容量极大，市场率水平很高。这使公司能在短期内筹集到大量的外汇资金。此外，由于 ADR 克服了美国的互助基金等不能直接投资于外国公司股份的法律障碍，为外国公司拓宽了股东基础，有利于保持公司的资本市值并提高其长期筹资能力。

（2）上市手续简单，发行成本低。对股份公司而言，采用存托凭证方式筹资，既可以避免其股票直接在国外上市的烦琐程序，又可以绕过当地严格的上市要求，简化上市手续，从而降低发行成本。而美国一级有担保的存托凭证和 144A 规则下的 ADR 计划，还享受一定程度的监管豁免，更是可以节约上市成本。

（3）避开直接发行股票债券的法律要求。直接在国外市场上发行股票和债券，不仅要受本国相关部门的监督和约束，更要受国外相关法律的制约。如美国的法律对证券的发行就规定得相当完备。在美国发行股票和债券的公司必须满足四个层次的条件，必须履行严格的信息披露义务等等。而存托凭证只是证券的代表，并不是证券的直接发行，因此可以避开直接发行时近乎苛刻的法律要求。

随着中国证券市场国际化步伐的加快，中国企业正积极探索以各种方式，通过各种渠道，在美国资本市场这一世界最大的资本市场筹措资金。我国已有二纺机和轮胎橡胶以一级有担保的存托凭证形式在美国上市；前程无忧、E 龙以及空中网等以二级有担保的存托凭证形式上市；网易、百度、上海石化、中国移动、中国联通和中石化等以三级有担保的存托凭证形式上市；仪征化纤、庆铃汽车以及马钢等则以 144A 私募形式上市。2003 年中国人寿保险公司在美国上市格外引人注目，这个项目的融资总额高达 35 亿美元，是当年世界上最大的上市项目。这一方面扩大了这些公司在融资场所的国际知名度；另一方面还能使这些公司以国际上市公司的标准来规范自己的行为，从而有助于我国的股份公司转换经营机制，并为我国的证券市场与国际接轨创造条件。

（四）ADR 的市场运作

ADR 的市场运作主要分为 ADR 的发行和 ADR 的交易两个阶段，涉及一系列业务机构。

1. 有关的业务机构

与 ADR 的市场运作相关的业务机构主要有主经办人（即存券银行）、财务顾问、律师及审计师等。主经办人要对 ADR 市场运作的全过程负责；财务顾问主要提供有关财务报表，进行盈利预测，分析税收对企业效益的影响等；律师负责所有有关的协议文本，并对市场运作过程中遇到的法律问题提供专业意见。在 ADR 的市场运作过程中，一般要有两位法律顾问，一位是中国国内的法律顾问；另一位是境外的法律顾问。审计师主要是审计公司的财务报表，出具审计报告。

2. ADR 的发行

ADR 的发行过程一般可分为四个阶段，我们以 B 股建立一级有担保的 ADR 为例来说明：第一阶段是初步准备阶段。在这一阶段，首先，公司董事会出于建立 ADR 计划的战略考虑，在专业机构的协助下将申报材料呈送国家证券主管部门，并获得批准。其次，公司要聘请 ADR 计划的中介机构，包括主经办人（存券银行）、国内财务顾问、国内律师、国际律师、审计师等。第二阶段是实质性准备阶段。这一阶段公司要详细制订 ADR 计划与工作时间表；草拟存券协议，向美国证券交易委员会（SEC）提交 12g—2（b）规则所需要的豁免申请表；准备公告、法律文件、审计师同意函；请求"证券统一编号"（CUSIP number）；完成存券协议与 F—6 注册表格并呈送 SEC，ADR 便制作完成；SEC 同意 12g—2（b）项豁免，F—6 注册生效。第三阶段是销售阶段。这一阶段要完成清算交割系统，纳斯达克证券市场（NASDAQ）和场外交易市场（OTC）同意交易、推介。交易开始，当地做市商报价，做市商通知存券银行，生成 ADR。最后一个阶段是销售后阶段。这一阶段是将 ADR 公告信寄给机构投资者、研究人员和投资顾问群。

3. ADR 的交易

存券银行在购入公司股票之后，即将代表若干股票的存托凭证发售给其本国或他国投资者，投资者之间便可进行存托凭证的正常交易了。不过，存券银行也可以代投资者在凭证流通市场上进行存托凭证的交易。存托凭证的股息和红利则通过存券银行在当地的托管银行收取并发放给投资者。此外，由于存托凭证是记名证券，因此存券银行还要承担存托凭证的代理过户，以及将存托凭证投资者的名单登记入册的职责。在存托凭证的市场萎缩、需求锐减而要取消时，存券银行又要及时收回存托凭证，并通知其托管银行在当地售出存托凭证所代表的股票，然后将出售股票的款项支付给存托凭证的持有者。

（五）CDR

所谓 CDR，即中国存托凭证（Chinese depositary receipts，CDR）。CDR 这个概念是伴随中国资本市场发展和中国企业在海外上市而出现的。具体地说，CDR 是指在海外（包括中国香港）上市的企业将其股票存入某家托管机构（如银行），然后由该托管机构在中国境内发行相当于这批股票的存托凭证，并安排其在国内主板市场上市，从而实现股票的异地买卖。发行 CDR 有利于海外上市的中国企业扩大其融资数额，也有利于中国资本市场进一步地对外开放，促进国内投资者参与境外上市企业的股票交易。但是，发行 CDR 也会给中国的资本市场监管和外汇管理工作带来一些新问题。所以，有关监管部门正在进行谨慎决策，考虑是否放开发行 CDR 的政策。目前，中国银监会等监管机构还未对 CDR 放行，而在海外上市的不少中国企业，如中国石化、中国移动都提出了在国内发行 CDR 的申请。

二、认股权证

（一）认股权证的定义

认股权证是指由股份有限公司发行的、能够按照特定的价格、在特定的时间内购买一定数量该公司股票的选择权凭证，其实质是一种有价证券。持有这一证券者可以在规定的期限内，以事先确定的价格买入公司发行的股票。

一般说来，股份有限公司可以在发行公司债券、优先股股票以及普通股股票的同时发行认股权证，但在实践中，认股权证多与公司债券或优先股股票同时发行。20 世纪 80 年代以来才逐渐出现与普通股股票同时发行的认股权证，通常做法是每一股普通股附一股认股权证。

由于公司股票的市场价格通常要高于认股权证确定的特定买价，因此，认股权证本身也可以形成市场价格。股份有限公司通过发行认股权证，就可以顺利地筹集到大笔资金。不过，由于认股权证的价格要随公司股价的变化而波动，因此，认股权证的持有者就要承担相当大的风险。

（二）认股权证的要素

股份有限公司发行认股权证，都要从多个方面对认股权证进行约定，约定的基本内容主要包括数量、价格、期限等。

1. 认购数量

认购数量是指认股权证认购股份的数量。认购数量可以用两种方式进行约定：一是确定每一单位认股权证可以认购若干公司发行的普通股；二是确定每一单位的认股权证可以认购多少金额的普通股。开宗明义地约定认购数量，对于股票发行公司增发股票，对投资者认购和交易认股权证都有重要意义。

2. 认股价格

认股权证在发行时，发行公司即要确定其认股价格。认股价格的确定一般以认股权证发行时，发行公司的股票价格为基础，或者以公司股价的轻微溢价发行。如果出现公司股份增加或减少等情况，就要对认股权证的认股价格进行调整。有的公司甚至这样约定：当公司股票市价过度上扬时，其发行的认股权证的认股价格可以按预定公式自动上调。这样做的目的在于保护认股权证持有人的利益，进而保护公司的权益。

3. 认股期限

认股期限是指认股权证的有效期。在有效期内，认股权证的持有人可以随时认购股份；超过有效期，则认股权失效。认股期限的长短因不同的国家、不同的地区和不同的市场而差异很大，主要根据投资者和股票发行公司的要求而定。有的国家还对认股期限制定了最长和最短限制。从当前实际来看，认股期限多为 3～10 年。一般说来，认股期限越长，认股价格就越高。

（三）认股权证的发行

认股权证一般可以采取两种方式发行。最常用的方式是认股权证应在新发股份或新发债券之后发行，对发行的认股权证投资者无须支付认购款项，以此来增强公司股份或债券对投资者的吸引力。以这种方式发行时，认股权证将随同股份或债券凭证一同寄往认购者。在无纸交易制度下，认股权证将随同股份或债券一并由中央登记结算公司划入投资者账户。

认股权证的另一种发行方式是单独发行。在这种方式下，认股权证的发行与股份或债券的发行没有内在的联系，仅仅是认股权证发行公司对老股东的一种回报。具体做法是按老股东的持股数量以一定比例对其发放。

（四）认股权证的交易

认股权证的交易既可以在交易所内进行，也可以在场外交易市场上进行。认股权证的具体交易方式与股票相类似，如认股权证的最低交易量为一手；也有买入价和卖出价；交易双方也要支付佣金、印花税、交易征费和特别征费；也是在交易后 24 小时内交割。

通常在新闻媒体上登载的认股权证或成交表中，有一项是“行使价”，这是指以认股权证换取普通股的成本价。行使价的计算公式如下：

$$\text{行使价}=\frac{\text{认股权证的市价}\times\text{每手认股权证的数目}}{\text{每手认股权证可换的普通股数目}}+\text{认股价}$$

式中，分子是买入每手认股权证的货币额，公式得出的是用认股权证换取的普通股每股所应分担的认股权证的费用，这一费用加上认股价，得到的就是用认股权证换取每股普通股的费用。

（五）认股权证的价值

认股权证的价值可以从两个方面进行考察：一方面是考察认股权证本身的内在价值；另一方面是看其投机价值。

1. 内在价值

从理论上讲，内在价值是认股权证的最低价值。如果以 P 代表公司发行的普通股的市价，E 代表认股权证的认股价格，N 代表换股比率，则：

$$\text{内在价值}=(P-E)\times N$$

影响认股权证内在价值的主要因素有：（1）普通股的市价。市价越是高于认股价格，认股权证的价值就越大；市价的波动幅度越大，市价高于认股价格的可能性也越大，认股权证的价值就越大。（2）剩余有效期间。认股权证的剩余有效期间越长，市价高于认股价格的可能性就越大，认股权证的价值就越大。（3）换股比率。认股权证的换股比率越高，其价值就越大；反之，则越小。（4）认股价格的确定。认股价格定得越低，认股权证持有者为换股而支付的代价就越小，普通股市价高于认股价格的机会就越大，认股权证的内在价值也就越大。

2. 投机价值

认股权证的内在价值在很大程度上取决于普通股的市价。如果普通股的市价高于认股价格，则认股权证的内在价值就可能大于零；如果普通股的市价等于认股价格，则认股权证的内在价值就可能等于零。但认股权证的内在价值不会小于零，因为认股权证本身还具有投机价值。如果普通股的现行市价低于认股价格，这只应看做是一种暂时现象，它并不意味着股价会永远低于认股价格。只要认股权证一日没有到期，股价就仍有超越认股价格的机会。

（六）认股权证的作用

认股权证自出现以来，受到了包括发行公司、公司股东以及投资者的欢迎，其原因在于认股权证在客观上能发挥其独特的作用。

1. 促进公司筹措资金，培养潜在增资来源

发行认股权证有助于公司筹措资金。对有增长潜力的公司来说，其发行的认股权证比较容易被投资者接受，即使认股价格高于现行的股票市价，投资者仍有机会在股价上扬时通过行使认股权而获益，故投资者愿意投资。对于那些财务状况不甚理想的企业来说，投资者一般不愿意承担过大的投资风险，企业也就很难筹到资金。但是如果企业将认股权证与公司债券或股票同时发行，投资者在购买股票或债券的同时也得到认股权证，使他们有可能在将来分享企业的资本收益，这就能增强投资者对企业的信心，从而向企业投资。

此外，当认股权证持有者在行使其权利，即将认股权证转换成股票时，公司又可以因此而筹到一部分资金。

2. 弥补债券持有人的损失，维护债券持有人的利益

公司如果单独发行认股权证，债券利率就有可能因为认股权证补偿价值的存在而适当压低，债券持有人就会因此受到损失。为了维护债券持有人的利益，公司就可以将认股权证附着于债券一起发售。这样，即使公司压低债券利率，债券持有人的损失也能因为认股权证补偿价值的存在而得到弥补。

3. 补偿股东利益

股份有限公司在发行新股和向老股东配售股份时，通常以附着于股份的认股权证对股东进行补偿。有的上市公司甚至在年度分配时向老股东发送认股权证，以代替发送红股和现金分红。

（七）认股权证与期权等的关系

1. 认股权证与期权

从内容上看，认股权证实质上就是一种期权，尤其类似于美国式期权。根据权利的行使方向，认股权证可以分为认购权证和认沽权证，类似于期权当中的“看涨期权”和“看跌期权”。它具有期权所具有的各种特性，主要体现在以下几个方面：（1）交割价或施权价。认股权证所有者按此价格向公司支付现金，公司则按此价格向认股权证所有者交割股票。认股权证的交割价格通常要比公司普通股股票的市场价格高10%～30%。（2）认股权证的有效期间。在这一期间内的任何时间，认股权证持有者有权行使相应的权利；有效期间过后，这些权利失效。（3）交割比例。这是一个规定每份认股权证可以转换成多少股股票的比例，这相当于一份期权合同所规定的购买股票的数量。（4）交易价格。认股权证在市场交易中可以形成它自己的交易价格。

然而在交易所里，认股权证和期权的交易又是很不相同的，两者的差别主要表现在：（1）期权可以由多种机构发行，既可以是相关股票的发行公司发行，也可以不是；而认股权证则必须由发行股票的公司发行。为此，期权的实施往往导致股票所有权的转移，而认股权证的实施则意味着发行新股。新股的发行通常导致股息的稀释，这成为计算认股权证价格时必须考虑的因素。（2）认股权证的有效时间比期权的到期时间要长得多。多数认股权证的有效期间为1～2年，有的可以是5～10年，有的认股权证甚至是始终有效的。

2. 认股权证与股票分红、股票拆股

认股权证一般不受股票分红保护，也就是说，当公司支付股息造成股票价格下跌，致使认股权证“价值”下降时，认股权证持有者只有自己承受这一损失。但认股权证却受股票拆股保护，亦即当公司股票拆股时，认股权证的交割价格要作相应的调整，如市价每股80元的股票进行1变2的拆股，拆股后每股价格40元，这样一来，原认股权证规定的交割价格也要相应调整，如果原定价格是100元，则应调整为50元，其目的是保护认股权证所有者的利益。

三、备兑凭证

（一）备兑凭证的含义

备兑凭证实际上是认股权证的一种新的表现形式，它是认股权证进一步发展后的产物。认股权证是某一特定的股份有限公司发行的，认股权证持有人只对该公司及其发行的股票行使权利。而备兑凭证则不同。

备兑凭证是由上市公司以外的第三者发行的、用以购买上市公司一定量股票等的一种权利凭证。

（二）备兑凭证的特点

1. 备兑对象的发行人与备兑凭证的发行人不一致

备兑凭证通常由一家信誉卓著的金融机构发行，该金融机构以其所持有的某类股份或者以其自身的资金实力作担保，依据备兑凭证列明的条件向备兑凭证持有人承担未来认股责任。也就是说，备兑凭证的未来认股对象是某上市公司的股票，但并非由该上市公司充当凭证的发行人。备兑凭证与其备兑对象的发行公司毫无关系，备兑凭证的发行也无须征得备兑对象发行公司的同意。

2. 备兑对象多种多样

备兑凭证的备兑对象可以是某上市公司的股份，也可以是若干上市公司股份的组合，甚至还可以是某个股票市场的综合指数或分类指数。

3. 备兑对象的买卖可以双向进行

与认股权证不同的是，认股权证是单向的，而备兑凭证却是双向的。有些备兑凭证规定其持有人有权在未来一定时期内以一定的价格买入股份；还有一些备兑凭证则同时规定其持有人可以按照一定条件卖出股份。

备兑凭证由于可以用来对所持股份进行套期平衡，或者利用杠杆效应进行投机色彩较浓的投机活动，因而对投资者具有较强的吸引力。1995年以来，香港各大投资银行在备兑凭证的多种认股期限、不同认股价格等方面不断创新，设计出了各种既满足各层次投资者需要又尽量降低自身风险的备兑凭证，既筹集了大量资金，又方便了投资者，还活跃了金融市场。

（三）备兑凭证的要素

备兑凭证一般要求包括以下内容：

（1）备兑对象。可以是某上市公司的单一股票，也可以是股票组合，甚至可以是股票市场的综合指数或分类指数。从实践中看，备兑对象多为交易活跃的绩优股。

（2）有效期限。即备兑凭证的权利期限。在这一期限之内，备兑凭证的持有人可以随时要求将其备兑凭证与备兑对象相兑换。

(3) 兑换比例。备兑对象为股票时也称换股比例，是指每一份备兑凭证可以兑换的正股数量。

(4) 行使价。也称换股价，具备备兑凭证持有者行使选择权时的结算价格，相当于一般标准期权的敲定价格。

(5) 发行溢价。是发行时备兑凭证的价格，通常以百分比表示，一般为行使价的5%～30%不等。

(四) 备兑凭证的作用

(1) 为发行人筹集资金、减少风险。通过发行备兑凭证，可以使其所持股票以发行溢价的方式提前套现，既筹集大量的资金又获得可观的收益；此外，发行人还能通过备兑凭证的发行为手中持有的股票套期保值，以减少持股风险。

(2) 为投资者创造新的投资渠道和规避风险的工具。对投资者来说，备兑凭证的出现无疑为他们增加了一个以小博大的投资工具，虽说备兑凭证的高杠杆功能会使其收益与损失同时放大，但备兑凭证的风险限定功能又会使广大投资者在股市跌宕时转而购买备兑凭证。即使选择不履约，最大的损失也只限定在最初购买凭证的费用之上，由此可以避免股票交易可能带来的风险。

(3) 为繁荣我国证券市场发挥作用。备兑凭证的发行不涉及新股发行，不会稀释股权，易于吸引投资者，增强证券市场的流动性，为一级市场的顺利扩容创造条件；同时，这种新型金融工具吸引的大量资金，又会推动我国证券市场的进一步繁荣。

本章小结

本章第一节系统介绍了金融期货与金融期权的定义、特征、种类等相关理论。在此基础上，论述了金融期货与期权的功能、定价及其发展的历史等内容。

第二节主要介绍了可转换证券的定义、特点、可转换证券的要素、与可转换证券发行有关的中介机构及发行可转换证券的双重意义等内容。在此基础上，对我国对可转换证券的实践也进行了详细的论述。

第三节主要从定义、特点、运作、作用等方面全方位地介绍了包括存托凭证、认股权证以及备兑凭证在内的常见衍生品。

本章关键问题

- 金融期货的定义、特征与种类；
- 金融期权的定义、特点与类型；
- 金融期货与金融期权的区别；
- 金融期货与金融期权的价格；
- 金融期货与期权的发展；
- 可转换证券的定义、特点、要素；
- 发行可转换债券的意义；

- 认股权证的定义、要素；
- 认股权证的价值；
- 备兑凭证的定义、特点、要素；
- 备兑凭证的意义。

本章思考题

一、名词解释

金融衍生工具　外汇期货　利率期货　股票指数期货　金融期权
可转换证券　存托凭证　认股权证　备兑凭证

二、简答题

1. 金融衍生工具产生和发展的原因是什么？
2. 金融期货与金融期权有哪些共同点和不同点？
3. 试述发行可转换债券的意义。
4. 试述认股权证与期权的关系。
5. 发行备兑权证有何意义？

第六章

证券市场中介

第一节　证券公司

一、证券公司的定义

证券公司也称券商，是由证券主管机构批准设立的在证券市场上经营证券业务的金融机构，在证券市场上扮演着主要角色。资金供求双方通过证券经营机构实现对资金余缺的融通和调剂。它们对资金供求双方提供适合各自需要的各种金融产品，并为买卖证券的双方提供服务。

二、证券公司的功能

证券公司是证券市场的重要组成部分，是证券市场的主体和中介，有证券市场就必然有证券公司，不存在没有证券公司的证券市场。一方面，证券公司伴随着证券市场的产生而产生，伴随着证券市场的发展而发展，证券市场孕育了证券公司；另一方面，证券公司一旦产生，作为一股独立的力量，通过其经营活动，极大地促进了经济发展和证券市场的完善、稳定和发展，证券公司的功能主要表现在以下几方面。

（一）促进储蓄转化为投资

一国经济增长率与投资率成正比例关系，投资率越高，经济增长率越高；反之则越低。而投资率的高低取决于储蓄（这里指广义储蓄，即收入或消费后的剩余）转化为投资的程度。证券交易活动的背后是资金的运动。需要资金的工商企业可以通过发行和出售股票和债券，以筹集所需资金。而社会各阶层成员中有过剩资金或闲置资金者，则可以通过购买证券为闲置资金寻求出路，并获得投资收益。证券经营机构通过在证券市场上积极活动，以代理发行和买卖证券的形式，为资金供应者和需求者牵线搭桥，从而满足储蓄与投资双方的需要，把社会各阶层的闲散资金广泛地动员起来用于长期投资，既繁荣了证券市场，又促进了投资增加和经济增长。

（二）分散证券市场的风险

证券市场种类和层次的多样性，形成了错综复杂的交易关系和债权债务关系。众多的交易主体参与交易活动，其交易动机多种多样，利益需求各不相同，由此便形成了风险和收益的差别。这种证券市场上的直接融资活动比通过金融中介机构的间接融资活动更复杂、风险更大，这是因为：(1) 间接融资的金融机构不仅数量有限，而且对其管理也很严密，其经营行为比较规范，可控程度较高；(2) 间接融资资金供需双方有金融中介机构的转换和调节，金融中介机构既要对资金供应方承担全部的责任，又要承担资金运用损失风险的责任，因此，其自身行为约束较硬。相比之下，以直接融资为主要特征的证券市场不仅可控性差，而且风险性大，在这种情况下，如果不增强证券市场的可控性，减少或分散证券的风险性，则证券市场就不可能获得长期稳定的发展。证券市场中的证券经营机构能够在某种程度上分散证券市场上的风险。例如，作为主要承销商的投资银行，在包销证券时买下发行公司拟发行的证券，至它们将这些证券再出售给公众，需要间隔一段时间，在这期间里会发生未预料的市场条件变化，从而使承购包销的证券不能顺利售出。在这种情况下，投资银行实际上承担了证券发行风险。也正是由于投资银行承担了证券发行风险，才有力地促进了新证券的发行和分销。

（三）有利于促进证券市场平稳发展

在证券业务高度发达的国家里，证券市场是社会政治、经济等变化的晴雨表。影响证券价格的一些基本因素，如宏观经济因素、行业因素、公司因素等，以及影响证券价格的技术因素，如证券交易量、卖空者数量、大户的买进卖出情况、市场阻力水平、市场宽度等，都在影响着证券价格的变化。若证券价格在一定幅度内变化，则属正常情况，对证券的市场能力没有影响或影响不大；若证券价格大起大落，就会影响证券的市场能力，阻碍证券买卖的顺利进行。所以，若要增强证券的市场能力，创造连续市场，就必须保持证券价格的相对稳定，而证券公司就具有平抑证券价格的责任和能力。

三、证券公司的设立

设立证券公司，必须经国务院证券监督管理机构审查批准。未经国务院证券监督管理机构批准，任何单位和个人不得经营证券业务。

设立证券公司，应当具备下列条件：

(1) 有符合法律、行政法规规定的公司章程；

(2) 主要股东具有持续盈利能力，信誉良好，最近三年无重大违法违规记录，净资产不低于人民币 2 亿元；

(3) 有符合本法规定的注册资本；

(4) 董事、监事、高级管理人员具备任职资格，从业人员具有证券从业资格；

(5) 有完善的风险管理与内部控制制度；

(6) 有合格的经营场所和业务设施；

(7) 法律、行政法规规定的和经国务院批准的证券监督管理机构规定的其他条件。

证券公司必须在其名称中标明证券有限责任公司或者证券股份有限公司字样。

原《证券法》将证券公司分为综合类证券公司和经纪类证券公司，2005 年修订的新《证券法》取消了这种划分，对经营不同证券业务的证券公司规定了不同的注册资本限额。

根据《证券法》的规定，经国务院证券监督管理机构批准，证券公司可以经营下列部分或全部业务：

（1）证券经纪；

（2）证券投资咨询；

（3）与证券交易、证券投资活动有关的财务顾问；

（4）证券承销与保荐；

（5）证券自营；

（6）证券资产管理；

（7）其他证券业务。

证券公司经营上述第（1）项至第（3）项业务的，注册资本最低限额为人民币 5 000 万元；经营第（4）项至第（7）项业务之一的，注册资本最低限额为人民币 1 亿元；经营第（4）项至第（7）项业务中两项以上的，注册资本最低限额为人民币 5 亿元。证券公司的注册资本应当是实缴资本。国务院证券监督管理机构根据审慎监管原则和各项业务的风险程度，可以调整注册资本最低限额，但不得少于前款规定的限额。

证券公司设立、收购或者撤销分支机构，变更业务范围或者注册资本，变更持有百分之五以上股权的股东、实际控制人，变更公司章程中的重要条款，合并、分立、变更公司形式、停业、解散、破产，必须经国务院证券监督管理机构批准。

证券公司在境外设立、收购或者参股证券经营机构，必须经国务院证券监督管理机构批准。

四、证券公司的主要业务

（一）承销

证券承销商是经营代理证券发行业务的证券经营机构，是证券初级市场上发行人与投资者之间的媒介，其作用是受发行人的委托，寻找潜在的投资公众，并通过广泛的公关活动，将潜在的投资者引导成为真正的投资者，从而使发行人募集到所需要的资金。证券的发行即证券由发行人向投资者手中转移的具体过程。不管是何种证券，发行人一般有以下两种选择。

1. 直接发行

直接发行又称直接募集或自销发售，由筹资者自己组织发行工作，必要的时候可以请发行中介机构进行协助。这种方式能使发行公司直接控制发行过程，实现发行意图，同时成本较低。但是，对绝大多数发行人来说，由于缺乏必要的专业知识和销售渠道，往往导致筹资时间过长，社会影响也较小。因此，通常只有那些信誉卓著并拥有专门人才和机构的大企业，以及销售网点众多的金融机构才采用这种方式，而且仅限于一些建设债券、金融债券。

2. 间接发行

间接发行又称间接募集或委托发行，由筹资者委托市场上的中介机构如证券承销商担任发行工作，后者根据双方签订的合同条款办理一切发行事务，承担相应的责任并得到相应的报酬。这种方式由于需要寻找适当的中介机构，需要支付一定的手续费，从而增加了发行成本，但同时它又有直接发行所不具备的四个优点：发行不必耗费过多的人员、时间和精力；可以通过承销商的宣传扩大企业的社会知名度；专门的证券承销机构网点广、经济信息灵、熟悉有关规定、专业人才多、经验丰富，可以促使发行成功；在以后的证券转让（股票上市）及其他相关事务中，该承销机构可以利用其专业优势为发行人继续出谋划策。因此，近年来间接发行备受重视和欢迎，已经成为当今世界各国证券发行的主要方式。

（二）经纪

证券承销商在一级市场上代理企业发行证券，证券经纪商则活跃在二级市场即有价证券的交易市场上，他们的活动是证券得以流通的重要基础，对促进交易和发行，进而促进整个市场的发展都起着不可忽视的作用。

1. 证券经纪商的作用和特点

众所周知，有价证券的转让是其生命力之所在，转让市场是投资者之间进行证券买卖的场所。长期以来，随着证券尤其是股票发行规模的扩大和转让的经常化、规范化，证券的转让方式逐渐分为两类：（1）有组织、集中在某个场所的、大批量的转让；（2）非统一组织的、分散的、不同交易地点的、零售式的转让。前者在交易所里进行，可称为集中交易；后者在交易所之外，在各个专门从事证券买卖的券商处或直接在买卖双方之间进行，可称为柜台交易或场外交易。在集中交易制度下，一般投资者不能直接进入证券交易所从事证券买卖，而必须通过一个代理人如券商来进行，这个券商即为证券经纪商。

2. 证券经纪商的种类

证券经纪商依法接受投资者的委托，代理客户买卖有价证券，其利润来源为向委托买卖证券的投资人收取的手续费，称为佣金。

在美国，作为证券市场的中介人，证券经纪商一般有三类。

（1）佣金经纪商。这是直接代理买卖双方进入交易所参加交易并收取佣金的经纪人，他们一般代表某一家证券经纪商。佣金经纪商往往在许多地方设有营业所，客户与营业所联系，发出委托指令，这些指令就由营业所通知其在场内的代表具体执行。佣金经纪商按价格优先、时间优先的原则进行交易。由于在证券交易所从事证券买卖的只能是交易所的会员，非会员想从事证券投资便要通过经纪商来进行。佣金经纪商约占纽约交易所会员的一半，场内大部分股票交易是在他们之间做成的。按照规定，他们只能代理交易，不得用自己的资金为自己买卖股票。

（2）场上经纪商。这是指交易所大厅内为佣金经纪商所雇用，在佣金经纪商业务繁忙或其业务代理发生困难时，代其进行证券买卖并收取佣金的经纪人，因最初每成交100股固定收取2美元佣金，故又称为“两美元经纪人”，以后佣金标准多次变动。1976年5月起又改为双方协议，但习惯称呼没有变化。他们不接受一般客户的委托，可以自行买卖证券，偶尔也可以代理在交易所没有席位的经纪商参加交易，但是为了保护投资者利益，交易所一般规定，禁止“两美元经纪人”从事与客户委托的同一证券的同一价格的买卖。

（3）债券经纪商。纽约交易所上市股票与债券分设在两个交易厅，债券交易厅进行公司企业债和政府公债的交易。债券经纪商就是在债券交易厅中代理客户买卖债券，并从中收取佣金的经纪商。它是纯粹的代理，不得为自己买卖债券。

（三）自营

证券自营业务是证券公司以自己的名义和用自己的资金买卖证券以达到获利目的的证

券业务。我国的证券经营机构中，只有综合类证券公司可以经营自营业务。在美国，纽约证券交易所中的自营商有两种。

1. 自营交易商

自营交易商不与投资者发生联系，直接为自己买卖证券。自营交易商一般经历丰富，对市场有深刻的研究，通过预测市场行情的变动趋势，低价购入，高价售出，以赚取价差。他们往往在一般客户大量低价抛售时乘机购入，又在一般客户哄抬抢购时伺机抛出，因此自营交易商的存在客观上有利于促进证券供求平衡。但由于他们所处的有利地位，其交易活动对整个市场影响很大，有关管理部门一直对其活动有所限制，规定他们必须公开自己的所有交易。

2. 零股交易商

零股交易是指每笔交易额不足100股的小额交易，或大宗交易中不足100股部分的交易。零股交易商就是专做这类买卖的交易所会员，其交易对象为佣金经纪人。佣金经纪人接到不足一个成交单位的零星买卖委托后，大多数委托给零股交易商，后者可以将零星股票凑成整数后再卖给佣金经纪商，在需要时也可以将买进的整股单位化整为零卖给其他经纪人。买卖零股与买卖整股的价格不同，这一差价称为零股价差，作为零股交易商代理零股交易支付的额外补偿。

(四) 资产管理

资产管理业务是指投资者将自己的资金交给证券公司的专业人员进行管理，以降低风险，获得相对稳定的收益。随着证券市场的发展，这项业务在证券公司的地位正不断上升。

(五) 咨询服务

根据客户的要求，投资咨询公司把咨询分析建立在科学的基础分析和现代技术分析基础之上，通过捕捉大量信息资料予以加工，向客户提供分析报告，帮助客户建立有效的投资策略及确定投资方向。

(六) 其他业务

证券经营机构除可进行上述业务之外，还可在营业范围内进行其他业务。如代理债券的还本付息和代为发放股息红利；经营有价证券的代保管及鉴证等业务。

五、证券公司的管理

(一) 管理概述

作为证券市场的主要中介结构，证券公司的内部管理对于证券市场的平稳运行，起着至关重要的作用。

1. 管理战略

证券公司的管理战略，主要是指公司发展的定位、内部资源配置等一系列事关公司整体发展的计划。在证券市场日益对外开放的背景下，证券公司必须根据外部环境的变化，不断调整其管理战略。

2. 管理内容

与其他企业一样，证券公司的管理也可分为计划、组织、领导和控制等几个方面。但作为证券市场的中介机构，证券公司的管理内容也有其一定的特点。具体而言，其管理的重点是各项业务管理、财务管理、人力资源的管理。和其他金融机构一样，风险管理在证券公司中非常重要，而且贯穿在其他各种具体的管理内容之中。

3. 管理原则

与其他金融机构相类似，证券公司的管理原则即盈利性、安全性和流动性这三大原则。所谓盈利性是指作为一个追求利润最大化的企业，证券公司要在其经纪、自营、承销、资产管理、投资咨询等业务中，尽可能地取得盈利。证券公司往往把这项原则放在首位。安全性则是指由于证券市场存在一系列的风险，因此证券公司应该控制好各种与其有关的风险，实现稳健经营。而流动性原则是指证券公司拥有的各项资产应该能够比较容易地转变为现金。

4. 管理模式

管理模式是指证券公司各部门的组织管理形式。目前，国内证券公司的管理模式基本上分为总部式、分公司式和结合式三种。

所谓总部式，又称事业部式，是指证券公司按照业务分类（如经纪、自营等等）设立若干总部，分别管理各种业务。这种管理模式的优点在于便于证券公司总部对全公司的垂直管理和控制，缺点在于容易造成条块分割和缺乏内部协作。

分公司式，是指证券公司按照地理区域分别设立分公司，由分公司对本区域内的各种业务进行管理。其优点在于效率较高，便于区域内各种业务的协调，缺点在于不利于总公司整合企业内部的资源。

结合式，又称矩阵式，这种管理模式结合了总部式和分公司式两种管理模式的优点。其特点是在业务总部和地区分公司之上设立一些专业化委员会和协调小组，以促进公司内部的协调。

5. 内控制度

证券公司的内部控制，一方面表现为建立完善的规章制度，以控制公司经营过程中的各种风险；另一方面表现为通过加强内部审计和动态监控来检查规章制度的执行情况。

（二）管理内容

1. 业务管理

业务管理是证券公司管理的基础。它是指证券公司通过指定业务发展规划、规范业务发展流程、鼓励业务创新、控制业务风险等手段，来促进公司的发展。

（1）经纪业务管理。经纪业务管理是指证券公司对营业网点和经纪业务人员所开展的运用各种电子服务手段接受客户委托、代理证券买卖，与证券交易所和证券登记结算公司进行清算交割，并提供投资咨询、账户管理等服务过程和业务统计、业绩评价等进行的管理。在市场化过程中，证券公司正不断运用互联网、电子通信技术等高科技手段为客户提供更好的经纪业务。

（2）自营业务管理。自营业务管理是指证券公司对自营业务人员所开展的证券投资计划、下单买卖过程、证券买卖结果等业务过程和业务统计、业绩评价进行的管理。根据《证券法》的规定，证券公司在经营过程中，必须将经纪业务和自营业务严格区分开来，防止占用客户资金等侵害客户利益的情况出现。

（3）承销业务管理。承销业务管理是指证券公司对客户战略咨询、兼并收购、代理发行有价证券，以及辅导、保荐企业上市等业务过程、业务统计和业绩评价进行管理。承销业务是综合类证券公司的主要业务之一。由于我国证券发行制度由审核制向核准制转变，证券公司在承销业务中承担的风险和责任越来越大，因此，规范业务流程、控制业务风险是承销业务管理的核心。

（4）资产管理业务。资产管理业务是指证券公司对资产管理业务人员所开展的为客户设计证券投资计划、下单买卖的过程和结果，以及对客户回报等业务过程和业务统计、业绩评价进行管理。资产管理业务是境外投资银行的主要业务，国内证券公司则纷纷把这项业务作为重点发展的领域。

2. 财务管理

证券公司的财务管理，是指证券公司通过为企业取得和运用资金，制定内部财务会计政策，建立一套会计系统记录和报告财务信息的过程。证券公司财务管理必须建立合理的财务控制和会计控制体系。净资本是进行财务控制的一个综合性监管指标，它是证券公司保证偿付能力、防范支付风险的保证。在财务管理过程中，证券公司必须遵守《中华人民共和国会计法》的有关规定，并遵守财政部和证监会颁发的有关行政法规。

3. 人力资源管理

证券市场是一个发展迅速、需要高素质人才的市场。因此，人力资源管理对于证券公司而言有着不言而喻的重要意义。一般而言，证券公司的人力资源管理包括人员录用、培训、岗位聘任、岗位轮换、激励机制、制约机制、员工考核、人事档案、员工福利管理等内容。证券公司人力资源管理的核心在于激励不同类型的员工为公司创造价值。

（三）风险管理

证券市场常常被认为是一个高风险、高收益的市场。作为最基本、最重要的证券中介机构，证券公司如何管理其经营过程中遭遇的风险，如市场风险、信用风险、流动性风险等等，对于整个证券市场的风险控制起着非常重要的作用。国外不少百年老店级的投资银行（如英国的巴林银行）往往因为自身内部风险管理不当而破产倒闭，并震动整个证券市场。我国证券市场也曾经出现过不少因证券公司内部风险控制不当导致的大震荡，而随着《证券法》的出台、证券监管机构的日趋成熟，证券公司的风险管理也逐步走向成熟。

根据《证券法》的规定，证券公司对外负债总额不得超过其资产额的规定倍数，流动负债总额不得超过其流动资产的一定比例，这样就能比较有效地控制证券公司的财务风险。而证券监管机构还对证券公司的风险管理提出了一系列具体要求，如净资本、流动性、自营规模、营业部设置总数、缴存准备金、负债总额等等方面的规定。

第二节　证券服务机构

一、证券服务机构概述

（一）证券服务机构的定义和特征

证券服务机构是指依法设立的从事证券服务业务的法人机构。这些证券服务包括如下内容：证券发行、财务顾问及其他配套服务，证券投资咨询，证券资信评估服务，证券集中保管，证券清算、交割和交收服务，证券登记过户服务以及经证券监管机关认定的其他业务。在我国，证券服务机构的设立除了按照工商管理法规的要求办理外，还必须得到证券监管机关的批准。

（二）证券服务机构的地位和功能

证券服务机构是我国证券市场体系的重要组成部分，它们为证券市场参与主体即投资者和证券发行人提供全面的服务，促进了证券市场的健康、有序发展。

总的来看，证券服务机构的功能在于两方面：

第一，削弱信息不对称的负面影响，提高证券市场的运行效率。正是这些证券服务机构的存在，使得证券市场的参与主体，即投资者和证券发行人，能够比较快速、全面地了解证券市场上的各种信息，从而提高了他们进行相关决策的速度，提高了证券市场的运行效率。

第二，促进证券市场的资源优化配置。证券市场本质上是一个把资源从资金盈余者向资金短缺者转移的市场。由于证券服务机构的存在，使得这种转移的速度和效率都大大提高。在成熟的市场中，证券服务机构能够帮助投资者即资金的盈余者将资金快速转移到效益最好的证券发行人即资金的短缺者手中。

二、证券登记结算公司

（一）证券登记结算公司的职能

（1）配合证券市场的运作，为本地券商和投资者提供证券登记、过户、托管、清算、代保管等服务。

（2）协助主管机关，为地区内部股票提供登记、过户、分红派息等服务。

（3）协助本地区公开发行证券的上市公司到有关证券交易所挂牌上市。

（4）协助主管机关规范本地区证券市场的运作。

（二）证券登记结算公司的业务

1. 开户

开户是指登记结算机构为了便于准确记载、清算、交割有关货币或有价证券的投资行为而给投资者设立的账面户头，亦称账户。投资者欲进入证券市场，必须将其基本资料提交证券登记结算机构，建立证券账户。可以说，证券账户卡是通向股市的必经之路。

开户分为自然人开户和法人开户。

（1）自然人开户。须按要求填写证券账户登记卡，内容包括：股东姓名、身份证号码、联系地址及电话等，登记员将有关资料录入电脑后，打印证券账户卡，并发给投资者。

（2）法人开户。须提供营业执照副本复印件、法人授权委托书、代办人身份证复印件，登记员将登记的资料录入电脑后，打印证券账户卡，并发给投资者。

2. 托管登记

托管登记是指投资者将其持有的有价证券经过办理一定的确认手续后委托给证券托管机构进行保管，包括实物股票托管、股权托管、证券转托管。

（1）实物股票托管，指证券托管机构根据证券市场“无纸化”要求，对已上市和准备上市的以实物为表现形态的股票实行收回存管，在实物股票托管之前，投资者首先必须开设证券账户卡，然后凭证券账户卡、身份证、实物股票办理托管手续，证券登记结算机构收回股票即在电脑中进行股权登记，同时为投资者打印股票托管确认书。

（2）股权托管，指证券登记结算机构根据证券市场电子化运作要求，将投资者拥有的股权用电脑账的形式进行登录。已经发行了实物股票的股权托管，投资者必须交出实物股票，获得股权证持有卡。新发行股票的股权托管，在发行时就已实行“无券发行”，无须再实物托管。

（3）证券转托管，是指投资者将其拥有的股份从一个会员券商账户转移到另一个会员券商账户，投资者在转出券商处填写转托管申请书，在证券登记结算机构办理转托管手续，由证券登记结算机构每周四上午将转托管净值表通过传真卡（MODEM）传给深圳证券登记公司，深圳证券登记公司根据转托管净值表，核加及核减各券商清算账户。投资者则可于次周一到转入券商处委托交易，投资者在转托管手续办理期间，其股份由转出券商冻结，不能参加交易。

3. 非交易过户

非交易过户指没有通过场内或场外交易的形式，而使股票的所有权在出让人和受让人之间的过户，包括赠与、继承、协助执行司法判决。

（1）赠与。有些证券持有人愿将其持有的证券全部或部分赠与他人，办理此类业务时，须受赠双方携带身份证证件及经出证机关出证的赠与协议。

（2）继承。证券持有人死亡后，其财产继承人有权继承其名下的证券，办理此类业务时，须提供继承人的身份证、出证机关出具的遗产处理证明书。

（3）协助执行司法判决。证券持有人对证券的所有权有时被司法机关强行判给他人，而接受方又不可能通过交易过户程序得到其应收的证券，办理此项业务时，须持接收方身份证、司法机关出具的判决协助执行书、接收方证券账户卡。

4. 挂失

挂失包括证券账户卡挂失、股权证持有卡挂失。

（1）证券账户卡挂失时，须投资者本人持身份证填写挂失申请书，登记结算机构确认无误后，为维护投资者的合法权益，可为投资者作更号处理，并同时通知券商。若身份证、证券账户卡同时丢失，投资者须先到所在地公安机关办理身份证挂失，凭公安机关出具的遗失证明到登记结算机构办理证券账户卡挂失。

（2）股权证持有卡挂失时，须投资者本人持身份证填写挂失申请书。经确认无误后，由登记结算机构对该投资者的股份予以冻结，同时要求投资者在报纸上刊登遗失声明，如一个月后无人提出异议，可为投资者补发股权证持有卡。

5. 债券实物代保管

债券实物代保管指在交易所上市的实物债券的存管、提取与兑付。投资者将持有的实物债券交券商办理托管手续，券商定期将实物债券交登记机构集中保管，券商在办理存券手续时，须填写存券单，由登记机构将存券情况通知交易地登记机构或交易所记账，使其据此记入券商债券一级账户，券商收到债券记账通知书后，可接受投资者的卖出委托，提券与存券操作过程相类似。

6. 清算

清算指在交收前决定一项买卖的双方在证券和资金两方面应收应付数量的一种计算核定的过程。目前，我国负责证券清算业务的是中国证券登记结算有限公司，公司总部设在北京，下设上海、深圳两个分公司分别负责上海证券交易所和深圳证券交易所的证券和资金的清算交收工作。

（1）上海证券交易所。

证券公司以法人名义直接在该所证券登记结算机构开立资金结算账户，专门用于办理其所有下属机构证券交易的清算和交收。证券登记结算机构对各会员公司的资金清算产生一个轧差净额并直接在其结算备付金账户中进行交收。各会员公司与其所属证券营业部之间的资金清算由各会员公司自行负责。

交易日闭市后，证券登记结算机构按照净额清算原则，对所有参与人当日的证券买卖进行轧差清算，产生清算金额，在此基础上计算有关费用，产生各证券公司的实际收付金额。计算机系统自动将证券公司 T 日应收净额计入该公司资金交收账户，将应付金额从证券公司资金交收账户中扣除。证券公司需及时接收清算文件，核查资金划拨银行，在规定的 T+1 日交收时点前补足头寸，完成交收。

（2）深圳证券交易所。

会员以法人名义在证券登记结算机构指定法人结算席位，开设结算头寸账户和交易结算资金账户，并建立起会员与证券登记结算机构之间的电子结算网络，通过该结算头寸账户同证券登记结算机构完成其下属所有营业部参与交易所证券交易的资金电子结算。

T 日收市后，证券登记结算机构对各会员进行资金净额结算，根据会员 T 日的存取款数据计算出各会员在 T 日的头寸余额；再根据 T 日的交易数据、新股申购、解冻数据及其他资金数据包括派息、配股认购款、保证金调整、利息、罚息等，计算出各会员在 T+1 日的应收、应付净额，生成资金结算数据，资金结算数据明细到分支席位。T+1 日开市前，证券登记结算机构向各会员发送资金结算明细数据。T+1 日，根据证券登记结算机构发送的资金清算、交收数据，应付款会员应于当日及时通知其结算银行向证券登记结算机构结算账户划款，保证当日补足头寸。

7. 分红派息

分红是指股份公司将红利分配给除权登记日前登记在册的股东，是股份公司股东应享有的一种权利。

（1）当上市公司的股权登记日已确定时，该日买进股份者有分红派息及配股的权利，而卖出股份者则失去分红派息的权利。目前，由于深圳和上海模式不同，分红派息的方法也存在着差异。深圳是通过中央结算公司派发给证券登记机构；登记机构派发给券商；券商再派发给股东的形式而完成分红派息业务的。上海则只直接将红股计入股东账户，而现金派发则是股东通过交易系统卖出现金红利权完成的。对于过期未卖出现金红利权的股东，由证券登记机构负责汇总并补发红利。目前，投资于上海证券交易所上市公司的投资者，亦可享受红利的自动派发。

（2）对定向募集股份公司的分红派息的做法并不统一，具体按照登记机构与股份公司签订的协议执行。

8. 股东资料查询业务

股东资料查询业务是证券登记机构为方便投资者而设立的一项业务。投资者如果投资深圳股市，则由投资者填写查询申请书，登记结算机构可直接通过电脑对投资者的证券账卡、股东账户等进行查询。投资者若是入上海股市，可通过各地证券登记机构进行上海股东账户查询，由各证券登记机构将投资者的姓名、账号等传真至上海证券中央登记结算公司代办处，由上海证券中央登记结算公司将有关查询资料反馈给各证券登记机构，再由证券登记机构为投资者提供查询服务。

9. 股份管理

股份管理业务的设置，主要是对上市公司的股权结构及股份账目，以及已托管登记的定向募集股份公司的股份进行管理，同时按股份公司要求提供有关服务。主要有：

(1) 就上市公司的除权登记日的确定与上市公司及深圳登记结算公司联系。

(2) 除权登记日确定之前，由中央登记结算公司、上市公司、证券登记结算机构三方对账，保持三方股本结构一致。

(3) 上市公司在公布中期报告之前，为上市公司提供前十大股东名册及高层管理人员持股名册。

(4) 其他股份公司要求提供的其他服务。

(三) 中央证券登记结算公司

在我国的股票市场上，原来存在上海和深圳两个独立的证券清算系统。这两个系统的运行方式、规则不尽相同。为了促进中国股票市场在运行机制上的统一，提高资金在上海、深圳两个交易所系统间的使用效率，有关部门在 2001 年 3 月 29 日发起成立了新的中央证券登记结算公司。

新的中央证券登记结算公司即中国证券登记结算公司，注册资本为 6 亿元，总资本为 12 亿元，该公司把原来分别附属于上海、深圳交易所的两个证券登记结算公司纳入旗下，上海、深圳证券交易所是公司的两个股东，各持 50%的股份。

三、证券投资咨询公司

(一) 证券投资咨询公司的特点

证券投资咨询公司在西方国家中称为投资顾问，是证券投资的职业性指导者，包括机构和个人。它主要是向顾客提供参考性的证券市场统计分析资料，对证券买卖提出建议，代拟某种形式的证券投资计划等，并收取相应的咨询费。我国的证券投资咨询事业刚刚开始发展。

证券投资咨询公司最大的特点就是根据客户的要求，把咨询分析建立在科学的基础分析和现代技术分析基础之上，通过捕捉大量信息资料予以加工，向客户提供分析报告，帮助客户建立有效的投资策略及确定投资方向。

(二) 证券投资咨询机构的业务

(1) 接受政府、证券管理机关、有关业务部门和境内外机构的委托，提供宏观经济及证券市场方面的研究分析和对策咨询服务。

(2) 接受境内外证券投资者的委托，提供证券投资、市场法规等方面的业务咨询。

(3) 接受公司委托，策划公司证券的发行与上市方案。

(4) 接受证券经营机构的委托，策划有关的证券事务方案，担任顾问。

(5) 编辑出版证券市场方面的资料、刊物和书籍等。

(三) 证券投资咨询机构的作用

证券投资咨询机构的出现，一方面适应了证券专业化的要求；另一方面也符合证券市场的公开、公平原则。其作用是：

（1）咨询人员的专业知识与技能可以增加证券市场的透明度；

（2）咨询机构可以为市场上的发行人、投资者出谋划策，帮助他们选择筹资、投资的最佳方案，减少盲目性，也减少了浪费；

（3）可以增强投资者的风险意识，用事实、数据来引导投资者摆正投资的态度。

（四）证券投资咨询公司的管理

1. 管理概述

证券投资咨询业务在我国起步较晚，但发展很快。目前我国的证券投资咨询公司在经营管理上还存在不少问题，如业内企业规模小，行业内竞争无序等。为此，中国证券监管机构加强了对证券投资咨询公司的管理，并颁布了《证券期货投资咨询管理暂行办法》。

证券投资咨询机构一般应具备下列条件才能开展业务：

（1）必须具备一定数量的有资格从事证券投资咨询业务的专业人员；

（2）必须具备固定的营业场所和较完备的通信及其他信息传递设施；

（3）有健全的内部管理制度；

（4）须取得国家证券管理部门的业务许可。

2. 管理内容

根据《证券法》，证券投资咨询公司的业务人员必须具备证券专业知识和从事证券业务2年以上的经验，认定其从事证券业务资格的标准和管理办法由国务院证券监督管理机构制定。证券投资咨询公司的从业人员不得从事下列活动：代理委托人从事证券投资；与委托人约定投资收益分成或分担证券投资损失；买卖本公司推荐的上市公司股票；利用传播媒介或者通过其他方式提供、传播虚假或者误导投资者的信息。

3. 风险管理

证券投资咨询公司的风险主要来自下列几方面：

（1）证券市场的系统性风险和对影响个股价格波动的因素把握不准，导致对市场走势的预测失误。

（2）未能有效帮助投资者分析各种有关信息，使投资者发生损失。

（3）从业人员的道德风险。

为了减缓和控制上述风险，证券投资咨询公司应不断加强内部管理，增强风险防范措施。

四、其他证券服务机构

（一）信用评级机构

证券信用评级机构是专门从事有价证券评级业务的机构，一般为独立的、非官方的机构。它的出现与证券这一商品的特性有关，证券的特性就是收益与风险紧密相连，追求高收益必然要承担高风险；反之，承担的风险较小。因此，一方面，投资者要作出最佳投资组合，必然要对各种证券进行比较和分析；另一方面，就证券发行后能否被批准上市、已上市证券的继续发行对投资者是否有吸引力等，都与证券的等级评定结果有着千丝万缕的联系。

1. 证券评级公司的作用

证券评级公司的主要作用是：

(1) 承销商可以依据证券级别的高低来决定发行价格、发行方式、承销费用以及采取何种促销手段。

(2) 自营商可以根据各种证券的信用等级来评定其经营风险的大小，调整证券投资组合，这样有利于其自身的风险管理，也有利于内部管理部门对其经营的监督，防止因风险过大而危及自身安全。

(3) 经纪商在从事信用交易时对不同的证券等级给出不同的证券代用率。证券质量的评定对发行人、投资者和券商都是十分重要的。目前，国际上比较著名的证券评级机构有：美国的穆迪投资服务公司、标准普尔公司；日本的债券评级研究所；英国的国际银行业和信贷分析公司等等。这些公司评出的证券等级，比较客观地反映了证券发行人及证券本身的资信程度。它们一般是完全独立的，不受政府和任何机构干预，但又同证券管理机构有着非常密切的联系，评级机构的业务活动本身就形成了对证券市场参与者活动的一种监督。许多国家有关当局都对不同级别的证券发行人在证券市场上的活动范围作了不同的限制，能够取得最高等级的发行人一般可以较低的成本发行证券，筹集资金，其证券在市场上也较受欢迎。

2. 证券评级的内容

对证券的评级由两部分构成：对债券的评级和对股票的评级。

(1) 对债券的评级。除了信誉特别高的国债外，公司债券发行人、外国政府债券发行人等都自愿向专门从事证券评级业务的评级机构申请级别评定。评级公司在评级过程中主要考虑四个原则：1）证券发行公司的偿债能力；2）证券发行公司的资信；3）投资者承担的风险；4）公司债务的法律性质。各国对债券评级的方法与债券级别的划分大致相同。

(2) 对股票的评级。严格来讲，股票的评级是对股票进行编类排列，即按照各种股票的股息和股东分红的不同水平、股票的盈利与风险、股票的涨跌前景等，对股票进行分类排列，作为股东调整经营决策的参考性信息和依据，因此它与债券评级是不同的。

证券评级机构对申请者拟发售债券的评定只有道义上的义务，而无法律上的责任，它们对某些债券评级较高，并非向投资者推荐这些债券，只是评价该种债券的发行质量、债券发行人的资信、投资者承担的风险，对股票的评级更不具备“定性”作用，归根结底要由投资者作出选择。

(二) 会计师事务所

会计师事务所是指对公开发行股票的企业、机构和场所进行财务审计、提供咨询及其他相关专业服务的专门机构。

1. 从事证券业务的注册会计师应具备的条件

注册会计师是依法取得注册会计师证书并接受委托从事审计和会计咨询、会计服务业务的执业人员。对于具有高等专科以上学校毕业的学历，或者具有会计或者相关专业中级以上技术职称的中国公民，可以申请参加注册会计师全国统一考试；对于具有会计或者相关专业高级技术职称的人员，可以免于部分科目的考试。参加全国注册会计师统一考试成绩合格，并从事审计工作两年以上的，可以向省、自治区、直辖市注册会计师协会申请注册。

对于从事证券业务的注册会计师除了具备和符合上述条件外，还必须符合其他条件。

2. 从事证券业务的会计师事务所应具备的条件

会计师事务所可以由注册会计师合伙设立。合伙设立的会计师事务所的债务，由合伙人按照出资比例或者协议的内容约定，以各自的财产承担责任。合伙人对会计师事务所的债务承担连带责任。

3. 对从事证券业务的注册会计师和会计师事务所行为的管理

（1）对从事证券业务的注册会计师行为的管理。注册会计师的业务是审查企业会计报表，出具审计报告；验证企业资本，出具验资报告；办理企业合并、分立、清算事宜中的审计业务，并出具有关的报告；法律、行政法规规定的其他审计业务，还可以承办会计咨询、会计服务业务等。

注册会计师承办业务，由其所在的会计师事务所统一受理并与委托人签订委托合同。会计师事务所对本所注册会计师依照委托合同承办的业务，承担民事责任。

注册会计师与委托人有利害关系的，应当回避；委托人有权要求其回避。对在执行业务中知悉的商业秘密，注册会计师应有保密义务。

注册会计师在从事证券业务时，必须严格执行有关证券和证券市场、会计、财务审计、注册会计师的有关法律、法规及专业准则。

取得证券业务许可证的注册会计师在从事证券业务时，接受财政部和证监会的监督。注册会计师在执行证券业务时出现重大疏漏、严重误导、欺诈舞弊以及其他违反证券和证券市场有关法规的行为时，证监会可建议财政部予以处罚，亦可吊销其从事证券业务许可证，并予以公布。

（2）对从事证券业务的会计师事务所行为的管理。会计师事务所不得从事与委托人有利害关系的审计业务，委托人有权不同意有利害关系的会计师事务所对其财务情况进行审计。会计师事务所应对其在执行业务中知悉的商业秘密保密。

会计师事务所出具的专业报告、意见书的格式与内容，必须符合财政部和证监会的规定和要求。

取得证券业务许可证的会计师事务所，必须严格执行有关证券和证券市场、会计、财务审计、注册会计师的有关法律、法规及专业准则。在该会计师事务所执业的专业人员，每年必须按照《注册会计师教育要求和培训制度》的规定，继续接受有关的专业培训。

已取得证券业务许可证的会计师事务所在出现达不到前述规定的从事证券业务的会计师所必须符合的条件时；在不严格执行前述财政部和注册会计师协会制定发布的有关规定、规则和程序时；在发生违背职业道德的行为时；在不按时报送前述财政部和证监会要求报送的上一年度从事证券业务情况、专业人员培训情况等资料，以及自上一次报送资料后发生变化的有关会计师事务所的最新资料时；或根据会计师事务所自身的请求，财政部可会同证监会吊销其从事证券业务的许可证，并予以公布。

取得许可证的会计师事务所在从事证券业务时，接受财政部和证监会的监督。会计师事务所及其专业人员在执行上述业务时出现重大疏漏、严重误导、欺诈舞弊，以及其他违反证券和证券市场有关法规的行为时，证监会可以建议财政部予以处罚，亦可吊销其从事证券业务许可证，并予以公布。

（三）律师事务所

证券法律业务是指为发行和交易证券的企业、机构和场所所作的各种证券及相关业务出具有关法律意见书，审查、修改、制作各种有关法律文件等活动。对从事证券法律业务的律师及律师事务所的管理，有助于证券发行、交易活动的客观、公正进行，有利于保障筹资者的正当权益和社会公众的基本利益。《律师事务所从事证券法律业务管理办法》已经中国证券监督管理委员会主席办公会议和司法部部务会议审议通过，自2007年5月1日起施行。

1. 鼓励具备下列条件的律师事务所从事证券法律业务

（1）内部管理规范，风险控制制度健全，执业水准高，社会信誉良好；

（2）有20名以上执业律师，其中5名以上曾从事过证券法律业务；

（3）已经办理有效的执业责任保险；

（4）最近2年未因违法执业行为受到行政处罚。

2. 鼓励具备下列条件之一，并且最近2年未因违法执业行为受到行政处罚的律师从事证券法律业务

（1）最近3年从事过证券法律业务；

（2）最近3年连续执业，且拟与其共同承办业务的律师最近3年从事过证券法律业务；

（3）最近3年连续从事证券法律领域的教学、研究工作，或者接受过证券法律业务的行业培训。

同一律师事务所不得同时为同一证券的发行人、保荐人、承销的证券公司出具法律意见，不得同时为同一收购行为的收购人和被收购的上市公司出具法律意见，不得在其他同一证券业务活动中为具有利害关系的不同当事人出具法律意见。

律师事务所及其指派的律师从事证券法律业务，违反《证券法》和有关证券管理的行政法规，应当给予行政处罚的，由中国证监会依据《证券法》和有关证券管理的行政法规实施处罚；需要对律师事务所给予停业整顿处罚、对律师给予停止执业或者吊销律师执业证书处罚的，由司法行政机关依法实施处罚。

（四）资产评估机构

从事证券业务的资产评估机构是指对股票公开发行、上市交易的企业资产进行评估和开展与证券业务有关的资产评估业务。加强对资产评估机构的管理，有利于保证资产评估工作的客观公正性，促进高效、统一、公平、公正的证券市场的建立。1993年3月20日，国家国有资产管理局、中国证券监督管理委员会联合下发了《关于从事证券业务的资产评估机构资格确认的规定》，此规定的颁布和实施有利于加强对从事证券业务的资产评估机构的管理。

1. 从事证券业务的资产评估机构应具备的条件

申请从事证券业务的资产评估机构必须具备以下基本条件：

（1）必须是已取得省级以上国有资产管理部门（或受托的计划单列市国有资产管理部门）授予正式资产评估资格的评估机构。兼营评估业务的机构必须设有独立的资产评估业务部门。

（2）在具有正式资格的资产评估机构中，必须是业务水平高、职业道德好、社会信誉高并拥有丰富评估经验的机构，以往没有发生过明显工作失误或违反职业道德的行为。

(3) 评估机构中的专职人员不得少于 10 人，其中职龄人员（非离退休人员）不得少于 5 人。专职人员超过 17 人的评估机构，其中职龄人员所占比例不少于 1/3。

(4) 评估机构中的专职人员必须具有较高的资产评估水平、经验和技能，并具有较丰富的证券业务及相关金融、法律、经济方面的知识，其中骨干人员参加过股份制改造的资产评估工作。

(5) 评估机构的实有资本金不得少于 30 万元人民币，风险准备金不得少于 5 万元人民币，自取得从事证券业务资格之年起，每年从业务收入中计提不少于 4%的风险准备金。

境外及外国的资产评估机构，欲在中国境内从事证券业务资产评估或为协助境内企业到境外发行、交易证券而对境内企业进行资产评估的，需先向国家国有资产管理局提出申请，提交该评估机构主要情况的资料，由国家国有资产管理局进行审核，同意后会同证监会确认。经确认后，方可接受委托，从事证券业项目的资产评估。

2. 对从事证券业务的资产评估机构行为的管理

取得证券业务资产评估许可证的评估机构，必须严格执行有关证券和证券市场、资产评估方面的法律、法规、业务准则。

资产评估机构在从事证券业务时，必须接受国家国有资产管理局和证监会的监督。资产评估机构及其人员在执行上述业务时出现重大疏漏、严重误导、弄虚作假及其他违反职业道德、工作纪律和证券市场有关法规的行为时，证监会可建议国家国有资产管理局予以处罚，情节严重的，可由审定方吊销其资产评估资格许可证，直至追究经济和法律责任。

股票公开发行与上市交易的企业，有权自行选择已取得证券业务资产评估许可证的机构进行评估，任何部门不得进行干预。

没有取得证券业务资产评估许可证的专业资产评估机构和兼营资产评估业务的其他机构，不得从事证券业资产评估业务。

对同一股票公开发行、上市交易的企业，其财务审计与资产评估工作不得由同一机构承担，以利于股票发行的公正性。

本章小结

本章第一节主要介绍了证券公司的定义、功能。在此基础上，对设立证券公司的条件、证券公司的主要业务以及证券公司的管理等内容进行了详细的论述。

第二节系统论述了包括证券发行、财务顾问及其他配套服务，证券投资咨询，证券资信评估服务，证券集中保管，证券清算、交割和交收服务，证券登记过户服务以及经证券监管机关认定的其他业务等证券服务机构的业务内容。

本章关键问题

- 证券公司的定义及功能；
- 证券公司的设立；
- 证券公司的业务及管理；
- 证券服务机构的定义、特征、地位及功能；

- 证券登记结算公司的职能与业务；
- 证券投资咨询公司的业务与管理；
- 信用评级机构、会计师事务所、律师事务所、资产评估机构的职责。

本章思考题

一、名词解释

证券公司功能　　证券公司业务　　证券公司管理　　证券服务机构

证券登记结算公司

二、简答题

1. 证券公司有哪些功能？
2. 证券评级的意义是什么？
3. 证券公司的管理包括哪些主要内容？

第七章

证券市场运行

第一节 证券发行和流通市场

一、证券发行市场

（一）证券发行市场的定义

证券发行市场是政府或企业发行债券或股票以筹集资金的市场，是以证券形式吸收闲散资金，使之转化为生产资本的场所。由于证券是在发行市场上首次作为商品进入证券市场的，因此，证券发行市场又被称为一级市场。而相应的，证券流通市场是证券投资者之间交易、买卖和转让已发行未到期证券的有形或无形场所。一级市场或发行市场与证券流通市场相辅相成、相互联系、相互依赖，是一个不可分割的整体。证券发行市场是证券交易市场的基础和前提，有了发行市场的证券供应，才有交易市场的证券交易；而证券交易市场是证券发行市场得以持续和扩大的条件，没有发达的交易市场，发行市场就难以生存和发展。

（二）证券发行市场的组成

证券发行市场是一个无形市场，不存在具体形式的固定场所。从理论上讲，证券发行人直接或者通过中介人向社会进行招募，而认购人购买其证券的交易行为即构成证券发行市场。由此可见，证券发行市场是由发行人、投资人和中介人等要素组成的。

1. 发行人

证券发行人是指符合发行条件并且正在从事证券发行工作或者准备进行证券发行的政府组织、金融机构或者商业组织，它是构成证券发行市场的首要因素。为了保障社会投资者的利益，维护证券发行市场的秩序，防止各种欺诈舞弊行为，多数国家的证券法都对证券发行人的主体资格、净资产额、经营业绩和发起人责任设有条件限制。我国的《中华人民共和国证券法》等相关法规也对证券发行人规定了严格的条件和要求。

2. 投资者

证券发行中的投资人是指根据发行人的招募要约，已经认购证券或者将要认购证券的个人或社团组织。它是构成证券发行市场的另一基本要素。在证券发行实践中，投资人的构成较为复杂，它可以是个人，也可以是金融机构、基金组织、企业组织或其他机构投资人；它可以是未来享有股权的投资者，也可以是持股代理人，也可以是仅以承销为目的的中介人。

3. 中介人

证券发行中的中介人主要是指媒介证券发行人与投资人交易的证券承销人，实践中又称为“金融中介人”、“投资中介人”、“证券承销商”等等。它通常是负担承销义务的投资银行、证券公司或信托投资公司。证券承销人也是证券发行市场中重要的构成要素。

根据我国的证券法规和许多国家的证券法规则，在证券发行中，相关的律师事务所、会计师事务所和资产评估机构也是法定的中介机构。此类中介机构的义务和责任在于：(1) 它们根据委托关系，负有以专业技能协助完成证券发行的准备工作和股改工作的义务；(2) 根据法定规则，它们负有以专业人员应有的注意，完成尽职审查的义务；(3) 根据法定规则，它们负有公正客观地出具结论性意见，并以之作为招募说明书根据或附件的义务；(4) 此类中介机构对于经其确认的法律文件和由其出具的结论性意见之真实性、合法性和完整性负有持续的法律责任。由此可见，此类中介机构具有不同于证券承销人的非商业交易人的身份。事实上，由于我国股份公司股票与债券的发行多以企业股份制改组过程为基础，这就使得此类中介机构的专业服务变得极为重要。

二、证券交易所

(一) 证券交易所的定义

证券交易所是依据国家有关法律，经政府证券主管机关批准设立的证券集中竞价交易的有形场所。各类有价证券，凡符合规定的都能在证券交易所挂牌上市，由证券经纪商进场买卖。它为证券投资者提供了一个稳定的、公开交易的高效率市场。证券交易所是法人，它本身并不参与证券买卖，只提供交易场所和服务，同时也兼有管理证券交易的职能。

证券交易所历经数百年的发展历程，已经成为资本市场乃至整个金融市场的核心组织形式，在宏观经济运行中发挥着极其重要的作用。目前，世界上著名的证券交易所主要有美国的纽约证券交易所、英国的伦敦证券交易所、日本的东京证券交易所、香港的联合证券交易所、法国的巴黎证券交易所等。

(二) 证券交易所的特征

综合各国关于证券交易所的立法规定，可以看出证券交易所具有以下特征：

1. 证券交易所仅以证券作为交易对象

一般来说，交易所是指依法设立，并用于进行大规模交易的各类市场。按照交易所交易对象的不同，交易所分为证券交易所和商品交易所两种。其中，证券交易所是进行大规模有价证券买卖的场所。

有价证券是一种资本证券，与普通商品（包括依照标准物确定的商品）在表现形式和所反映的权利属性等方面均存在差别，这也在客观上导致了有价证券和普通商品在交易环节上的区别。因此，证券交易所和商品交易所在交易对象上明显不同，证券交易所不能进行商品交易，商品交易所同样也不能进行证券交易。

2. 证券交易所拥有固定的交易场所，而且必须具备相应的物质条件

证券交易所有固定的交易大厅、交易柜台以及现代证券交易所惯常采用的电脑、电话等通信设备。

证券交易所有固定的场所和完备的设施，不仅是为了保证证券交易活动安全、合理和迅捷地完成，而且也是有关法律如《中华人民共和国公司法》的强制性要求。

3. 证券交易所是组织化的证券交易市场

一方面，证券交易所的活动必须遵守国家统一确立的交易规则，证券交易所无权修改或拒不执行法定规则；另一方面，证券交易所的活动必须遵守证券交易所或有关行业协会确定的“自律规范”，不得违反自律规范参与证券交易活动。

4. 证券交易所是一种特殊的法律主体

证券交易所不仅仅是市场的一种具体表现方式，同时也是一种特殊的法律主体。证券交易所在法律上享有权利和承担义务，具备作为法律主体的主要特征，并以法律主体的身份参与证券交易活动。正是由于证券交易所是法律主体，它才可能为证券交易各方的交易活动作媒介，才可能在相当程度上起到调整证券交易关系的实际作用。

简言之，证券交易所是有组织地进行证券交易的固定市场，同时具有经济学和法学上的双重性质。

（三）证券交易所的组织形式

证券交易所有两种基本组织形式：

1. 公司制证券交易所

公司制证券交易所是指以盈利为目的，为券商提供证券交易所需的交易场地、交易设备和服务人员，以便利券商独立进行证券买卖的证券交易所形式。

公司制证券交易所一般是按照《公司法》和《证券交易法》的规定设立的，具有如下特点：(1) 证券交易所是独立的法律主体，虽然证券交易所可以由券商投资兴办，但在法律上与券商的地位相互独立；(2) 证券交易所是独立的经济实体，它只为券商从事证券交易活动提供所需的物质条件和服务，证券交易所的职员不参与具体的证券交易活动；(3) 证券交易所有权向证券发行公司索取证券上市费，并向券商收取证券成交的其他费用，具体收费比例按照证券交易所的规定执行，亦可以采取合同方式约定。

由于证券交易所是以向券商提供服务为主要业务的经济实体，故其组织结构与股份公司极其类似，通常都必须设有股东大会、董事会、监事会等机构。同时，因为证券交易所的特殊业务要求，其机构设置也要反映证券交易活动的实际需要，常设有业务部、财务部、仲裁部、研究部和文秘部，分别提供与证券交易有关的各环节服务。其中股东大会是证券交易所的最高决策机构；董事会是证券交易所的常设机构和日常各项工作的执行机构；监事及其所组成的监事会，是由股东大会选举产生的常设监督机构。

公司制证券交易所因其本身不直接参与证券买卖，在证券交易过程中处于中立地位，故有助于保证交易的公平；同时，由于它的主要职责是提供证券交易所需的各种物质条件和服务，业务活动比较单纯，有利于向券商提供尽可能完备的交易设施和服务。但是，公司制证券交易所也有某些缺点。由于公司制证券交易所的收入主要来自买卖双方的证券交易成交额，证券交易额的多少与交易所利益直接相关，从而使证券交易所成为独立于证券买卖双方以外的第三人。证券交易所为了增加收入，可能会人为地推动某些证券交易活

动，容易形成在证券交易所影响下的证券投机，进而影响证券交易市场的正常运行。与此同时，有的证券交易参加者为了避开公司制证券交易所的昂贵上市费用和佣金，可能会将上市证券转入场外交易市场去交易。

2. 会员制证券交易所

会员制证券交易所是指由若干券商自愿组成的非营利证券交易所形式。目前，世界上许多著名的证券交易所都采取会员制证券交易所形式。

会员制证券交易所不同于公司制证券交易所，它具有如下特点：

(1) 会员制证券交易所是非营利的事业法人，它不会向证券交易各方收取相当于成交额一定比例的佣金，而只向证券交易所会员收取会费。会费的数额和缴纳由证券交易所以章程形式确定。

(2) 会员制证券交易所由券商组成。证券公司既是证券交易所的会员，也是媒介证券交易活动的券商，同时具备两种身份。非证券公司既不能充当券商，也不能作为证券交易所的会员。

(3) 会员制证券交易所强调自律性原则的管理方式。所谓“自律”是指证券交易所通过自行确定规则的方式实现对证券交易所的管理，立法机关和政府多不加干预。采取“自律自治”的管理方式曾经是英国证券交易所的重要特点。在20世纪30年代初，由于发生多起证券交易丑闻以及随着单位信托的发展，以“自律自治”为主的传统封闭性管理体制逐渐变化，形成自律自治和国家干预的双轨制管理体制。虽然政府对证券交易所的行政管理有所加强，但与公司制证券交易所相比较，会员制证券交易所仍具有自律自治的特点。

会员制证券交易所因其在组织形式上不同于公司制证券交易所，故在组织结构上也有别于公司制证券交易所。由于会员制证券交易所的成员并非投资者或股东，其最高权力机关通常称为会员大会而非股东大会，证券交易所的执行机构则称为理事会而非董事会。除此之外，会员制证券交易所和公司制证券交易所的组织结构基本相同。

由于会员制证券交易所采取会员自律自治制度而不以盈利为目的，因此证券交易佣金和证券上市费比较低，有利于扩大证券交易所交易的规模和数量，防止上市证券流入场外市场进行交易。但由于证券交易所的会员同时也是券商，是证券交易活动的直接参加者，券商的盈利性有可能导致证券交易过程中出现不公正现象。此外，由于参与证券交易活动的双方都只限于取得证券交易所会员资格的券商，非会员券商若要进入某证券交易所进行交易，必须首先获得原有会员的同意。这种状况是一种事实上的垄断，它不利于形成公平竞争的环境，也会影响证券交易服务质量的提高。

显而易见，公司制与会员制各有利弊。20世纪90年代以来，证券交易所纷纷放弃会员制，转而改组为公司制，并成为一种趋势，如纽约证券交易所、法兰克福证券交易所、伦敦证券交易所等都为公司制。我国现有的上海证券交易所和深圳证券交易所是按照会员制事业法人的方式设立的。

三、场外交易市场

(一) 场外交易市场的定义

场外交易市场亦称柜台交易市场或店头交易市场，是证券市场的一种特殊形式，它是指证券经纪人或券商不通过证券交易所，将未上市的证券或已上市的证券直接同顾客进行买卖的市场。

（二）场外交易市场的特征

（1）分散性。场外交易市场没有像证券交易所那样设立中央市场；它实际上遍布于各地，通过电讯、邮政系统等连接起来。

（2）无形的交易市场。场外交易业务大部分是通过券商之间的电讯联系进行的，所以，相对于证券交易所来说，场外交易是无形的。

（3）买卖的证券。场外交易的证券种类繁多，既包括已上市证券，又包括未上市证券，且以未上市证券为主。

（4）场外交易风险大。一方面，由于场外交易的证券很多是不被允许在交易所上市的资信较差的证券，因而经营这种证券可能会冒较大风险；另一方面，场外交易的非集中竞价、信息阻塞等原因，造成场外交易的不公平，从而增加交易的风险。

（5）场外交易的报价与询价之间的时间间隔较长。场外交易的分散性使交易不能集中竞价，只能通过个别议价来进行，所以时间间隔较长。

（6）证券交易的数额单位。柜台交易中没有最低交易额和交易基本单位的限制。

（7）证券价格与行市。柜台交易使用协议价格成交，交易双方通过协商决定价格，形成行市。

（8）同一时间交易存在差价。由于交易的分散进行，各券商的买卖报价不一，客户就可能在各券商报出的价格之间进行对比选择，成交价总会出现差异。

（9）场外交易的价格不像交易所挂牌的证券价格那样每小时都有波动。场外交易，特别是证券的自营买卖，总是在一定时间内（一般为一天）确定一个买卖价格，并在一天内相对不动，所以其波动就不像交易所内的价格那么频繁。

（三）场外交易市场的类型

场外交易市场主要有三类：

1. 柜台交易或称“店头市场”

在二级市场上，不少证券交易并不是在证券交易所完成的，而是在许多分布广泛的证券中介机构，如证券公司中进行的。很多证券公司设有专门的证券柜台，通过柜台进行证券交易就是柜台交易。

2. 第三市场

第三市场是指在店头市场上从事已在交易所挂牌上市的证券交易。严格地讲，第三市场既是场外交易市场的一部分，又是交易所市场的一部分，准确地说，它是“已上市证券的场外交易市场”。近年来，由于这部分交易量增大，特别是其中的债券交易量增加更多，其地位日益提高。

3. 第四市场

第四市场是指投资者和筹资者不经过券商直接进行的大宗证券交易。第四市场目前只有美国有所发展，其他一些国家正在尝试和刚刚开始出现这种市场。第四市场的主要吸引力在于：

（1）交易成本低。由于无须券商作中介，可以省去佣金支出。

（2）有利于保持交易的秘密性。

（3）由于双方直接谈判，所以可望获得双方满意的价格。

（四）场外交易市场的参与者

场外交易市场的参与者与证券交易所的参与者不同。在证券交易所内，只允许交易所会员从事证券交易。场外交易市场的参与者，包括投资者、券商、投资银行和代理银行。

1. 投资者

投资者包括团体投资者和个人。团体投资者，包括银行、信托公司、保险公司、基金会投资银行及企业公司等等，有各自的投资目的和投资计划，有庞大的资金，如遗产信托基金、退休金、互助基金等等，是场外市场最重要的投资力量。

2. 券商

场外交易市场的券商规模很大，可以分为以下几种：

(1) 自营商（包括自营经纪商）。一般来说，这类商号既是交易所的会员，又直接参加场外交易。因为自营商从事两类业务，即新发行证券的成批购进（分销）和销售，旧证券的买进或卖出。两种活动均为短期投资，风险很大。因而自营商除了在交易所参加交易外，还自设营业处所从事场外交易，是店头市场的主要参与者之一。

(2) 店头券商，即非证券交易所会员。但是经过批准设立的证券营业机构，以买卖未上市证券（小企业的证券）及公债券为主要业务。

(3) 自营银行。自营银行不是交易所会员，只从事债券的买卖业务，不买卖股票。

(4) 证券交易所会员经纪商。此类经纪商以在证券交易所交易为主，但也设立独立机构经营店头市场业务，收取佣金。

(5) 政府债券商。这类券商专门买卖政府债券，包括中央和地方政府债券。

(6) 地方共同团体债券商。这类券商专门买卖地方共同团体债券。

3. 投资银行和代理银行

投资银行代理股票和公司债券的承销发行事宜，同时也从事场外证券交易，且交易额很大。代理银行主要指商业银行和信托银行。美国证券法禁止商业银行等金融机构从事证券业务，但商业银行代理政府发行公债和从事政府公债交易是允许的，代理银行为政府公债和地方政府公债创造市场。

参加店头市场交易所得的店头收入包括承销报酬、股息、利息、佣金以及差价利润等项目。凡是承销新发行的证券者，以较低价格承购，以较高价格推销，获得承销报酬。凡购买了证券不再卖出者，获得股息或红利；凡代客买卖者获得佣金；凡以较低价买进、以较高价卖出者获得自营差价利润。

（五）场外交易市场的交易对象

通常，具有以下特征的证券趋向于场外交易。

(1) 金融机构发行的股票和债券。由于金融机构的证券是高级证券，故其吸引力较大，多为团体投资者购买，一般不需要进入交易所交易。

(2) 大公司或大企业的股票和债券。当其发行量少时，常不办理上市手续，而在场外交易。

(3) 在交易所中不易成交的债券。因为在交易所讨价还价，差距很大，很难成交，因此，只有通过店头市场进行交易。

(4) 买卖双方愿意按净值来交易的证券。即不考虑其价格波动，愿意按其净值成交。

(5) 上市发行，分期还本付息的公司债券和公债券。这类债券价格较平稳，流通性不强，适宜在场外进行交易。

(6) 级别较差的证券。这类证券在证券交易所很少有人购买，有的被迫下市，于是只有在场外寻求出路。这类证券一般来讲，风险较大，获利又少。

此外，场外交易中出现的还有一些小公司的达不到上市标准的证券。

第二节　证券价格和价格指数

一、股票的价格

（一）股票的理论价格

1. 股息资本化

静态地看，股息收入与利息收入对于投资者而言具有同样的意义。按照等量资本获取等量收入的理论，如果股息率高于利息率，人们对股票需求上升，使得股票价格上涨，股息率下降；反之亦然。一直到股息率与市场利息率大体一致为止。按照这种分析，股票的理论价格应该为：

$$\text{股票理论价格}=\frac{\text{股息红利收益}}{\text{利息率}} \tag{7—1}$$

2. 零息增长条件下的股利贴现模型

假定某只股票每期期末支付的股利的增长率为零，也即已知去年该股票支付的股利为 D_0，那么今年以及未来所有年份将要收到的股利也都等于 D_0，即：

$$D_0=D_1=D_2=\cdots$$

很显然，此状态下的股票等于为投资者提供了一笔终身年金，该股票理论价格 V 为：

$$V=\sum_{t=1}^{\infty}\frac{D_0}{(1+k)^t}=\frac{D_0}{k} \tag{7—2}$$

式中，k 为必要收益率，可以理解为投入股票中的资金的机会成本。

3. 不变增长条件下的股利贴现模型

假定某只股票每期期末支付的股利按一个不变的比率 g 增长，也即各期股利的一般形式为：

$$D_t=D_{t-1}(1+g)=D_0(1+g)^t$$

此状态下的股票理论价格为：

$$V=\sum_{t=1}^{\infty}\frac{D_0(1+g)^t}{(1+k)^t}=D_0\frac{1+g}{k-g}=\frac{D_1}{k-g}(\text{假设 } k>g) \tag{7—3}$$

4. 多元增长条件下的股利贴现模型

假定某只股票在某一特定时期内（从现在到 T 的时间内）每期期末支付的股利没有特定的模式可以观测或者说其变动比率不遵循严格的等比关系；过了这一特定时期后，股利的变动将遵循不变增长原则。这样，股利现金流量被分为两部分：第一部分包括直到时间 T 的所有预期股利流量现值（用 $T-$表示）：

$$V_{T-}=\sum_{t=1}^{T}\frac{D_t}{(1+k)^t}$$

第二部分是 T 时期以后所有股利流量的现值（用 $T+$表示），根据公式（7—3）并将其折现到现在（时点 0）可得：

$$V_{T+}=D_T\frac{(1+g)}{k-g}\frac{1}{(1+k)^T}=\frac{D_{T+1}}{(k-g)(1+k)^T}$$

将两部分现金流量加总，可以获得多元增长条件下的股票理论价格：

$$V=V_{T-}+V_{T+}=\sum_{t=1}^{T}\frac{D_t}{(1+k)^t}+\frac{D_{T+1}}{(k-g)(1+k)^T} \tag{7—4}$$

公式（7—2)至（7—4）中，各种符号含义如下：V 为证券理论价格，D_i 为第 i 年末个股支付的股利，g 为股利年增长率，k 为必要收益率。

第 2～4 种理论价格计算方法是基于方法 1 衍生出来的，都是通过股利收入资本化来确定普通股的内在价值。其中，方法 3 有一个重要的假设，就是股利增长比率小于投资者要求的折现率，这在相当长的时间区域内（比如 10～30 年），就行业整体水平而言，是符合现实情况的。但对于初创期企业的股票而言，这个假设就难以成立，因此运用方法 4 更为合理。上述所有股票理论价格计算方法都基于一个总前提，就是无限期持股，此时股票投资者无法获取买卖价差，股利收入是投资者所能获取的唯一现金流量。而有限持股状态下的理论价格完全可以通过递推的方法转为无限持股状态下的理论价格。

（二）股票价格的形成机制

狭义的股票价格，通常指的是股票交易价格，即在股票市场上股票实际成交时的价格。广义的股票价格则包括股票的发行价格和交易价格这两种价格形式。还有一种外延更为宽广的股票价格，它包括股票的票面价值、账面价值、清算价格、理论价格、发行价格，以及交易价格。在股票投资活动中，经常运用的是狭义的股票价格概念。

按实际成交时间的不同，股票交易价格分为开盘价格、收盘价格、最高价格、最低价格、平均价格等。开盘价格指的是证券交易所每个营业日开市后，交易所第一笔成交的价格。收盘价格指的是证券交易所每个营业日闭市前最后一笔成交的价格。最高价格和最低价格分别指的是证券交易所每个营业日成交的最高价格和最低价格；而平均价格则是最高价格与最低价格的简单平均。

股票理论价格是决定其交易价格的基本因素，但市场价格并不完全等于其内在价值。由供求关系产生并受多种因素影响的市场价格围绕股票理论价格不断进行波动，而且这种波动与发行价格存在明显区别，是连续性、非间断性的。股票交易价格的这一特点，正是股票最吸引人之处。因为只有交易价格的不断变化，投资者才有可能通过不停地买卖股票而获得差价收益。

二、债券的价格

（一）债券的理论价格

债券的理论价格指的是投资者为获得债券在未来一定时期内的利率收入而在理论上应支付的价格。它的决定变量有以下三个。

1. 债券期值

债券期值指的是债券到期时的总价值或总收入，包括本金和利率两部分。其计算公式为：

$$债券期值=债券面额+(债券面额\times票面利率\times有效期限) \tag{7—5}$$

2. 债券期限

对投资者来说，债券期限有两种：（1）有效期限，指债券发行日起至最终偿还日止这段时间；（2）待偿期限，指债券进入交易市场后由本次交易日起至最终偿还日止这段时间。债券的有效期限一般用于债券发行价格的计算，而债券的待偿期限则用于计算债券的交易价格。

3. 利率水平

利率水平指债券市场上绝大多数买卖双方都能接受的债券收益水平。

对任何一种债券，只要已知上述三个变量就可以计算出它的理论价格，但由于债券有各种计息方式和不同的付息次数，因而其现值也将是各种不同的结果。下面，我们分别给出有关债券理论价格的计算公式。

（二）附息票债券交易价格的理论计算

按付息发行，到期时一次还本付息或分次付息，即通常所指的附息票债券（剪息债）的价格公式。我们根据付息频率的不同，分别进行介绍。

1. 一次还本付息，即利随本清债券交易价格的计算公式

$$PV=\frac{D}{(1+i)^N} \tag{7—6}$$

2. 按年付息债券交易价格的计算公式

$$PV=C\sum_{t=1}^{N}\frac{1}{(1+i)^t}+\frac{F}{(1+i)^N} \tag{7—7}$$

3. 半年付息债券交易价格的计算公式

$$PV=\frac{C}{2}\sum_{t=1}^{2N}\frac{1}{\left(1+\frac{i}{2}\right)^t}+\frac{F}{\left(1+\frac{i}{2}\right)^{2N}} \tag{7—8}$$

4. 按季付息债券交易价格的计算公式

$$PV=\frac{C}{4}\sum_{t=1}^{4N}\frac{1}{\left(1+\frac{i}{4}\right)^t}+\frac{F}{\left(1+\frac{i}{4}\right)^{4N}} \tag{7—9}$$

（三）贴现债券交易价格的理论计算

按贴现付息发行，到期时偿还票面金额的即为贴现债券，其交易价格的计算公式为：

$$PV=F\left(1-\frac{i_d N}{360}\right) \tag{7—10}$$

在公式（7—6）至公式（7—10）中，各种符号的含义如下：PV 为债券交易价格（现值）；D 为债券期值，$D=F(1+i_C N_1)$，其中 i_C 为债券票面利率，N_1 为债券有效期限；C 为债券年付息额，$C=Fi_C$；F 为债券票面价值；i 为债券市场利率；N 为债券待偿期限；i_d 为债券贴现率。

在计算过程中只要给定利率和期限，便可以通过查表找到相对应的复利现值系数($1/(1+i)^N$) 和年金现值系数($\sum 1/(1+i)^t$)的数值，将其代入公式，便能很方便地得出债券交易的理论价格。

[例] 1985 年我国财政部向居民发行有效期为 5 年、年利率单利为 9%的国库券，1990 年 7 月 1 日到期一次还本付息。问：如果 1988 年 5 月 1 日转让一张面值为 100 元的此种国库券，其交易价格应是多少？

解：这显然属于附息发行、到期一次还本付息债券计算类。到 1988 年 5 月 1 日待偿期为 2.166 7 年(=2+2/12)，而且市场利率在 10%左右（1988 年初我国各种债券利率大致在 9.5%～10%，故市场利率为 10%）。其交易价格应为：

$$P=\frac{D}{(1+i)^N}=\frac{F(1+i_C N_1)}{(1+i)^N}$$

$$=\frac{100\times(1+9\%\times5)}{(1+10\%)^{2.1667}}=117.95(\text{元})$$

根据上述计算公式，我们可以作出如下简单结论：

债券交易的理论价格取决于它的期值、待偿期限和市场收益率。其中，期值基本上是已定的；待偿期限也是已知的；最活跃的便是市场收益率。市场收益率的升高或降低对债券交易价格有直接影响，而且成反比关系。如果市场收益率上升，则交易价格下跌；反之亦然。

值得说明的是，上述债券交易价格计算公式，同时也适用于发行价格的计算，只是其中 N 的含义不同。在发行价格公式中，N 代表债券的有效期限。

另外，根据上述公式关系，在期值已定、待偿期限已知的条件下，只要能预计出债券的交易价格，便可以计算出债券的市场收益率，亦即此债券能为购买或持有该债券的投资者所提供的年收益率。

（四）债券期货交易价格的理论计算

债券期货交易中，价格计算与上述不同。以长期国债期货合约为例，由于债券期货交易在实际交割时有几种情况，相应地债券交易价格也有以下不同计算方法：

(1) 交割结算的交易价格公式，即如果长期国债期货合约买卖双方直到最终交易时未发生反方向买卖交易，则可按现货结算。其公式如下：

$$P=N(FP\times CF)+ACC \tag{7—11}$$

(2) 差额结算的交易价格公式，即如果债券买卖双方在最终交易日之前又进行了相反方向的买卖，则可以只结算其差额。公式如下：

$$P=N(P_b-P_s) \tag{7—12}$$

在公式（7—11）和公式（7—12）中，P 为最终结算金额；FP 为期货价格（交割结算价格）；P_s 为卖出价；P_b 为买进价，N 为期货合约面值/100（长期国债是以 100 元为单位进行报价的）；ACC 为应计利息。

在上述计算中，没有考虑手续费与缴税因素。

（五）债券在回购协议交易中的价格计算

回购协议交易因有附息票和贴现之分，故价格计算公式也有所不同。

1. 附息票债券回购协议交易价格公式

$$\text{回购单价}=\frac{100}{F}\times\left[\left(\text{卖出价格}+\text{卖出时应计利息}\right)\times\left(1+\text{筹资成本}\right)\times\frac{\text{卖出天数}}{360}-\text{购回时应计利息}\right] \tag{7—13}$$

$$\text{卖出单价}=\frac{100}{F}\times\left[\frac{\text{购回价格}+\text{购回时应计利息}}{1+\text{筹资成本}\times\frac{\text{回购期限}}{360}}-\text{卖出时应计利息}\right] \tag{7—14}$$

$$\text{筹资成本}=\frac{360}{\text{回购期限}}\times\frac{\left(\text{购回价格}+\text{购回时应计利息}\right)-\left(\text{卖出价格}+\text{卖出时应计利息}\right)}{\text{卖出价格}+\text{卖出时应计利息}} \tag{7—15}$$

2. 贴现债券回购协议交易价格公式

$$\text{回购单价}=\frac{100}{F}\times\left[\text{卖出价格}\times\left(1+\text{筹资成本}\times\frac{\text{回购期限}}{360}\right)\right] \tag{7—16}$$

$$\text{卖出单价}=\frac{100}{F}\times\frac{\text{回购价格}}{1+\text{筹资成本}\times\frac{\text{回购期限}}{360}} \tag{7—17}$$

$$\text{筹资成本}=\frac{\text{回购价格}-\text{卖出价}}{\text{卖出价}}\times\frac{360}{\text{回购期限}} \tag{7—18}$$

三、股票价格指数

（一）股票价格指数

股票价格指数，简称股价指数，指的是金融服务机构编制的，通过对股票市场上一些有代表性的公司发行的股票价格进行平均计算和动态对比后得出的数值。股票价格指数是对股市动态的综合反映。

编制股票价格指数的作用在于，综合考察股票市场的动态变化过程，反映股票市场的价格水平，为社会公众提供股票投资和合法的股票增值活动的参考依据。购买股票是一种投资行为，收益和风险并存。为了帮助投资者实现投资目的，建立正常的、规范的投资环境，客观上需要一种能够综合反映股票市场发展变化和股市水平的指标作为决策依据。股票价格指数就是这样一种具有决策依据功能的指标。

（二）股票价格平均数

在编制股票价格指数之前，必须计算平均股价。平均股价也称股价平均数，指的是股票市场全部股票或采样股票的平均价格，主要用来反映股票市场的价格水平。

平均股价的计算方法通常有以下几种。

1. 简单算术平均法

简单算术平均法即把采样股票某一时点的价格加总，然后除以采样股票个数，其所得的平均值即为平均股价。其计算公式为：

$$\bar{P}=\frac{1}{n}\sum_{i=1}^{n}P_i \tag{7—19}$$

公式（7—19）中，$\bar{P}$ 为平均股价；P_i 为某一时点第 i 种采样股票的价格；n 为样本股个数。

用简单算术平均法计算出的平均股价，虽然有利于判断股票投资的获利情况，进而知道平均股价在利率体系中是偏高还是偏低，但是，它的缺陷也是很明显的，由于它没有考虑股票分割权数不同等因素的影响，所以，不能反映股价一般的、长期的和动态的变化，也容易受发行量或交易量较少的股票价格的涨落的影响，难以真实反映股市动态。这种方法通常只在证券交易所开办之初，尚未有除权因素时使用。

2. 加权平均法

加权平均法即考虑采样股票的发行量或交易量权数影响的一种计算方法。以发行量为权数的加权平均股价，等于采样股票的市价总额除以采样股票发行量；而以交易量为权数的加权平均股价，则等于采样股票的成交总额除以采样股票交易量。两者的计算公式为：

$$\bar{P}=\frac{\sum_{i=1}^{n}P_iQ_i}{\sum_{i=1}^{n}Q_i} \tag{7—20}$$

公式（7—20）中，Q_i 为第 i 种采样股票的交易量（成交量）或发行量；其他符号定义与公式（7—17）相同。

3. 修正平均法

修正平均法与简单算术平均法的一个重要区别就在于除数的变化，因此这一方法也称新除数法或弹性除数法。

修正平均法的基本原理是：（1）将变换或分割的股票每股市场价格加上其他没有变换或分割的股票每股市场价格，得到一个新的股票价格合计数；（2）用这个新的股票价格合计数除以变换或分割前的各种股票价格平均数，得到一个常数，这个常数就是新除数或弹性除数；（3）再用新的股票价格合计数除以这个新除数，即得到与变换或分割前相同的股价平均数。其计算公式为：

$$\bar{P}=\frac{\sum_{h=1}^{m}P_h+\sum_{k=1}^{n}P_k}{\beta} \tag{7—21}$$

其中：

$$\beta=\frac{\sum_{h=1}^{m}P_h+\sum_{k=1}^{n}P_k}{\bar{P}_s} \tag{7—22}$$

在公式（7—21）和公式（7—22）中，$\bar{P}$ 为修正法股价平均数；$\bar{P}_s$ 为变换或分割前的股价平均数；P_h 为未变换或未分割的股票市场价格；P_k 为已变换或已分割的股票市场价格；β 为新除数或弹性除数。

运用修正平均法计算平均股价，其目的在于消除股票分割、股票分红、增资发行新股票等因素的影响，弥补由此带来的平均股价数列的断裂现象，保持数列的连续性和股市变动指标的真实性。

应当指出，用修正平均法计算的股价平均数，已经与原来意义上的平均股价分离，其计量单位不再是货币单位，而是以“点”来表示。

道琼斯股价指数是最早运用修正平均法计算的股价指数。

（三）股票价格指数的编制方法

平均股价虽然计算方便、简单明了，能够反映股票市场的价格水平，但由于它不能反映股价涨落的变动程度，有关金融服务机构和证券交易所在逐期发布平均股价的基础上，还编制并及时公布股价指数，以弥补平均股价的不足。

股票价格指数是报告期的股价与某一基期相比较的相对变化指数。它的编制首先假定某一时点为基期，基期值为 100（或为 10；或为 1 000），然后将报告期股价与基期股价相比较而得出。其计算方法主要有以下几种。

1. 简单算术平均法

简单算术平均法即在计算出采样股票个别价格指数的基础上，加总求其算术平均数。其计算公式为：

$$P^I = \frac{1}{n}\sum_{i=1}^{n}\frac{P_{1i}}{P_{0i}} \tag{7—23}$$

式中，P^I 为股价指数；P_{0i}为基期第 i 种股票价格；P_{1i}为报告期第 i 种股票价格；n 为样本股个数。

2. 综合平均法

综合平均法即分别把基期和报告期的股价加总后，将报告期股价总额与基期股价总额相比较。其计算公式为：

$$P^I = \frac{\sum_{i=1}^{n} P_{1i}}{\sum_{i=1}^{n} P_{0i}} \tag{7—24}$$

公式（7—24）中符号的定义如前所述。

3. 几何平均法

几何平均法即分别把基期和报告期的股价相乘后开 n 次方，再将报告期与基期相比。其计算公式为：

$$P^I = \frac{\sqrt[n]{P_{11}\cdot P_{12}\cdots P_{1n}}}{\sqrt[n]{P_{01}\cdot P_{02}\cdots P_{0n}}} \tag{7—25}$$

公式（7—25）中符号的定义如前所述。

4. 加权综合法

无论是简单算术平均法，还是综合平均法或几何平均法，在计算股价指数时，都没有考虑到各采样股票权数对股票总额的影响，因而，难以全面真实地反映股市价格变动情况，需要用加权综合法来弥补其不足。

根据权数选择的不同，计算股价指数的加权综合法公式有以下几种：

（1）以基期交易量（Q_{0i}）为权数的公式。

$$P^I = \frac{\sum_{i=1}^{n} P_{1i}Q_{0i}}{\sum_{i=1}^{n} P_{0i}Q_{0i}} \tag{7—26}$$

（2）以报告期交易量（Q_{1i}）为权数的公式。

$$P^I = \frac{\sum_{i=1}^{n} P_{1i}Q_{1i}}{\sum_{i=1}^{n} P_{0i}Q_{1i}} \tag{7—27}$$

（3）以报告期发行量（W_{1i}）为权数的公式。

$$P^I = \frac{\sum_{i=1}^{n} P_{1i}W_{1i}}{\sum_{i=1}^{n} P_{0i}W_{1i}} \tag{7—28}$$

5. 加权几何平均法

在股价指数计算中，人们为了调和交易量在基期和报告期的不同影响，提出了加权几何平均法公式，即：

$$P^I = \sqrt{\frac{\sum_{i=1}^{n} P_{1i}Q_{0i}}{\sum_{i=1}^{n} P_{0i}Q_{0i}} \cdot \frac{\sum_{i=1}^{n} P_{1i}Q_{1i}}{\sum_{i=1}^{n} P_{0i}Q_{1i}}} \tag{7—29}$$

公式（7—29）是对公式（7—26）和公式（7—27）、公式（7—28）的进一步修正。其原理是英国经济学家费雪（Fisher）1922年在其《指数编制法》一书中提出的。人们通常把这一公式称为理想公式。

在公式（7—26）至公式（7—29）中，选择不同时期的权数是一个较为复杂的问题。在指数的具体编制过程中，人们一般都认为，以基期同度量因素为权数的拉斯贝尔（拉氏）公式（Laspegre's formula）未能反映同度量因素的变化，而考虑周全的费雪理想式（Fisher's ideal formula）则计算过于烦琐并存在增资除权时的修正困难，因此，世界各国多采用报告期时点权数的派氏公式（Pasche formula）进行计算，如公式（7—27）和公式（7—28）所示。

（四）股票除权过程与除权价的计算

上市公司将股票的红利和股息分配给股东时，在技术上有一个对股票价格进行除权的过程。

1. 股票价格的除权过程

当一家上市公司宣布上年度股利分配方案时，在股利尚未分派之前，该种股票被称为含权股票。要办理除权手续的上市公司先要报主管机关核定，在准许除权后，发行公司公布除权日期，让投资者有充分的时间办理过户手续。凡在过户截止日前办好过户手续的，享有领取股利的权利。除权日当天为除权基准日，在除权基准日后要有一段时间停止过户，公司整理股东名单，送配股等新股票经主管部门批准后按比例配售上市。除权基准日确定后，从理论上讲，除权当天会出现一个除权价或除权报价。

2. 除权价的计算

除权价的计算因有无偿送股与有偿配股之分而不同，也会因送配股和股息分配是否同时进行而不同。大体说来，除权价的计算公式有以下几种。

（1）在无偿送股条件下，除权价的计算公式为：

$$P^C=\frac{P^{C-1}}{1+R^S} \qquad (7—30)$$

（2）在有偿配股条件下，除权价的计算公式为：

$$P^C=\frac{P^{C-1}+P^P\cdot R^P}{1+R^P} \qquad (7—31)$$

（3）送股和配股同时进行时，除权价的计算公式为：

$$P^C=\frac{P^{C-1}+P^P\cdot R^P}{1+R^S+R^P} \qquad (7—32)$$

（4）送配股与股息分派同时进行时，除权价的计算公式为：

$$P^C=\frac{P^{C-1}+P^P\cdot R^P-e}{1+R^S+R^P} \qquad (7—33)$$

在公式（7—30）至公式（7—33）中，P^C 为除权价；P^{C-1} 为除权日前一天的收盘价；P^P 为配股价；R^P 为配股比率；R^S 为送股比率；e 为每股派发的股息。

除权日的开盘价不一定等于除权价，除权价仅是除权日开盘价的一个参考价格。当实际开盘价及走势高于这一理论价格时，就称为填权，在册的股东即可获利；反之，当实际开盘价及走势低于这一理论价格时，就称为贴权，在册参与送配的股东将受损失。填权与贴权是股票除权后的两种可能，它与整个市场的状况、上市公司的经营状况、送配的比例等多种因素有关。但一般来说，上市公司股票通过送配以后除权，其单位价格下降，流动性进一步加强，上升空间也相对增加。这也是一些上市公司偏好送配股、期待出现除权后填权效应的一个原因。不过，这并不等于上市公司可以任意送配股，它必须从企业自身经营状况和国家有关法律法规出发来规范自己的行为。

（五）我国主要股票价格指数

1. 上证综合指数

上证综合指数的全称是上海证券交易所股票价格综合指数。它是由上海证券交易所于1991年7月15日开始编制和公布的，以1990年12月19日为基期，基期值为100，以全部的上市股票为样本，以股票发行量为权数进行编制。其计算公式为：

$$\text{本日股价指数}=\frac{\text{本日股票市价总值}}{\text{基期股票市价总值}}\times 100$$

具体计算办法是以基期和计算日的股票收盘价（如当日无成交，延用上一日收盘价）分别乘以发行股数，相加后求得基期和计算日市价总值，再相除后即得股价指数。遇上市股票增资扩股或新增（删除）时，则需相应进行修正，其计算公式调整为：

$$\text{本日股价指数}=\frac{\text{本日股票市价总值}}{\text{新基准股票市价总值}}\times 100$$

$$\text{新基准股票市价总值}=\text{修正前基准股票市价总值}\times\left(\text{新基准股票市价总值}+\text{股票市价总值}\right)\div\text{修正前股票市价总值}$$

2. 上证 30 指数

上证 30 指数是由上海证券交易所编制，以在上海证券交易所上市的所有 A 股股票中最具市场代表性的 30 种样本股票为计算对象，并以流通股数为权数的加权综合股价指数，以 1996 年第一季度平均流通市值为基期指数，基期指数定为 1 000 点。

这 30 家样本股的选定是根据既定的样本股选择原则，同时按照定性分析与定量分析相结合、总量分析与结构分析相结合的方法，通过对各种资料翔实分析后进行综合考虑，由专家委员会采用讨论的方式选出。上海证券交易所于 1998 年 7 月 6 日对上证 30 指数重新进行了调整。

上证 30 指数自 2002 年 7 月 1 日起不再编制，在其基础上编制新的上证 180 指数。

3. 上证 180 指数

上证 180 指数全称为上证成份指数，是在原上证 30 指数基础上进行编制的，基点为 2002 年 6 月 28 日上证 30 指数的收盘指数 3 299.05 点，2002 年 7 月 1 日正式发布。该指数的推出，目的在于建立一个能够反映上海证券市场运行状况、能够作为投资评价尺度及金融衍生产品基础的基准指数。

上证 180 指数采用派氏加权综合价格指数公式计算，以样本股报告期的调整股本数为权数。计算公式如下：

$$\text{报告期指数}=\frac{\text{报告期成份股的调整市值}}{\text{基日成份股的调整市值}}\times 1\,000$$

其中，调整市值 $=\sum$(市价×调整股本数)，基日成份股的调整市值亦称除数，调整股本数采用分级靠档的方法对成份股股本进行调整，如下表所示：

流通比例(%)	≤10	(10,20]	(20,30]	(30,40]	(40,50]	(50,60]	(60,70]	(70,80]	>80
加权比例(%)	流通比例	20	30	40	50	60	70	80	100

当样本股名单发生变化或样本股的股本结构发生变化或股价出现非交易因素的变动时，采用“除数修正法”修正原固定除数，以维护指数的连续性。修正公式为：

$$\frac{\text{修正前的调整市值}}{\text{原除数}}=\frac{\text{修正后的调整市值}}{\text{新除数}}$$

其中，

$$\text{修正后的调整市值}=\text{修正前的调整市值}+\text{新增(减)调整市值}$$

由此公式得出新除数（即修正后的除数，又称新基期），并据此计算以后的指数。

4. 上证 50 指数

上证 50 指数是由上海证券交易所编制的，根据科学客观的方法，挑选上海证券市场规模大、流动性好的最具代表性的 50 只股票组成样本股，以便综合反映上海证券市场最具市场影响力的一批龙头企业的整体状况。上证 50 指数以 2003 年 12 月 31 日为基日，以该日 50 只成份股的调整市值为基期，基期指数定为 1 000 点，自 2004 年 1 月 2 日起正式发布。

上证 50 指数样本空间是由上证 180 指数全部样本股构成的，其成份股选择的基本方法为：根据流通市值、成交金额对股票进行综合排名，取排名前 50 位的股票组成样本，但市场表现异常并经专家委员会认定不宜作为样本的股票除外。

上证 50 指数的计算与修正方法均与上证 180 指数相同。同时，上证 50 指数在遇到成份股发生除息、除权、股本变动等六种情形时，需要修正原固定指数。以除权为例，每当有成份股送股或配股时，上证 50 指数都要在成份股除权基准日前修正除数。

$$\begin{matrix}\text{修正后的}\\\text{调整市值}\end{matrix}=\text{除权报价}\times\begin{matrix}\text{除权后}\\\text{的股本数}\end{matrix}+\begin{matrix}\text{修正前的调整市值}\\\text{（不含除权股票）}\end{matrix}$$

5. 上证红利指数

上证红利指数是由上海证券交易所编制的，挑选在上证所上市的现金股息率高、分红比较稳定、具有一定规模及流动性的 50 只股票作为样本，以反映上海证券市场高红利股票的整体状况和走势，为关注股票现金红利的投资者提供参考。上证红利指数以 2004 年 12 月 31 日为基日，以该日所有样本股的调整市值为基期，基期指数定为 1 000 点，自 2005 年 1 月 4 日起正式发布。

上证红利指数样本空间由过去两年内连续现金分红而且每年的现金股息率（税后）均大于 0，符合一定规模和流动性条件的上海 A 股股票构成。对样本空间的股票，按照过去两年的平均现金股息率（税后）进行排名，挑选排名最靠前的 50 只股票组成样本股。

上证红利指数的计算、修正方法和应修正的情形与上证 50 指数相同。

6. 新上证综指

新上证综指是由上海证券交易所编制的，选取全部已完成股权分置改革的沪市上市公司股票为样本，以便在股权分置改革成功实施之后，为投资者提供新的投资参照系。新上证综指以 2005 年 12 月 30 日为基日，以该日所有样本股票的总市值为基期，基点 1 000 点，自 2006 年第一个交易日正式发布。

新上证综指采用派氏加权方法，以样本股的发行股本数为权数进行加权计算，计算公式为：

$$\text{报告期指数}=\frac{\text{报告期成份股总市值}}{\text{基期成份股总市值}}\times\text{基期指数}$$

其中，

$$总市值 = \sum(市价 \times 发行股数)$$

当遇到新样本股入选、新上市、除息、除权等九种情形时，采用“除数修正法”对原固定指数进行修正，以保证指数的连续性。修正公式为：

$$\frac{修正前的市值}{原除数}=\frac{修正后的市值}{新除数}$$

其中，

$$修正后的市值=修正前的市值+新增(减)市值$$

由此公式得出新除数（即修正后的除数，又称新基期），并据此计算以后的指数。

7. 深圳综合指数

该指数的全称为深圳证券交易所股票价格综合指数，是由深圳证券交易所于 1991 年 4 月 4 日开始编制发布的。它以 1991 年 4 月 3 日为基日，基期值为 100，采用基期的总股本为权数计算编制。该指数以所有在深交所上市股票为采样股，当有新股上市时，在其上市后第二天纳入采样股计算；若采样股的股本结构有所变动，则改用变动之日为新基日，并以新基数计算；同时，用连锁的方法将计算得到的指数溯源至原有基日，以维持指数的连续性。其计算公式为：

$$今日即时指数=\frac{今日现时总市值}{上一营业日收市总市值}\times上一营业日收市指数$$

式中，今日现时总市值 $=\sum$ 采样股的市值 $\times$ 其已发行股数；上一营业日收市总市值是指根据上一营业日采样股的股本变动而作调整的总市值。

8. 深圳成份股指数

由于在实际运作和反映股市实际运行状态方面，深圳综合指数存在着较为明显的缺陷，深圳证券交易所从 1995 年 1 月 3 日开始编制深圳成份股指数，并于同年 2 月 20 日实时对外发布。成份股指数及其分类指数以 1994 年 7 月 20 日为基日，基日指数定为 1 000点。

成份股指数是通过对所有在深交所上市公司进行考察，按一定标准选出一定数量的有代表性的公司编制成份股指数，采用成份股的可流通股数作为权数，实施综合法进行编制的指数。成份股指数为派氏加权价格指数，即以计算日成份股实际可流通 A 股数和可流通 B 股数作为权数进行加权计算。其计算公式为：

$$即日指数=\frac{即日成份股可流通总市值}{基日成份股可流通总市值}\times 1\,000$$

成份股指数每日连锁计算公式为：

$$今日即时指数=上日收市指数\times今日现时成份股可流通总市值\div经调整上日收市成份股可流通总市值$$

$$成份股可流通总市值=成份股可流通A股总市值+成份股可流通B股总市值$$

$$成份股可流通A股总市值=\sum(成份股A股股价\times成份股可流通A股数)$$

$$\text{成份股可流通B股总市值}=\sum\left(\text{成份股B股股价}\times\text{成份股可流通B股股数}\right)\times\text{上周外汇调剂平均汇率}$$

成份股指数按照股票种类分为A股指数和B股指数。A股指数按其所属行业划分，包括工业分类指数、商业分类指数、金融分类指数、地产分类指数、公用事业分类指数、综合企业分类指数。每个分类指数至少用3家成份股编制。

9. 沪深300指数

沪深300指数是由上海证券交易所与深圳证券交易所共同发起设立的中证指数有限公司编制的，以2004年12月31日为基日，以该日300只成份股的调整市值为基期，基期指数定为1 000点，自2005年1月4日起正式发布。该指数借鉴了国际市场成熟的编制理念，选取沪深两市规模大、流动性强、极具代表性的300只股票作为样本股，综合编制而成。发布以来，该指数与上证综指的相关性在97%以上，具有较好的市场代表性。即将出台的中金所首个股指期货合约就以沪深300指数为交易标的，这充分体现了沪深300指数在未来我国股票指数体系中的旗舰作用。

沪深300指数选取在沪深两市上市的规模大、流动性好的300只股票作为样本股，采用派氏加权方法，以样本股的调整股本数为权数进行加权计算。计算公式为：

$$\text{报告期指数}=\frac{\text{报告期成份股的调整市值}}{\text{基期成份股的调整市值}}\times 1\,000$$

其中，

$$\text{调整市值}=\sum(\text{市价}\times\text{调整股本数})$$

调整股本数为采用分级靠档的方法对成份股股本进行调整后的股本。分级靠档方法如下表所示：

流通比例(%)	≤10	(10,20]	(20,30]	(30,40]	(40,50]	(50,60]	(60,70]	(70,80]	>80
加权比例(%)	流通比例	20	30	40	50	60	70	80	100

$$\text{报告期指数}=\frac{\text{报告期成份股的调整市值}}{\text{基期}}\times 1\,000$$

其中，

$$\text{调整市值}=\sum(\text{市价}\times\text{调整股本数})$$

为保证指数的连续性，当成份股名单发生变化或成份股的股本结构发生变化或成份股的市值出现非交易因素的变动时（具体包括除息、除权、停牌、摘牌、股本变动和摘牌共六种情况），沪深300指数采用“除数修正法”修正原除数，修正公式为：

$$\frac{\text{修正前的调整市值}}{\text{原除数}}=\frac{\text{修正后的调整市值}}{\text{新除数}}$$

其中，

$$\text{修正后的调整市值}=\text{修正前的调整市值}+\text{新增(减)调整市值}$$

由此公式得出新除数（即修正后的除数，又称新基期），并据此计算以后的指数。

此外，在股权分置改革之后，对成份股股价进行加权的调整股本数不再以流通比例（即流通股占上市公司总股本的比例）作为计算依据，而是以自由流通比例作为其计算依据。自由流通比例是指公司总股本中剔除以下基本不流通的股份后的股本比例：（1）公司创建者、家族和高级管理者长期持有的股份；（2）国有股；（3）战略投资者持股；（4）冻结股份；（5）受限的员工持股；（6）交叉持股等。

10. 中证 100 指数

中证 100 指数是由中证指数有限公司编制的，该指数从沪深 300 指数样本股中挑选规模最大的 100 只股票组成样本股，以综合反映沪深证券市场中最具市场影响力的一批大市值公司的整体状况。中证 100 指数以 2005 年 12 月 30 日为基日，以该日 100 只成份股的调整市值为基期，基期指数定为 1 000 点，自 2005 年 1 月 4 日起正式发布。

中证 100 指数的计算、修正方法与应修正的情形与沪深 300 指数相同。

（六）境外主要股票价格指数

1. 道琼斯股票价格平均指数

这是国际上历史最悠久、最有影响而又最为公众所熟悉的股价指数。早在 1844 年 7 月 3 日，道琼斯公司的创始人根据美国的 11 种有代表性的股票编制股票价格平均指数，并把它发表于该公司所编的《每日通讯》上。以后该公司在编制股票价格平均指数时，对其采样股票种类和数目及编制方法都作过多次改变。《每日通讯》也于 1889 年改为《华尔街日报》。目前，道琼斯股价指数是以 1928 年 10 月 1 日为基日，基期指数为 100，以后各期股票价格同基期相比算出的百分数，就成为各期的股价指数，以“点”来表示。

目前，道琼斯指数由 4 种股价平均指数组成：30 种工业股票价格平均指数；20 种运输业股票价格平均指数；15 种公用事业股票价格平均指数和综合前三组 65 种股票价格平均指数而得出的综合指数。其中，第一组 30 种工业股票价格平均指数，是纽约股票市场最有影响、最有代表性的股价指数，报刊上经常引用的道琼斯指数，一般指的就是该组指数。

2. 标准普尔股票价格指数

该股票价格指数是由美国最大的证券研究机构标准普尔公司编制发表的，用以反映美国股票市场行情变化的股价指数。标准普尔指数 1923 年开始编制，最初的采样股票共 233 种，1957 年采样股票扩大到 500 种，其中，工业股票 425 种、铁路股票 15 种、公用事业股票 60 种。1976 年 7 月 1 日又作了改动，采样股票仍为 500 种，但其构成变为：工业股票 400 种、运输业股票 20 种、公用事业股票 40 种、金融业股票 40 种。

标准普尔指数的计算方法是加权平均法，以 1941—1943 年间的平均市价总额为基期值，以“10”作为基期的指数值，以上市股票数为权数进行计算。标准普尔指数在美国备受重视，美国商业部出版的《商情摘要》一直把它作为经济周期变化的 12 个先行指标之一。

3. 纽约证券交易所股票价格指数

纽约证券交易所股票价格指数是由纽约证券交易所编制的，是美国颇有影响力的股价指数之一。该指数包括在纽约证券交易所上市的 1 570 家公司的所有股票（1 570 种）。它除了有综合股价指数之外，还包括由 1 093 种股票组成的工业股票价格指数，223 种金融、投资、保险、不动产业等股票组成的金融业股票价格指数，189 种股票组成的公用事业股票价格指数，65 种股票组成的运输业股票价格指数。

该指数的计算方法和调整方法与标准普尔指数相同，所不同的只是基准的确定时间和基期值。该指数的基期为 1965 年 12 月 31 日，基期指数值为 50，1966 年开始计算公布，每半小时公布一次。

4.《金融时报》股票价格指数

《金融时报》股票价格指数即由英国伦敦《金融时报》编制发表的、反映伦敦证券交易所工业和其他行业的股票价格变动的指数。该指数的采样股票分为三组：第一组是在伦敦证券交易所上市的英国工业有代表性的 30 家大公司的 30 种股票；第二组和第三组分别由 100 种股票和 500 种股票组成，其范围包括各行各业。

目前常用的是金融时报工业普通股票指数，其成份股由 30 种代表性的工业公司的股票构成，最初以 1935 年 7 月 1 日为基日，后来调整为以 1962 年 4 月 10 日为基日，基期指数为 100，采用几何平均法计算。而作为股票指数期货合约标的的金融时报指数则是以市场上交易较频繁的 100 种股票为样本编制的指数，其基日为 1984 年 1 月 3 日，基期指数为 1 000。

5. 法兰克福 DAX 指数

法兰克福 DAX 指数是由德意志交易所集团推出的一个蓝筹股指数。该指数选取 30 家市值最大、交易额最多的德国公司股票作为成份股，以反映德国证券市场上大盘蓝筹股的整体表现水平。法兰克福 DAX 指数以 1987 年年终水平为基准，基准点为 1 000 点，1988 年 7 月 1 日起开始正式交易。该指数以“整体回报法”进行计算，即在考虑公司股价的同时，考虑预期的股息回报。

DAX 指数是全欧洲与英国《金融时报》指数齐名的重要证券指数，也是世界证券市场中的重要指数之一。

6. 日经股票价格指数

日经股票价格指数是一种股票价格平均数，是由日本经济新闻社编制并公布的、反映日本股票市场价格变动的股票价格平均数。其计算方法采用的是美国道琼斯指数所用的修正法，基日为 1950 年 9 月 7 日。

按计算对象和采样数目不同，该指数分为两种：一是日经 225 种平均股价。其所选样本均为在东京证券交易所第一市场上市的股票，这些采样股票原则上是固定不变的。由于日经 225 种平均股价是自 1950 年开始并一直延续下来的，具有可比性和连续性，成为考察分析日本股票市场股价的长期演变及其趋势最常用、最可靠的指标。二是日经 500 种平均股价，从 1982 年 1 月 4 日开始编制。该指数样本不是固定的，每年 4 月，以前三个结算年度各股份有限公司的经营状况、股票成交量、时价总额等情况为基本条件更换采样股票。日经 500 种平均股价所选样本多，具有广泛的代表性，因而能比较全面、真实地反映日本股市行情的变化，还能反映日本产业结构的变动。

7. 恒生股票价格指数

恒生股票价格指数是由香港恒生银行编制、反映香港股票市场股票价格变动的指数，也是香港股票市场历史最为悠久、影响最大的一种股价指数。它从 1969 年 11 月 24 日开始发布，其基日为 1964 年 7 月 31 日，基期值为 100，计算方法为修正加权综合法。

恒生指数的采样股票是从香港上市公司中挑选出来的 33 家有代表性的大公司的股票。

这 33 种采样股票分成四大类：金融业股票 4 种；公用事业股票 6 种；房地产业股票 9 种；其他工商业包括航运业、酒店业等股票 14 种。计算过程是：将 33 种股票按每天的收盘价乘以各自的发行股数为报告期的资本市值，再与基期的资本市值相比较，乘以 100 就得出当天股价指数。

恒生指数所包含的 33 种股票占香港上市股票总值的 68.8%。恒生指数由于采样面广、基期选择恰当，能够真实地反映香港股市的变动。

8. NASDAQ 指数

美国证券交易商协会自动报价系统股价指数（NASDAQ index）从 1971 年 5 月开始公布，并规定 1971 年 2 月 5 日的收盘价为 100。该指数包括在美国证券交易商协会自动报价系统上市的全部国内普通股。这些普通股被分为七类：综合（所有股票）、工业、银行、保险、其他金融机构、交通运输和公用事业。该指数每天都得对折股、认股权、新上市和暂停上市等行为进行调整，以免影响指数值。

四、股票价格指数的功能与波动

（一）股票价格指数的功能

股票价格指数有以下几种功能：

（1）股票价格指数能综合反映一国经济状况。股票价格指数的变动反映了股票市场所在国的政治、经济、社会和其他状况的变化，所以人们经常称股价指数是“晴雨表”。

（2）股票价格指数能反映股票市场价格总水平。在股市上每时每刻有成千上万种股票在不断地进行交易，而每种股票的价格又是涨落不同的，即使一种股票一天中也涨落不定。因此，股票价格指数作为一个综合性指标，可以用来衡量整个股票市场上总的价格水平、变化方向及幅度，以便了解整个市场情况。

（3）股票价格指数是分析市场动态的重要参数。投资者可以根据股价指数的升降，了解当前的市场行情，预测未来股票市场的变化趋势，选择自己的买卖行为。

（二）股票价格指数波动及其影响因素

股票价格指数的变动原因有多种，凡影响股票价格变动的因素都会影响股价指数的波动，但更侧重于市场的整体性。影响因素主要包括：

（1）市场内部因素。市场内部因素主要是指市场的供给和需求。投资者的动向，特别是大投资者的买卖行为和意向对股价指数影响很大；公司间的合并或互相持股，将使股票大量退出市场，由此造成股价指数变动；信用交易和信贷交易的规模增大时，会对股价指数造成较大的冲击；投机者的套利行为，经常会造成股票的交易量骤增，这将引起股价指数的大幅度涨落。

（2）宏观经济因素。宏观经济因素主要是经济增长、经济景气循环、利率、财政收支、货币供应量、物价、国际收支等因素。当经济增长较快、经济景气较好时，人们会踊跃购买股票，股价指数将上升；当经济处于萧条和危机时，股票会被大量抛售，股价指数将下降。增加财政支出、减少税收或扩大货币供应量时，会刺激经济繁荣，容易引起股价指数上升；若财政赤字过大，出现较严重通货膨胀时，股价指数易下降。当国际收支发生顺差时，会刺激经济增长，股价指数易上升；当出现巨额逆差时，政府为减少赤字往往采取紧缩银根政策，提高利率，股价指数易下跌。

（3）其他因素。国际政治形势、国内政局变化、经济政策等因素对股价指数影响也很大，和平的政治局面、稳定的经济政策是保证股价指数正常波动的基础。

股价指数的波动会由于其编制方法的不同而有所不同，如综合指数会随整个市场容量的扩张而上升，成份指数会由于成份股票容量与价格的变动而波动。

第三节　证券投资的收益和风险

一、证券投资收益

（一）股票投资收益

1. 股息与股利

股息与股利指股票持有人定期从股份公司中取得的一定利润。利润分配的标准以股票的票面资本为依据。股票按股东权利分为普通股和优先股。优先股按固定的股息率优先取得股息，它是固定的，不以公司利润的多少或有无而变动。普通股通常不获股息，而是取得股利，股利一般是在优先股受偿之后，再根据剩下的利润数额确定和支付的，因而是不固定的。股息（股利）作为股东的投资收益，可以有多种形式，即现金股息（股利）、股票股息（股利）、财产股息（股利）。

2. 资本损益

投资者可以在股票交易市场上出售持有的股票收回投资、赚取盈利，也可以利用股票价格的波动低买高卖赚取差价收入。股票买入价与卖出价之间的差额就是资本损益。当股票卖出价大于买入价时为资本收益，当卖出价小于买入价时为资本损失。

3. 资本增值收益

股票投资资本增值收益的形式是送股，但送股的资金不是来自当年可分配盈利，而是公司提取的公积金。公司以公积金转增股本时，相应地发行新股并按老股东的持股数平等地摊配，这种做法与股票派息的做法相似。

（二）股票投资收益的计算方法

1. 本期收益率

本期收益率是指股份公司以现金派发的股利与本期股票价格的比率。

$$r_t=\frac{D_0}{P_t} \tag{7—34}$$

式中，D_0为年现金股利，指上一年每一股股票获得的股利；P_t为本期股票价格，指证券市场上该股票的当日收盘价。

本期收益率表明以现行价格购买股票的预期收益。

2. 持有期收益率

持有期收益率是指投资者买入股票持有一定时期后又卖出该股票，在投资者持有该股票期间的收益率。

一年以内持有期收益率公式为：

$$HPR=\frac{P_s-P_b+D_0}{P_s} \tag{7—35}$$

一年以上持有期收益率应当考虑持有年限，计算公式为：

$$HPR=\frac{\frac{P_s-P_b}{T}+\overline{D}}{P_s} \tag{7—36}$$

式中，P_b为股票买入价格；P_s为股票卖出价格；D_0为持有期内所获股利；T为持有年限；$\overline{D}$为年现金股利。

从公式（7—35）中可以看出，股票收益率分为资本损益率($(P_s-P_b)/P_s$)和股利（本期）收益率(D_0/P_s)。

3. 拆股后持有期收益率

拆股后持有期收益率是指投资者在买入股票后，遇到股份公司进行股票分割（即拆股）的情况后，经过调整计算出来的持有期收益率。

$$拆股后持有期收益率=\frac{(调整后的资本损益+调整后的现金股息)}{调整后的购买价格}\times 100\%$$

（三）债券投资收益

（1）债息。指债券持有人凭债券向债券发行人领取的定期利息收入，亦即债券发行人为筹措资金发行债券而向投资者支付的报酬。它是债券收益的表现形式。债券利息的多少取决于债券利率的高低，而在一般情况下，债券利率在发行债券时已明确规定。

（2）资本损益。债券投资的资本损益是指债券买入价与卖出价或买入价与到期偿还额之间的差额，当卖出价或偿还额大于买入价时，为资本收益；当卖出价或偿还额小于买入价时，为资本损失。

（四）债券投资收益的计算方法

1. 直接收益率

直接收益率又称本期收益率、当前收益率，指某债券年付息额与买入债券实际价格的比率。

$$r_C=\frac{C}{P_0} \tag{7—37}$$

式中，C为债券年付息额；P_0为债券买入价格，也称债券全价（包括成交净价和应计利息），可以是发行价格，也可以是二级市场交易价格。

债券直接收益率表明债券给投资者带来的利息收益率，而忽略资本损益对债券持有人的收益影响。

2. 到期收益率

到期收益率是债券持有人以现价购买债券，持有到期后所能获得的收益水平。它是使债券持有人未来各期收入现金流的现值之和与债券购买价格相等的折现率，即：

$$YTM\in\left\{P_0=\sum_{t=1}^{N}\frac{C_t}{(1+YTM)^t}+\frac{F}{(1+YTM)^N}\right\} \tag{7—38}$$

从某种意义上说，债券到期收益率就是其内部收益率，因此到期收益率有一个重要的假设，就是债券持有人能够将各期收到的债券利息以到期收益率的水平进行再投资。

由于债券到期收益率计算繁杂（需要使用现行内插法进行试错运算），因此，在近似计算过程中，可以用准到期收益率来替代到期收益率。准到期收益率的计算公式为：

$$YTM_A=\frac{C+\frac{F-P_0}{N}}{\frac{F+P_0}{2}} \tag{7—39}$$

式中，YTM 为到期收益率；P_0 为债券购买价格；C_t 为债券每期付息额；C 为债券年付息额；N 为债券代偿期限；F 为债券票面价值。

3. 持有期收益率

持有期收益率是指投资者买入债券持有一定时期后又卖出该债券，在此期间内的收益率。由于债券投资一般具有长期性，因此需要考虑时间因素。

对于息票债券，其持有期收益率公式为：

$$HPR=\frac{C+\frac{(P_s-P_b)}{T}}{P_s} \tag{7—40}$$

对于零息债券或一次还本付息债券，由于没有发生利息现金流，因此计算公式为：

$$HPR=\frac{\frac{(P_s-P_b)}{T}}{P_s} \tag{7—41}$$

式中，HPR 为持有期收益率；C 为债券年收益率；P_b 为债券买入价格；P_s 为债券卖出价格；T 为债券持有年限。

二、证券投资风险

（一）系统风险

系统风险是与市场的整体运动相关联的，通常表现为某个领域、某个金融市场或某个行业部门的整体变化。它断裂层大，涉及面广，往往使整个一类或一组证券产生价格波动。这类风险因来源于宏观因素变化对市场整体的影响，因而亦称为“宏观风险”。

1. 政策风险

各国的金融市场与其国家的政治局面、经济运行、财政状况、外贸交往、投资气候等息息相关，国家的任一政策的出台，都可能造成证券市场上证券价格的波动，这无疑会给投资者带来风险。

2. 市场风险

市场风险是金融投资中最普遍、最常见的风险，无论是投资于股票、债券、期货、期权等有价证券，还是投资于房地产、贵金属、国际贸易等有形资产，几乎所有投资者都必须承受这种风险。这种风险来自市场买卖双方供求不平衡。

3. 购买力风险

购买力风险也就是通货膨胀风险，是指由于通货膨胀而使证券投资收益的实际价值即购买力下降的风险。通货膨胀的存在使投资者在货币收入增加的情况下并不一定能使他的财富增值。这要取决于他的名义收益率是否高于通货膨胀率。证券的名义收益是指投资的货币收益，名义收益是投资者不考虑通货膨胀影响的货币收益，从名义收益中剔除通货膨胀因素后的收益即为实际收益，对投资者更有意义的是实际投资收益。

4. 利率风险

利率风险也可称为货币风险或信用风险，是指由于货币市场利率的变动引起证券市场价格的升降，从而影响证券投资收益率的变动而带来的风险。

股票的收益率同货币市场利息率密切相关。市场利息率高低对于股票收益产生的影响有：(1) 影响人们的资金投向，如果利息率低，则人们愿意把资金投向股票；(2) 影响企业的盈利，绝大多数企业均向银行借贷大量的资金，如果利息率高，则企业的盈利就减少，盈利的减少使得每股股票的收益下降，从而使股票价格下降。因此，利率与股票价格成反比例关系，利息率高，股票价格就下跌；利息率低，股票价格就上涨。

债券的价格与货币市场利率亦紧密相连。利率的变动对于不同计息方式的债券价格影响也不同。就固定利率债券而言，其价格与市场利率成相反的关系，即市场利率低，债券的价格上升；相反，利率调高，债券价格就下跌。通过价格的上升或下跌，调节债券的投资收益率，使其与货币市场利率保持合理的幅度。

利率变动引起已发行的债券的价格发生变动，从而造成风险。当市场利率上升时，新发行的债券以较高利率支付债息，可使已发行的债券的价格下跌，从而引起原来的债券持有者损失投资收益甚至本金的风险。近年来由于利率水平起伏较大，不少企业采取浮动利率办法将债券利率与某一市场利率挂钩，随市场利率的变动而变动（除保值贴补外）。但与固定收益债券相比，又产生了对市场利率预测的风险。

（二）非系统风险

非系统风险，基本上只同某个具体的股票、债券相关联，而与其他有价证券无关，也就同整个市场无关。这种风险来自企业内部的微观因素，因而亦称为"微观风险"。

1. 信用风险

信用风险又称违约风险，指证券发行人在证券到期时无法还本付息而使投资者遭受损失的风险。信用风险实际上揭示了发行人在财务状况不佳时出现违约和破产的可能，它主要受证券发行人的经营能力、盈利水平、事业稳定程度及规模大小等因素的影响。

2. 经营风险

经营风险指企业的决策人员与管理人员在经营管理过程中出现的失误导致企业亏损、破产而使投资者遭受损失的可能性。经营风险来自内部因素和外部因素两个方面。

内部因素包括：(1) 项目投资决策失误。现代企业的项目投资一般数额较大，如果未对项目可行性作充分的研究分析，一旦失误，后果严重。(2) 产品周期风险。产品存在更新换代的生命周期，如果公司未能积极开发研究新产品，当被市场上出现的更实用、科学的新产品替代时，就会导致其产品过时，遭受损失。(3) 技术更新风险。科学技术是企业得以发展的动力，只有科学技术的进步，才能提高产品质量，降低生产成本，使产品具有竞争力。(4) 市场风险。由于对产品销售市场的预测不准，或使产品积压，或使产品脱销。前者将使产品积压造成资金的浪费；后者将使盈利相对减少。

经营风险的外部因素有三个方面：(1) 产品关联企业的不景气造成的风险。如生产零部件产品的企业和成品企业之间，由于成品企业经营的不景气而造成生产零部件企业的产品积压；反之，零部件企业不景气而无货供应给成品企业造成的风险。（2）竞争对手的变化而形成的风险。由于竞争对手的条件发生变化而导致自己企业在竞争中处于劣势，使产品缺乏竞争力而缩小市场，造成盈利下降。（3）政府政策调整所造成的风险。例如限制某些产业的发展，使生产经营面临困难；调整税收政策，使企业失去往日政府扶持的优势而使盈利减少。

3. 财务风险

财务风险指企业财务结构不合理所形成的风险。形成财务风险的因素主要包括以下几方面：（1）资本负债比例。负债经营是现代企业所必需的，这样可以用借贷资金来实现盈利，它可弥补自有资本的不足；但是如果借贷资金与自有资本超过一定比例，则财务风险增大，一旦借贷资金来源受到影响，则使整个财务发生危机。（2）资产与负债的期限。如果一个企业用短期负债投资于长期项目，采用以短接长的方法，此时风险甚大。一旦遇到银根收紧状况，则会使项目处于停顿甚至失败状态。（3）债务结构。债务结构应做到债务与所需资金相一致，如果债务大于所需资金，则造成成本支出增加，因此，要注意长短债务应与资金所需用期限相一致。此外还应注意债务的币种结构，并且根据实际支付币种与汇率变动随时调整币种，以减少汇率风险。

（三）收益与风险的关系

投资和风险是证券投资的核心问题，投资者的投资目的是为了获得收益，但与此同时又不可避免地面临着风险，一般地说，风险较大的证券，收益率相对较高；反之，收益率较低的投资品，风险相对也较小。证券投资的收益与风险同在，收益是风险的补偿，风险是收益的代价。

本章小结

本章第一节主要介绍了证券发行市场与流通市场的基础知识。具体包括：证券发行市场的定义、组成要素及其对经济发展的作用；证券流通市场的两大组织形式——证券交易所与场外市场的定义、类别及重要特征。

第二节重点给出了股票价格指数编制的原则与计算方法，并对国内外若干重要股票价格指数作了概括性介绍。

第三节介绍了证券投资收益的构成与计算方法，以及证券投资的系统性与非系统性风险。

本章关键问题

- 证券发行市场的定义和组成要素；
- 证券发行市场基本功能及其对经济发展的作用；
- 证券交易所的定义、特征与功能；
- 公司制证券交易所的特征、组织结构与优劣评价；
- 会员制证券交易所的特征、组织结构与优劣评价；
- 场外交易市场的定义、特征与分类；

- 场外交易市场参与者与交易对象；
- 股票理论价格与其价格形成机制；
- 债券理论价格、债券期货交易价格与回购交易价格的理论计算；
- 股票价格平均数的计算方法；
- 股票价格指数的编制方法与股票除权价格的计算方式；
- 国内外重要股票价格指数；
- 证券投资收益基本构成；
- 证券投资收益的计算方法；
- 系统与非系统投资风险。

本章思考题

一、名词解释

证券发行市场	证券交易市场	证券市场中介人	证券交易所
会员制证券交易所	场外交易市场	股票理论价格	债券理论价格
股票价格指数	平均股价	派氏公式	除权价格
上证 180 指数	沪深 300 指数	道琼斯股价指数	股票投资收益
到期收益率	系统性风险	非系统性风险	

二、简答题

1. 证券发行市场与证券流通市场有何关系？
2. 证券市场中介人包括哪些主体？
3. 证券交易所有什么特征？
4. 公司制证券交易所与会员制证券交易所存在哪些区别？
5. 试分析场外交易市场存在的必要性。
6. 试评价股息资本化及其衍生出来的三种定价方法的假设条件的合理性。
7. 债券理论价格的三个决定变量是什么？
8. 简述股价指数加权综合法中的派氏计算方法。
9. 影响股票价格指数波动的主要因素有哪些？
10. 股票投资收益有哪几种计算方法？
11. 证券投资风险分为哪几类？有何不同？

三、计算题

1. 李某于 2013 年 4 月 15 日以发行价 700 元购买某公司股票 2 000 股，2014 年 3 月 15 日该股票派发股利每股 0.20 元，同时股价变为 1 000 元，李某遂将该公司股票全部出售给王某，请问李某在这次股票投资过程中获得的持有期收益率为多少？王某预期能够获得的本期收益率又为多少？

2. 王某于 2008 年 1 月 1 日以 120 元的价格购买了面值 100 元、利率为 10%、每年 1 月 1 日支付一次利息的 2007 年发行的 10 年期国债，则该债券的准到期收益率为多少？如果王某将该债券持有到 2013 年 1 月 2 日以 140 元的价格卖出，则他在该投资期间的持有期收益率为多少？

3. 上海证券交易所某日的综合股价指数为 1 000 点，其基日的市价总值为6 500 万元，第二天收盘时的市价总值为 8 亿元，其中包括第一天新上市股票的市值 1 亿元。第二天的上证综合股价指数应为多少？

4. A 公司在今年年初支付了 1.5 元现金股利，并且 A 公司股利年增长率为固定的 10%，证券市场投资者对于 A 公司所处行业和产业阶段要求的必要收益率为 15%，如果 A 公司股票在二级市场上的交易价格为 28 元，则该个股是否值得买进？

5. B 公司于 2012 年 3 月 15 日实施分红并配股方案：10 送 5 配 5 派 1.00 元现金，已知该个股除权前最后交易日收盘价为 10.00 元，配股价格定为 7.50 元，则该个股在 3 月 15 日除权后得出的开盘参考价应为多少？

6. 某一债券面值为 1 000 元，票面利率为 4%，每年 6 月 30 日和 12 月 30 日付息一次，2013 年 12 月 30 日到期。现在日历时间为 2012 年 12 月 30 日，同信用等级债券市场利率水平为 5%，该债券的市场报价（净价）为 99.18，请问该债券是否被低估？

第八章

证券市场法规体系与监管构架

第一节　证券市场法规体系

一、国家法律

(一)《中华人民共和国证券法》

2005年10月27日，修订后的《证券法》在十届全国人大常委会第十八次会议上被表决通过，从2006年1月1日起施行。新的《证券法》共12章240条，在原《证券法》214条的基础上，新增53条，删除27条，还有一些条款作了文字修改，增加的部分还包括从《公司法》中并入的8条，修订面涉及现行证券法40%的条款。

新修订的《证券法》包括总则、证券发行、证券交易、上市公司收购、证券交易所、证券公司、证券登记结算机构、证券交易服务机构、证券业协会、证券监督管理机构、法律责任、附则等。在法律的总则部分，规定证券立法的宗旨是"规范证券发行和交易行为，保护投资者的合法权益，维护社会经济秩序和社会公共利益，促进社会主义市场经济的发展"。

1. 调整对象与范围

《证券法》的调整对象与范围是"在中国境内，股票、公司债券和国务院依法认定的其他证券的发行和交易"，该法未规定的"适用公司法和其他法律、行政法规的规定"。据此，从调整证券种类来看，《证券法》主要调整股票、公司债券和国务院依法认定的其他证券，政府债券本法不予调整；从调整行为来看，既调整证券发行也调整证券交易；从《证券法》与其他法律的关系来看，在调整证券的发行与交易方面，优先适用《证券法》，只有在《证券法》未规定时，才适用公司法和其他法律及行政法规的规定。

2. 主要内容

总则，主要包括：立法的宗旨、法律适用的范围及调整对象、证券发行与交易的原则、证券发行与交易活动当事人应遵守的原则、禁止行为、分业经营及机构的分别设立、证券监督管理机构、自律管理及审计监督等。

证券发行，主要包括：公开发行证券的条件、需要向有关机构递交的文件以及关于证券承销和包销的相关规定等。

证券交易，主要包括：证券交易的一般规定、证券上市、持续信息公开、禁止的交易行为等。

上市公司收购，主要包括：收购的方式、要约收购的程序、协议收购的程序、收购活动的监管、收购公告等。

证券交易所，主要包括：证券交易所的概念、设立和解散、章程与名称、证券交易费用的使用与分配、组织机构与体制、交易规则与职责等。

证券公司，主要包括：证券公司的设立条件、证券公司所能经营的业务、设立申请和批准、证券公司架构和管理人员任职以及能够提供的各种服务等。

证券登记结算机构，主要包括：证券登记结算机构的概念、设立的条件、提供的服务及其自身的管理等。

证券交易服务机构，主要包括：证券交易服务机构的设立与业务规则、从业人员资格标准、禁止行为、费用收取、民事责任等。

证券业协会，主要包括：证券业协会性质、权力机构、章程、职责等。

证券监督管理机构，主要包括：证券监督管理机构的职责、有权采取的措施、工作人员的职责、工作制度等。

法律责任，主要是对各种违法行为进行界定并规定相应的处罚措施。

附则，主要包括：发行证券应缴纳相应的审核费、境外上市的相关规定、外币认购境内股票的规定，以及新法施行的日期。

3. 修订前后《证券法》的对比分析

对比修订前后的《证券法》，我们发现共有 19 方面做了比较大的变动，除此之外还有一些小的变化。下面将对变化的条款以及理由做详细分析。

（1）为混业经营预留政策空间。

原来的《证券法》（以下简称原法，第六条）：证券业和银行业、信托业、保险业分业经营、分业管理。证券公司与银行、信托、保险业务机构分别设立。

修订后的《证券法》（以下简称新法，第六条）：证券业和银行业、信托业、保险业实行分业经营、分业管理，证券公司与银行、信托、保险业务机构分别设立。国家另有规定的除外。

修改理由：随着金融改革不断深化，严格分业经营的做法在实践中已经开始被突破，出现了在集团控股下分设银行、证券、保险机构的模式，特别是商业银行已经设立了基金公司，保险资金按一定比例直接进入资本市场。新法增加“国家另有规定的除外”，将既成事实合法化，并为以后金融改革留下空间。

（2）允许开发新的证券交易品种。

原法（第三十五条）：证券交易以现货进行交易。

新法（第四十二条）：证券交易以现货和国务院规定的其他方式进行交易。

修改理由：修订了原单一的现货交易方式，授权国务院规定其他交易方式，给期货、期权等其他交易打开了通道。实践证明国际上通行的证券股指期货期权等交易形式，不但活跃了证券市场，也是一种避险工具。国外有的期货交易所已推出中国股指期货，如果国内不能开办金融期货交易品种，不能提供股指期货等风险管理工具，可能形成我国股票的现货市场与股指期货市场的境内外割据，不利于资本市场的安全运行。国务院《关于推进资本市场改革开放和稳定发展的若干意见》明确指出，“建立以市场为主导的品种创新。研究开发与股票和债券相关的新品种及其衍生产品”，开发新的证券交易品种已成为我国资本市场稳定发展的必要条件。

(3) 为国企买卖股票留出法律空间。

原法（第七十六条）：国有企业和国有资产控股的企业，不得炒作上市交易的股票。

新法（第八十三条）：国有企业和国有资产控股的企业买卖上市交易的股票，必须遵守国家有关规定。

修改理由：证券法对证券市场的投资主体不应该限制和严格界定国有企业和国有资产控股的企业是否允许买卖股票的问题，应当由国有资产监督管理的有关法律和法规规定。

(4) 不再限制券商融资融券。

原法（第三十六条）：证券公司不得从事向客户融资或融券的证券交易活动。

（第一百四十一条）：证券公司接受委托卖出证券必须是客户证券账户上实有的证券，不得为客户融券交易。证券公司接受委托买入证券必须以客户资金账户上实有的资金支付，不得为客户融资交易。

新法（第一百四十二条）：证券公司为客户买卖证券提供融资融券服务，应当按照国务院的规定并经国务院证券监督管理机构批准。

修改理由：融资融券是资本市场发展应具有的基本功能，各国资本市场均建立了证券融资融券交易制度。通过融资融券可增加市场流动性，提供风险回避手段，提高资金利用率。融资融券也是以后实施期货等金融衍生工具交易必不可少的基础，因此应在国家制定相关法律规定、严格监管条件下分步组织实施。

(5) 取消禁止银行资金入市规定。

原法（第一百三十三条）：禁止银行资金违规流入股市。

新法（第八十一条）：依法拓宽资金入市渠道，禁止资金违规流入股市。

修改理由：银行资金入市属于银行监管范畴，受商业银行法等法律的调整，没有必要在证券法中规定，而且对于其他渠道流入的违规资金都应作出限制。参照党的十六届三中全会《关于完善社会主义市场经济体制若干问题的决定》提出的“拓宽合规资金入市渠道”、“建立健全货币市场、资本市场、保险市场有机结合、协调发展的机制”，作出上述修改。

(6) 建立证券发行上市保荐制度。

原法：没有这方面的规定。

新法（第十一条）：发行人申请公开发行股票、可转换为股票的公司债券，依法采取承销方式的，或者公开发行法律、行政法规规定实行保荐制度的其他证券的，应当聘请具有保荐资格的机构担任保荐人。

申请股票、可转换为股票的公司债券或者法律、行政法规规定实行保荐制度的其他证券上市交易，应当聘请具有保荐资格的机构担任保荐人。

（第二十六条）：国务院证券监督管理机构或者国务院授权的部门对已作出的核准证券发行的决定，发现不符合法定条件或者法定程序，尚未发行证券的，应当予以撤销，停止发行。已经发行尚未上市的，撤销发行核准决定，发行人应当按照发行价并加算银行同期存款利息返还证券持有人；保荐人应当与发行人承担连带责任，但是能够证明自己没有过错的除外；发行人的控股股东、实际控制人有过错的，应当与发行人承担连带责任。

增加理由：进一步完善股票发行管理体制，确保上市公司规范运作，参照国务院《关于推进资本市场改革开放和稳定发展的若干意见》关于“进一步完善股票发行管理体制，推行证券发行上市保荐制度”的要求，作出上述修改。首次在《证券法》中提出了保荐人制度，并规定了保荐人的诚信勤勉义务、对发行人相关文件的审查义务以及对发行人的督导义务。还规定了保荐人、发行人的控股股东和实际控制人在发行核准决议被撤销时的连带责任，但对于保荐人实行举证责任倒置，而对发行人的控股股东和实际控制人实行过错责任，保荐人的责任较重。保荐人制度有利于通过加强中介机构的审慎和勤勉责任解决上市公司造假问题。

（7）增加公司负责人的责任规定。

原法：没有这方面的规定。

新法（第六十八条）：上市公司董事、高级管理人员应当对公司定期报告签署书面确认意见。上市公司监事会应当对董事会编制的公司定期报告进行审核并提出书面审核意见。上市公司董事、监事、高级管理人员应当保证上市公司所披露的信息真实、准确、完整。

证券公司的董事、监事、高级管理人员未能勤勉尽责，致使证券公司存在重大违法违规行为或者重大风险的，国务院证券监督管理机构可以撤销其任职资格，并责令公司予以更换。

增加理由：近年来，上市公司控股股东或者实际控制人通过各种手段掏空上市公司，上市公司董事、监事、高级管理人员不能勤勉尽责甚至弄虚作假，损害上市公司和中小投资者合法权益事件时有发生，严重影响了投资者对证券市场的信心，为此增加规定了上述人员的诚信义务和法律责任。

（8）建立发行申请的预披露制度。

原法：没有这方面的规定。

新法（第二十一条）：发行人申请首次公开发行股票的，在提交申请文件后，应当按照国务院证券监督管理机构的规定预先披露有关申请文件。

增加理由：拓宽社会监督的渠道，防范发行人采取虚假手段骗取发行上市资格。

（9）建立投资者保护基金制度。

原法：没有这方面的规定。

新法（第一百三十四条）：国家设立证券投资者保护基金，由证券公司缴纳的资金及其他依法筹集的资金组成，其筹集、管理和使用的具体办法由国务院规定。

增加理由：通过建立事前预防机制和事后保护措施来加强对投资者的权利保护，成熟资本市场建立投资者保护基金是事后保护措施之一，值得借鉴。

（10）对公开发行行为作出界定。

原法（第十条）：公开发行证券，必须符合法律、行政法规规定的条件，并依法报经国务院证券监督管理机构或者国务院授权的部门核准或者审批；未经依法核准或者审批，任何单位和个人不得向社会公开发行证券。

新法（第十条）：有下列情形之一的，为公开发行：向不特定对象发行证券的；向特定对象发行证券累计超过二百人的；法律、行政法规规定的其他发行行为。

非公开发行证券，不得采用广告、公开劝诱和变相公开方式。

增加理由：一些企业采取变相公开发行股票的方式向社会公众募集资金，社会危害性很大。为打击非法发行行为，增加上述规定。公开发行证券从审批制与核准制相结合转为统一适用核准制，相对放松了对公开发行证券的监管。首次提出“公开发行”的定义，并禁止非公开发行证券采用广告、公开劝诱和变相公开方式。本条规定意味着将非公开发行纳入了证券发行的范畴，但并未对非公开发行作出具体规定。

（11）增加发行失败制度的规定。

原法：没有这方面的规定。

新法（第三十五条）：股票发行采用代销方式，代销期限届满，向投资者出售的股票数量未达到拟公开发行股票数量百分之七十的，为发行失败。发行人应当按照发行价并加算银行同期存款利息返还股票认购人。

增加理由：为了促进发行的市场化，降低证券公司采用单一包销方式所带来的承销风险，参照国际上通行的做法，引入这一制度。

（12）改革证券账户开立制度。

原法（第一百三十八条）：客户开立账户，必须持有证明中国公民身份或者中国法人资格的合格证件。

新法（第一百六十六条）：投资者申请开立账户，必须持有证明中国公民身份或者中国法人资格的合格证件。国家另有规定的除外。

修改理由：为了扩大对外开放，我国已经引入了合格境外机构投资者投资境内证券市场，并允许境外投资者受让境内上市公司股份，因此对现行证券开户制度应进行调整。

（13）公司涉嫌犯罪应予公告。

原法（第六十二条）：发生可能对上市公司股票交易价格产生较大影响、而投资者尚未得知的重大事件时，上市公司应当立即将有关该重大事件的情况向国务院证券监督管理机构和证券交易所提交临时报告，并予公告，说明事件的实质。

下列情况为前款所称重大事件：公司的经营方针和经营范围的重大变化；公司的重大投资行为和重大的购置财产的决定；公司订立重要合同，而该合同可能对公司的资产、负债、权益和经营成果产生重要影响；公司发生重大债务和未能清偿到期重大债务的违约情况；公司发生重大亏损或者遭受超过净资产百分之十以上的重大损失；公司生产经营的外部条件发生重大变化；公司的董事长，三分之一以上的董事，或者经理发生变动；持有公司百分之五以上股份的股东，其持有股份情况发生较大变化；公司减资、合并、分立、解散及申请破产的决定；涉及公司的重大诉讼，法院依法撤销股东大会、董事会决议；法律、行政法规规定的其他事项。

新法（第六十七条）：发生可能对上市公司股票交易价格产生较大影响的重大事件，投资者尚未得知时，上市公司应当立即将有关该重大事件的情况向国务院证券监督管理机构和证券交易所报送临时报告，并予公告，说明事件的起因、目前的状态和可能产生的法律后果。

下列情况为前款所称重大事件：公司的经营方针和经营范围的重大变化；公司的重大

投资行为和重大的购置财产的决定；公司订立重要合同，可能对公司的资产、负债、权益和经营成果产生重要影响；公司发生重大债务和未能清偿到期重大债务的违约情况；公司发生重大亏损或者重大损失；公司生产经营的外部条件发生的重大变化；公司的董事、三分之一以上监事或者经理发生变动；持有公司百分之五以上股份的股东或者实际控制人，其持有股份或者控制公司的情况发生较大变化；公司减资、合并、分立、解散及申请破产的决定；涉及公司的重大诉讼，股东大会、董事会决议被依法撤销或者宣告无效；公司涉嫌犯罪被司法机关立案调查，公司董事、监事、高级管理人员涉嫌犯罪被司法机关采取强制措施；国务院证券监督管理机构规定的其他事项。

修改理由：公司涉嫌犯罪也是可能影响股票交易价格的重大事件，投资者有权获悉。

（14）规范证券登记结算业务。

原法：没有这方面的规定。

新法（第一百六十七条）：证券登记结算机构为证券交易提供净额结算服务时，应当要求结算参与人按照货银对付的原则，足额交付证券和资金，并提供交收担保。

在交收完成之前，任何人不得动用用于交收的证券、资金和担保物。

结算参与人未按时履行交收义务的，证券登记结算机构有权按照业务规则处理前款所述财产。

增加理由：为了保障证券市场的安全运行，防范结算风险，明确规定结算业务的基本要求和保证交收的基本原则、措施和手段。

（15）为建立多层次资本市场留下空间。

原法（第三十二条）：经依法核准的上市交易的股票、公司债券及其他证券，应当在证券交易所挂牌交易。

新法（第三十九条）：依法公开发行的股票、公司债券及其他证券，应当在依法设立的证券交易所上市交易或者在国务院批准的其他证券交易场所转让。

修改理由：为了满足不同层次的资金需求，拓展中小企业融资渠道，完善股权转让制度，作出上述修改。

（16）增加监管机构的执法手段。

原法（第一百六十八条）：国务院证券监督管理机构依法履行职责，有权采取下列措施：

（一）进入违法行为发生场所调查取证；

（二）询问当事人和与被调查事件有关的单位和个人，要求其对与被调查事件有关的事项作出说明；

（三）查阅、复制当事人和与被调查事件有关的单位和个人的证券交易记录、登记过户记录、财务会计资料及其他相关文件和资料；

（四）对可能被转移或者隐匿的文件和资料，可以予以封存；

（五）查询当事人和与被调查事件有关的单位和个人的资金账户、证券账户，对有证据证明有转移或者隐匿违法资金、证券迹象的，可以申请司法机关予以冻结。

新法（第一百八十条）：国务院证券监督管理机构依法履行职责，有权采取下列措施：

（一）对证券发行人、上市公司、证券公司、证券投资基金管理公司、证券服务机构、证券交易所、证券登记结算机构进行现场检查；

（二）进入涉嫌违法行为发生场所调查取证；

（三）询问当事人和与被调查事件有关的单位和个人，要求其对与被调查事件有关的事项作出说明；

（四）查阅、复制与被调查事件有关的财产权登记、通讯记录等资料；

（五）查阅、复制当事人和与被调查事件有关的单位和个人的证券交易记录、登记过户记录、财务会计资料及其他相关文件和资料；对可能被转移、隐匿或者毁损的文件和资料，可以予以封存；

（六）查询当事人和与被调查事件有关的单位和个人的资金账户、证券账户和银行账户；对有证据证明已经或者可能转移或者隐匿违法资金、证券等涉案财产或者隐匿、伪造、毁损重要证据的，经国务院证券监督管理机构主要负责人批准，可以冻结或者查封；

（七）在调查操纵证券市场、内幕交易等重大证券违法行为时，经国务院证券监督管理机构主要负责人批准，可以限制被调查事件当事人的证券买卖，但限制的期限不得超过十五个交易日；案情复杂的，可以延长十五个交易日。

修改理由：证券违法行为具有资金转移快、调查取证难、社会危害大等特点，有必要强化国务院证券监督管理机构的监管权力和执法手段，特别是对违法行为实施检查和调查的强制权力，以便及时查明案情，打击违法犯罪。

（17）对监管机构及人员加以制约。

原法（第一百六十九条）：国务院证券监督管理机构工作人员依法履行职责，进行监督检查或调查时，应当出示有关证件，并对知悉的有关单位和个人的商业秘密负有保密的义务。

（第二百零四条）：证券监督管理机构对不符合本法规定的证券发行、上市的申请予以核准，或者对不符合本法规定条件的设立证券公司、证券登记结算机构或者证券交易服务机构的申请予以批准，情节严重的，对直接负责的主管人员和其他直接责任人员，依法给予行政处分。构成犯罪的，依法追究刑事责任。

（第二百零五条）：证券监督管理机构的工作人员和发行审核委员会的组成人员，不履行本法规定的职责，徇私舞弊、玩忽职守或者故意刁难有关当事人的，依法给予行政处分。构成犯罪的，依法追究刑事责任。

新法（第一百八十一条）：国务院证券监督管理机构依法履行职责，进行监督检查或者调查，其监督检查、调查的人员不得少于二人，并应当出示合法证件和监督检查、调查通知书。监督检查、调查的人员少于二人或者未出示合法证件和监督检查、调查通知书的，被检查、调查的单位有权拒绝。

（第二百二十七条）：国务院证券监督管理机构或者国务院授权的部门有下列情形之一的，对直接负责的主管人员和其他直接责任人员，依法给予行政处分：对不符合本法规定的发行证券、设立证券公司等申请予以核准、批准的；违反规定采取本法第一百八十条规定的现场检查、调查取证、查询、冻结或者查封等措施的；违反规定对有关机构和人员实施行政处罚的；其他不依法履行职责的行为。同时规定，证券监督管理机构的工作人员和发行审核委员会的组成人员，不履行本法规定的职责，滥用职权、玩忽职守，利用职务便利牟取不正当利益，或者泄露所知悉的有关单位和个人的商业秘密的，依法追究法律责任。

（第二百二十八条）：证券监督管理机构的工作人员和发行审核委员会的组成人员，不履行本法规定的职责，滥用职权、玩忽职守，利用职务便利牟取不正当利益，或者泄露所知悉的有关单位和个人的商业秘密的，依法追究法律责任。

修改理由：对证券监督管理机构及其人员行使权力作出必要约束，严格规定其执行权力的程序。

（18）上市申请人与证交所属民事关系。

原法（第四十三条）：股份有限公司申请其股票上市交易，必须报经国务院证券监督管理机构核准。国务院证券监督管理机构可以授权证券交易所依照法定条件和法定程序核准股票上市申请。

新法（第四十八条）：申请证券上市交易，应当向证券交易所提出申请，由证券交易所依法审核同意，并由双方签订上市协议。

证券交易所根据国务院授权的部门的决定安排政府债券上市交易。

修改理由：证券交易所作为证券市场的组织者，依据法定上市条件和交易所上市规则对证券上市申请进行审核，属于自律管理。经审核同意上市的，证券交易所与上市申请人签订上市协议，通过上市协议规范双方的权利和义务，形成一种民事法律关系。上市申请人对证券交易所暂停上市、终止上市决定不服的，按民事关系处理。此外，新法首次在立法中提出政府债券在证券交易所上市交易。

（19）股评误导投资者需赔偿。

原法（第七十三条）：证券投资咨询机构的从业人员不得从事下列行为：代理委托人从事证券投资；与委托人约定分享证券投资收益或者分担证券投资损失；买卖本咨询机构提供服务的上市公司股票；法律、行政法规禁止的其他行为。

新法（第七十九条）：投资咨询机构及其从业人员从事证券服务业务不得有下列行为：代理委托人从事证券投资；与委托人约定分享证券投资收益或者分担证券投资损失；买卖本咨询机构提供服务的上市公司股票；利用传播媒介或者通过其他方式提供、传播虚假或者误导投资者的信息；法律、行政法规禁止的其他行为。有前款所列行为之一，给投资者造成损失的，依法承担赔偿责任。

修改理由：目前证券投资咨询业比较混乱，有的证券咨询公司与媒体联手，买断电视台、电台的多个时段进行股评营销，推介个股，有的股评人甚至与庄家串通，故意发布虚假信息，操纵股市，误导投资者。有必要对此进行规范，保护投资者的权益。

除了以上几点较为重大的修改之外，新的证券法还有以下几处小的改动：

（1）较原《证券法》（第一百三十七条），本次修订取消了“前一次发行的股份已募足，并间隔一年以上”的规定，并将最近三年连续盈利并支付股利的条件修改为“具有持续盈利能力，财务状况良好”，将原先具体的上市标准模糊化，改由国务院证券监管机构确定。同时还允许上市公司非公开发行新股，但需经国务院证券监督管理机构核准。对其他类型公司非公开发行新股未作规定。（第十三条）

（2）上市公司的门槛有所降低，体现在：1）公司股本总额由不少于人民币五千万元降低至不少于人民币三千万元；2）取消了股东人数的限制；3）取消了开业时间满三年和连续盈利满三年的限制。（第五十条）

（3）详细规定了信息披露的法律责任：1）由发行人和上市公司首先承担；2）发行人

和上市公司的董事、监事、高级管理人员、其他直接责任人员、保荐人和承销的证券公司有过错的承担连带责任，并实行举证责任倒置；3）发行人和上市公司的控股股东和实际控制人有过错的承担连带赔偿责任。（第六十九条）

（4）扩大了国务院证券监督管理机构的监督范围，对上市公司控股股东及其他信息披露义务人行为也进行监督。（第七十一条）

（5）将内幕交易的禁止范围扩大到非法获取内幕信息的人，填补了原来立法中的漏洞。（第七十三条）规定了内幕交易行为人的赔偿责任。增加了“通过协议、其他安排与他人共同持有公司百分之五以上股份的自然人、法人、其他组织收购上市公司的股份”的“一致行动人”的概念。（第七十六条）

（6）将操纵证券交易量也作为操纵证券市场的一种行为。规定了操纵市场行为人的赔偿责任。（第七十七条）

（7）严格管理法人的账户，填补了原《证券法》中的漏洞。（第八十条）

（8）明确禁止收购人在收购期限内卖出被收购公司的股票，以防止恶意收购。（第九十三条）确定只有协议收购时超过百分之三十的方可以经国务院证券监督管理机构同意豁免。（第九十六条）取消了收购至百分之七十五的股份即应中止上市的规定，而采用了被收购公司股权分布不符合上市条件的标准确定是否应退市，更为合理。取消了收购至百分之九十股份其他股东才享有强制收购请求权的硬性标准，而规定了终止上市时其他仍持有被收购公司股票的股东享有强制收购请求权。（第九十七条）

（9）取消了综合类和经纪类证券公司的区分。对设立证券公司的股东条件及证券公司的董事、监事、高级管理人员和从业人员资格作了要求。要求建立风险管理和内部控制制度。（第一百二十四条）

（10）扩大了证券公司的营业范围，新增了证券投资咨询，与证券交易、证券投资活动有关的财务顾问、证券保荐、证券资产管理的业务类型，为券商业务创新和盈利提供了更大空间。国务院证券监督管理机构不再按综合类和经纪类确定业务范围，而是根据实际情况批准部分或全部业务。（第一百二十五条）

（11）取消了“国务院证券监督管理机构赋予的其他职责”的规定，而授权证券业协会的章程自定，体现了证券业协会自律性组织的法律地位。（第一百七十六条）

（12）进一步明确了法律责任，包括：

第一，对未经核准发行证券的罚则：1）停止发行、退还资金及利息、罚款；2）取缔擅自发行证券设立的公司；3）直接责任人的警告和罚款。（第一百八十八条）

第二，发行人及其进行指使的控股股东、实际控制人骗取发行核准的法律责任：罚款。（第一百八十九条）

第三，增加了对上市公司的董事、监事、高级管理人员、持股超过百分之五的股东违法买卖股票的罚款。（第一百九十五条）

第四，增加了证券公司未经审批进行变更的法律责任。（第二百一十八条）

第五，其他。

（二）《中华人民共和国证券投资基金法》

从 1999 年基金法起草小组成立，历经 4 年多时间，凝聚了各界的心血和智慧的《中华人民共和国证券投资基金法》（以下简称《证券投资基金法》）终于在 2003 年 10 月 28

日获全国人大常委会表决通过。并于2004年6月1日起正式实施。证券投资基金法的实施，标志着基金业由此进入了一个以法治业的新时代。《证券投资基金法》经2012年12月28第十一届全国人大常委会第30次会议修订，2012年12月28日中华人民共和国主席令第71号公布，自2013年6月1日起施行。

《证券投资基金法》共有十二章一百一十五条，写进了许多创造性内容，其中对私募基金的合法地位的确认、对行政监管体制的创新等规定，都是之前的法规中未见的，新《证券投资基金法》的颁布和实施是基金管理发展进程中迈出的一大步。

1. 调整对象与范围

《证券投资基金法》的调整对象与范围是“为了规范证券投资基金活动，保护投资人及相关当事人的合法权益，促进证券投资基金和证券市场的健康发展”，并规定“基金管理人、基金托管人和基金份额持有人的权利、义务，依照本法在基金合同中约定”。

《证券投资基金法》强调：“中华人民共和国境内，通过公开发售基金份额募集证券投资基金（以下简称基金），由基金管理人管理，基金托管人托管，为基金份额持有人的利益，以资产组合方式进行证券投资活动，适用本法；本法未规定的，适用《中华人民共和国信托法》、《中华人民共和国证券法》和其他有关法律、行政法规的规定。”

2. 主要内容

总则，主要包括：基金管理人、基金托管人和基金份额持有人的权利、义务，以及投资基金的运作方式和应该遵循的原则等。

基金管理人，主要包括：基金管理人的设立、申请、批准，从业人员的相关要求，管理人员应该承担的职责和行为规范等。

基金托管人，主要包括：基金托管人的资格认定，从业人员的相关要求，托管人应该承担的职责和行为规范等。

基金募集，主要包括：基金募集应该提交的法律文件、核审、募集等。

基金份额的交易，主要包括：基金份额上市交易应该满足的条件、核准、终止等。

基金份额的申购和赎回，主要包括：申购与赎回应该遵循的条件和程序。

基金的运作与信息披露，主要包括：基金的投资、信息披露的内容、方式等。

基金合同的变更、终止与基金财产清算，主要包括：封闭式基金延长的条件和运作方式、终止的相关程序、清算等。

基金份额持有人权利及其行使，主要包括：权利的范围以及行使的条件和程序等。

监督管理，主要包括：由中国证券监督管理委员会实施监管职能、应该履行的职责以及如何履行等。

法律责任，主要包括：各种违背法律法规的情况下应当承担的相应责任。

附则，主要包括：基金管理公司或者国务院批准的其他机构，向特定对象募集资金或者接受特定对象财产委托从事证券投资活动的具体管理办法，由国务院根据本法的原则另行规定。通过公开发行股份募集资金，设立证券投资公司，从事证券投资等活动的管理办法，由国务院另行规定。

3. 修订前后《证券投资基金法》的对比分析

(1) 放宽基金管理人组织形式。

修订前的《证券投资基金法》（以下简称旧法）将基金管理人限定为依法设立、并由证监会核准的基金管理公司，但公司形式包括有限责任公司和股份有限公司。

修订后的《证券投资基金法》（以下简称新法）在第 12 条放宽了基金管理人的组织形式，允许管理人由依法设立的公司或者合伙企业担任。

（2）降低基金管理人的市场准入门槛。

新法第 13 条第 3 项虽重点关注基金管理公司自身的注册资本，但删除了旧法有关主要股东“注册资本不低于三亿元人民币”的僵化要求，并代之以“资产规模达到国务院规定的标准”。

（3）加强对基金管理公司控制股东和实际控制人的监管。

新法将基金管理公司的股东及其实际控制人纳入监管范围，并在第 14 条中要求基金管理公司变更持有百分之五以上股权的股东，变更公司的实际控制人或者变更其他重大事项时报经中国证监会批准。

（4）强化了基金从业人员的诚信义务。

新法在第 4 条中将自愿、公平、诚实信用原则列为从事证券投资基金活动的基本原则，并在第 9 条中要求基金管理人、基金托管人管理、运用基金财产，基金服务机构从事基金服务活动时恪尽职守，履行诚实信用、谨慎勤勉的义务；要求基金从业人员遵守法律、行政法规，恪守职业道德和行为规范。

新法第 18 条允许公开募集基金的基金管理人的董事、监事、高级管理人员和其他从业人员及其配偶、利害关系人进行证券投资，但设计了两项防弊措施：一是要求上述主体事先向基金管理人申报；二是要求上述主体的证券投资行为不得与基金份额持有人发生利益冲突。

为预防和打击基金经理的老鼠仓行为，新法第 21 条禁止公开募集基金的基金管理人及其董事、监事、高级管理人员和其他从业人员泄露因职务便利获取的未公开信息、利用该信息从事或者明示、暗示他人从事相关的交易活动。

（5）加大了对基金持有人的权益保护力度。

新法第 84 条补充了基金份额持有人大会的二次召集制度，激活了基金份额持有人大会的召集机制。基金份额持有人大会设立日常机构的，由该日常机构召集；该日常机构未召集的，由基金管理人召集；基金管理人未按规定召集或者不能召开的，由基金托管人召集；代表基金份额百分之十以上的基金份额持有人就同一事项要求召开基金份额持有人大会，而基金份额持有人大会的日常机构、基金管理人、基金托管人都不召集的，代表基金份额百分之十以上的基金份额持有人有权自行召集，并报中国证监会备案。

新法第 74 条第 2 款要求运用基金财产买卖基金管理人、基金托管人及其控股股东、实际控制人或者与其有其他重大利害关系的公司发行的证券或承销期内承销的证券，或者从事其他重大关联交易的，应当遵循基金份额持有人利益优先的原则，防范利益冲突，符合中国证监会的规定，并履行信息披露义务。该条规定有望从根本上遏制违规的关联交易对投资者权益的不法蚕食。

新法第 94 条引入了无限责任投资者兼任私募基金管理人的制度，允许和鼓励部分基金份额持有人作为基金管理人负责私募基金的投资管理活动，并在基金财产不足以清偿其债务时对基金财产的债务承担无限连带责任，也有助于对基金投资者权益的保护。

（6）确认了私募证券投资基金的合法地位。

虽然旧法并未规定私募基金的法律地位，但私募投资基金在中国大陆的发展如火如荼，长期缺乏立法规制导致私募基金活动良莠不齐，非法集资、欺诈客户、挪用资产、不正当竞争等丑恶现象屡见不鲜。为了兴利除弊，新法对实践中业已存在的私募证券投资基金采取了"招安"并监管的立法政策。

新法不但在第3条第3款中确认了私募基金的法律地位，并在第10章中用10个条款详细规定了合格投资者制度、基金托管制度、基金管理人资格的协会登记制度、基金募集的宣传推介禁令、基金合同范本制度与资金募集的事后协会备案制度等内容。

合格投资者被界定为达到规定资产规模或者收入水平，并且具备相应的风险识别能力和风险承担能力、其基金份额认购金额不低于规定限额的单位和个人。合格投资者制度旨在确保私募基金仅仅面向低于200人的合格投资者，以免将不适合的投资者尤其是低收入人群和离退休人员招募进入私募基金，进而制造道德风险，扩大投资风险。

基金募集的宣传推介禁令，旨在要求管理人采取"点到点"的非公开募集方式，禁止管理人采用"点到面"的方式，使用报刊、电台、电视台、互联网等公众传播媒体或者讲座、报告会、分析会等方式向不特定对象宣传推介。值得注意的是，合格投资者制度立足于募集结果，公开劝诱禁止制度立足于募集行为，二者并行不悖，不可相互替代。即使公开劝诱手段的结果没有超过200人，也属违法。

（7）创新了行政监管机制。

为尊重市场自由，鼓励市场创新，新法要求中国证监会在公募基金的市场准入、投资范围、业务运作等方面还权于民，大幅减少了行政审批项目，削减了基金管理人的任职核准项目，取消了基金托管人的任职核准，取消了基金管理人设立分支机构核准，取消了持股5%以下的基金管理公司股东的变更核准，取消了变更公司章程条款审批等项目，并将基金募集申请由须作出实质性判断的核准制，改为仅需对申请文件的真实性、合法性与关联性予以形式审查的注册制。

为应对市场失灵风险，维护广大投资者利益与金融安全，新法要求证监会依法运用法律赋予的行政许可、行政指导、行政调查、行政处罚等行政权力，审慎勤勉地维护基金市场的公平交易秩序与公平竞争秩序。

鉴于旧法规定的行政监管手段存在重大漏洞，远远不能适用证监会预防和打击违法失信行为的新形势与新要求，新法强化了证监会的行政监管职责，充实了证监会的查封、冻结等执法手段，补充了接管、托管、撤销等对基金管理人的风险处置的措施，明确了基金市场禁入制度。例如，旧法第77条赋予证监会的行政调查手段只有五项，而新法第114条将监管手段扩充为七项。例如，第7项规定："在调查操纵证券市场、内幕交易等重大证券违法行为时，经国务院证券监督管理机构主要负责人批准，可以限制被调查事件当事人的证券买卖，但限制的期限不得超过十五个交易日；案情复杂的，可以延长十五个交易日。

（8）夯实了行业自律机制。

新法在"总则"第10条中明确要求基金管理人、基金托管人和基金服务机构成立基金行业协会进行行业自律，协调行业关系，提供行业服务，促进行业发展。新法还在第12章专门明确了协会的法律地位、治理结构和自律职责等内容。新法第109条将基金行业协会界定为证券投资基金行业的自律性组织，是社会团体法人；基金管理人、基金托管人应当加入基金行业协会，基金服务机构可以加入基金行业协会。可见，基金管理人与托管人是强制性的法定会员，而基金服务机构是倡导性的自愿会员。基金行业协会的权力机构为全体会员组成的会员大会。新法第 110 条要求基金行业协会设理事会，理事会成员依章程的规定由会员选举产生。

（9）增设了基金业中介机构的制度设计。

由于旧法的立法经验不足，加之当时的基金业服务机构尚不发达，旧法对于基金中介机构未作专门规定。为规范和推动基金服务业的健康发展，新法在第 11 章第 98 条明确要求从事公开募集基金的销售、销售支付、份额登记、估值、投资顾问、评价、信息技术系统服务等基金服务业务的机构按中国证监会的规定注册或者备案。注册制或备案制的确立体现了立法者鼓励市场竞争、淡化行政许可的正确立法理念，值得肯定。

为预防基金销售机构在基金销售环节欺诈和误导投资者的现象出现，新法第 99 条要求基金销售机构向投资人充分揭示投资风险，并根据投资人的风险承担能力销售不同风险等级的基金产品。这是刺激投资者的适当性管理制度。

为维护基金资产的安全性与广大基金持有人的根本利益，捍卫基金财产作为信托财产的独立法律地位，在第 101 条要求基金销售结算资金、基金份额独立于基金销售机构、基金销售支付机构或者基金份额登记机构的自有财产；并重申，“基金销售机构、基金销售支付机构或者基金份额登记机构破产或者清算时，基金销售结算资金、基金份额不属于其破产财产或者清算财产。非因投资人本身的债务或者法律规定的其他情形，不得查封、冻结、扣划或者强制执行基金销售结算资金、基金份额”。

为明确基金份额的产权归属，激活基金份额的质押机制，新法第 103 条将基金份额登记机构以电子介质登记的数据明确为基金份额持有人权利归属的根据，并进一步明确，基金份额持有人以基金份额出质时，质权自基金份额登记机构办理出质登记时设立。

为规范基金投资顾问的行为，提高投资基金顾问行业的公信力，新法第 104 条要求基金投资顾问机构及其从业人员在提供基金投资顾问服务时应当具有合理的依据，对其服务能力和经营业绩进行如实陈述，不得以任何方式承诺或者保证投资收益，不得损害服务对象的合法权益。

新法第 107 条要求这两类中级机构受基金管理人、基金托管人的委托，为有关基金业务活动出具法律意见书、审计报告、内部控制评价报告等文件时，应当勤勉尽责，对所依据的文件资料内容的真实性、准确性、完整性进行核查和验证。其制作、出具的文件有虚假记载、误导性陈述或者重大遗漏，给他人财产造成损失的，应当与委托人承担连带赔偿责任。

作为普适于各类基金服务机构的一般条款，新法第 108 条要求各类基金服务机构勤勉尽责、恪尽职守，建立应急等风险管理制度和灾难备份系统，不得泄露与基金份额持有人、基金投资运作相关的非公开信息。

（三）《中华人民共和国公司法》

2005 年 10 月 27 日，十届全国人大常委会第十八次会议高票表决通过了修订后的公司法，新的公司法将从 2006 年 1 月 1 日起施行。这是该法自 1993 年 12 月 29 日由八届全国人大常委会第五次会议通过后，我国立法机关第三次对这部法律作出修改，也是修改幅度最大的一次。

1. 调整对象与范围

新修订的《中华人民共和国公司法》（以下简称《公司法》），共分十三章二百一十九条，对在中国境内的有限责任公司的设立和组织机构、股份有限公司的设立和组织机构，股份有限公司的股份发行和转让，公司债券，公司财务和会计，公司合并和分立，公司破产、解散和清算，外国公司的分支机构、法律责任等内容制定了相应的法律条款。《公司法》确立了我国公司的法律地位及其设立、组织、运行和终止等过程的基本法律原则。

新《公司法》中有关证券市场的内容主要有：（1）股份有限公司的设立；（2）股份有限公司的组织结构；（3）股份有限公司的股票发行；（4）股份有限公司股票的上市与转让；（5）公司债券；（6）其他。

2. 修订前后《公司法》的对比分析

新修订的《公司法》有关证券方面的条款主要有以下几方面的不同。

（1）引入公司法人人格否认制度。

原《公司法》（以下简称原法）：没有这方面的规定。

修订后的《公司法》（以下简称新法）：公司股东滥用公司法人独立地位和股东有限责任，逃避债务，严重损害公司债权人利益的，应当对公司债务承担连带责任。

增加理由："公司法人人格否认"或称"揭开公司面纱"制度的具体含义是，当股东滥用公司法人独立地位和股东有限责任逃避债务时，该股东即丧失依法享有的仅以出资额为限对公司债务承担有限责任的权利，而应对公司全部债务承担连带责任。在现实生活中，有的股东滥用权利，采用转移公司财产、将公司财产与本人财产混同等手段，造成公司可以用于履行债务的财产大量减少，严重损害公司债权人的利益。为此，此次修改公司法，借鉴一些市场经济发达国家具有法律效力的判例和法律规定，总结我国人民法院的审判实践经验，增加了上述规定。这一制度的引入，为防范滥用公司制度的风险，保证交易安全，保障公司债权人的利益，维护市场经济秩序，提供了必要的制度安排。

（2）增加股份有限公司可实行累积投票制的规定。

原法：没有这方面的规定。

新法：股东大会选举董事、监事，可以依照公司章程的规定或者股东大会的决议，实行累积投票制。

本法所称的累积投票制，是指股东大会选举董事或者监事时，每一股份拥有与应选董事或者监事人数相同的表决权，股东拥有的表决权可以集中使用。

增加理由：累积投票制与普通投票制的区别主要在于，公司股东可以把自己拥有的表决权集中使用于待选董事中的一人或多人。例如，一公司共有100股，股东甲拥有15股，乙拥有另外85股。每股具有等同于待选董事人数的表决权（如选7人即每股有7票）。如果要选7名董事，股东甲总共有105个表决权，乙拥有595个表决权。在实行普通投票制的情况下，甲投给自己提出的7个候选人每人的表决权不会多于15，远低于乙投给其提出的7个候选人每人85的表决权。此时甲不可能选出自己提名的董事。如果实行累积投票制，甲可以集中将他拥有的105个表决权投给自己提名的一名董事，而乙无论如何分配其总共拥有的595个表决权，也不可能使其提名的7个候选人每人的表决权多于85，更不可能多于105。累积投票制的功能就在于保障中小股东有可能选出自己信任的董事或监事。

（3）股份有限公司注册资本最低限额降至500万元。

原法：股份有限公司注册资本的最低限额为人民币1 000万元。

新法：将这一限额降为500万元。

修改理由：鼓励投资创业，促进经济发展和扩大就业。

(4) 增加股东诉讼的规定。

原法：没有这方面的规定。

新法：董事、高级管理人员执行职务违反法律、行政法规、公司章程的规定，给公司造成损失的，股东可以请求监事会或者不设监事会的有限责任公司的监事提起诉讼。监事给公司造成损失的，股东可以请求董事会（或者执行董事）提起诉讼。

在监事会、监事、董事会、执行董事拒绝提起诉讼，或者情况紧急、不立即提起诉讼将会使公司利益受到难以弥补的损害等情况下，股东可以直接提起诉讼。

董事、高级管理人员违反法律、行政法规或者公司章程的规定，损害股东利益的，股东可以提起诉讼。

增加理由：现行公司法没有关于股东诉讼的规定，在实践中影响了股东权利的维护，有必要增加这方面的规定，以维护中小股东的合法权益，保护投资积极性，增强投资信心。

(5) 上市公司要设立独立董事。

原法：没有这方面的规定。

新法：上市公司设立独立董事，具体办法由国务院规定。

增加理由：独立董事，是指与其受聘的上市公司及其主要股东不存在可能妨碍其进行独立客观判断的一切关系的特定董事。20世纪六七十年代，以英美为代表的英美法系国家在不改变原有公司治理结构的情况下，通过设立独立董事制度达到了改善公司治理、提高监控职能的目的，实现了公司价值与股东利益的最大化。原公司法修订草案考虑到草案已规定股份有限公司都要设立监事会，对在上市公司推行独立董事制度问题上，只作了“上市公司可以设立独立董事”的原则性规定。在常委会会议审议时，一些常委委员提出，迄今为止，所有的上市公司都已按照有关部门的规定设立了独立董事。设立独立董事，对于维护公众投资者的利益具有积极的作用，这项制度应当继续实行并加以完善。为此，最终通过的法律将原草案规定的“上市公司可以设立独立董事”中的“可以”删去，变成“上市公司设立独立董事”。这样，设立独立董事就成为上市公司的法定义务，这一条规定不再是上市公司的选择性条款。

(6) 对关联交易行为作出严格的规范。

原法：没有这方面的规定。

新法：公司控股股东、实际控制人、董事、监事、高级管理人员及其他人不得利用其关联关系侵占公司利益。否则，给公司造成损失的，应当承担赔偿责任。

上市公司董事与董事会会议决议事项所涉及的企业有关联关系的，不得对该项决议行使表决权，也不得代理其他董事行使表决权。该董事会会议由过半数的无关联关系董事出席即可举行，董事会会议所作决议需经无关联关系董事过半数通过。出席董事会的无关联关系董事人数不足3人的，应将该事项提交上市公司股东大会审议。

关联关系，是指公司控股股东、实际控制人、董事、监事、高级管理人员与其直接或者间接控制的企业之间的关系，以及可能导致公司利益转移的其他关系。但是，国家控股的企业之间不仅仅因为同受国家控股而具有关联关系。

增加理由：目前，一些上市公司的控股股东、董事、监事、高级管理人员和其他实际控制公司的人利用关联交易“掏空”公司，将上市公司变为大股东“提款机”的现象时有发生，侵害了公司、公司中小股东和银行等债权人的利益，也给国家的金融安全和社会稳定造成了潜在的风险。上市公司不规范的关联交易行为，还有可能打击公众投资者对资本市场的信心，从长远来看，对资本市场的稳定、健康发展产生了负面影响。因此，本法对关联交易行为作出了具体规范。

（7）从制度上保障会计师事务所的独立性。

原法：没有这方面的规定。

新法：公司聘用、解聘承办公司审计业务的会计师事务所，依照公司章程的规定，由股东会、股东大会或者董事会决定。

公司应当向聘用的会计师事务所提供真实、完整的会议凭证、会计账簿、财务会计报告及其他会计资料，不得拒绝、隐匿、谎报。

增加理由：实践中存在公司董事会、高级管理人员操纵会计师事务所做假账的现象，影响了外部审计结果的客观性和公正性。为了保障会计师事务所的独立性，真正发挥外部审计的监督作用，有必要对此作出规定。

（8）特殊情况下股东可向法院申请解散公司。

原法：没有这方面的规定。

新法：公司经营发生严重困难，继续存续会使股东利益受到重大损失，通过其他途径不能解决的，持有公司全部股东表决权10%以上的股东，可以请求人民法院解散公司。

增加理由：目前有的公司经营严重困难，财务状况恶化，虽未达到破产界限，但继续维持会使股东利益受到更大损失；而因股东之间分歧严重，股东会、董事会又不能作出公司解散清算的决议，处于僵局状态。应当针对这种情形，研究借鉴其他国家的立法实例，规定公司解散在正常情况下应由公司自行决定；在特殊情况下，通过其他途径不能解决的，法院可以依股东的申请解散公司。

（9）明确中介机构的赔偿责任。

原法：没有这方面的规定。

新法：承担资产评估、验资或者验证的机构因其出具的评估结果、验资或者验证证明不实，给债权人造成损失的，除能够证明自己没有过错的外，在其评估或者证明不实的金额范围内承担赔偿责任。

增加理由：中介机构出具虚假的验资证明、评估报告等材料，使公司债权人对公司资本的真实情况产生误解，给债权人造成损失的，中介机构应当承担相应的赔偿责任。

（10）职工补偿金在公司清算时优先受偿。

原法：公司正常清算时，其财产能够清偿公司债务的，分别支付清算费用、职工工资，缴纳所欠税款，清偿公司债务后的剩余部分，再分配给股东。

新法：公司财产在分别支付清算费用、职工的工资、社会保险费用和法定补偿金，缴纳所欠税款，清偿公司债务后的剩余财产，有限责任公司按照股东的出资比例分配，股份有限公司按照股东持有的股份比例分配。

修改理由：公司正常清算时，对依法应当交付的社会保险费用和应当支付给职工的补偿金，应当与职工工资一样，在清偿公司其他债务前先予清偿。

（四）《中华人民共和国刑法》对公司犯罪、证券犯罪的规定

1. 关于公司犯罪的规定

妨害对公司、企业的管理秩序罪，是指申请公司登记中有虚假欺诈行为；公司发起人、股东违反公司法规定出资；在招股说明书、认股书、公司、企业债券募集办法中隐瞒重要事实或编造重大虚假内容；清算中虚伪或违规行为；利用职务便利，索取他人财物或非法收受他人财物；为谋取不当利益，给予公司、企业工作人员财物；利用职务便利，使国家利益遭受重大损失；在签订、履行合同过程中不负责任，致使国家利益遭受重大损失等行为。

2. 关于证券犯罪的规定

（1）欺诈发行股票、债券罪。它是指在招股说明书、认股书、公司、企业债券募集办法中隐瞒重要事实或者编造重大虚假内容，发行股票或者公司、企业债券，数额巨大、后果严重或者有其他严重情节。

（2）提供虚假财务会计报告罪。它是指公司向股东和社会公众提供虚假或者隐瞒重要事实的财务会计报告，严重损害股东或者其他人利益。

（3）擅自发行股票和公司、企业债券罪。它是指未经国家有关主管部门批准，擅自发行股票或者公司、企业债券，数额巨大，后果严重或者有其他严重情节。

（4）内幕交易、泄露内幕信息罪。它是指证券交易内幕信息的知情人员或者非法获取证券交易内幕信息的人员，在涉及证券的发行、交易或者其他对证券的价格有重大影响的信息尚未公开前，买入或者卖出该证券，或者泄露该信息，情节严重。

（5）编造并传播影响证券交易虚假信息罪。它是指编造并传播影响证券交易的虚假信息，扰乱证券交易市场，造成严重后果的行为。

（6）诱骗他人买卖证券罪。它是指证券交易所、证券公司的从业人员，证券业协会或者证券管理部门的工作人员，故意提供虚假信息或者伪造、变造、销毁交易记录，诱骗投资者买卖证券，造成严重后果的。

（7）操纵证券市场罪。它是指操纵证券交易价格，获取不正当利益或者转嫁风险，情节严重的行为。具体有四类情形：单独或者合谋，集中资金优势、持股优势或者利用信息优势，联合或者连续买卖，操纵证券交易价格；与他人串通，以事先约定的时间、价格和方式相互进行证券交易或者相互买卖并不持有的证券、影响证券交易价格或者证券交易量的；以自己为交易对象，进行不转移证券所有权的自买自卖，影响证券交易价格或者证券交易量的；以其他方法操纵证券交易价格的。

3. 我国刑法修正案关于惩处期货犯罪的规定

（1）证券、期货交易内幕信息的知情人员或者非法获取证券、期货交易内幕信息的人员，在涉及证券的发行，证券、期货交易或者其他对证券、期货交易价格有重大影响的信息尚未公开前，买入或者卖出该证券，或者从事与该内幕信息有关的期货交易，或者泄露该信息，情节严重的，处 5 年以下有期徒刑或者拘役，并处或者单处违法所得一倍以上五倍以下罚金；情节特别严重的，处 5 年以上 10 年以下有期徒刑，并处违法所得一倍以上五倍以下罚金。

（2）编造并传播影响证券、期货交易的虚假信息，扰乱证券、期货交易市场，造成严重后果的，处5年以下有期徒刑或者拘役，并处或单处10 000元以上100 000元以下罚金。证券、期货业的从业人员，如果故意提供虚假信息或伪造、变造、销毁交易记录，诱骗投资者买卖证券、期货合约，或操纵证券、期货交易价格，获取不正当利益或转嫁风险，都将面临判刑、拘役和罚款的处罚。

（3）对未经国家主管部门批准，擅自设立商业银行、证券交易所、期货交易所、证券公司、期货经纪公司、保险公司或其他金融机构的行为，以及隐匿或故意销毁依法应当保存的会计凭证、账簿、财务会计报告的行为的处罚作了规定。

（五）《中华人民共和国会计法》

1. 概述

《中华人民共和国会计法》（以下简称《会计法》）是由第九届全国人民代表大会常务委员会第十二次会议于1999年10月31日修订通过的，自2000年7月1日起施行。修订后的《会计法》共7章52条，包括总则，会计核算，公司、企业会计核算的特别规定，会计监督，会计机构和会计人员，法律责任，附则。突出了“规范会计行为、保证会计资料真实、完整”的立法宗旨，明确了单位负责人的会计责任，完善了会计记账规则和会计监督机制，加大了对违法行为的惩治力度。修订后的《会计法》增加了各单位必须依法设置会计账簿，并保证其真实、完整；任何单位或者个人不得以任何方式授意、指使、强令会计机构、会计人员伪造、变造会计凭证、会计账簿和其他会计资料，提供虚假财务会计报告等规定。这些内容的增加，补充、完善了会计核算和会计记账的基本制度和规则，强化了单位负责人对本单位会计工作和会计资料真实性、完整性负责的责任制，增加了会计人员的资格管理，强化了对会计活动的制约和监督，加大了对违法行为的处罚力度。它的实施不仅为规范经济和会计秩序提供了重要法律保证，对促进社会经济秩序的健康运行也将起到重要作用。

2.《会计法》修订后的显著变化

（1）把“单位负责人对本单位的工作和会计资料的真实性、完整性负责”写进会计法条文中，强调了单位负责人对会计工作的责任和义务，而不仅仅由会计人员来承担责任，防止了单位领导授权作假又以各种理由推卸责任的现象，从源头来制止会计造假的行为。

（2）授予县级以上财政部门对会计造假进行行政处罚的权力，并具体规定了行政处罚的力度，使得对会计造假的处罚有法可依。同时会计造假构成犯罪的，要依据《刑法》追究刑事责任，而现行《刑法》对此定罪过轻，缺乏威慑力，所以在此次审议中另外拟订了关于打击会计造假和期货犯罪的《刑法修正案》一并审议。

（3）新修订的《会计法》还对公司、企业核算增加了以下内容：对公司企业如何确认、计量和记录会计基本要素作了规定；对单位提供的担保、未决诉讼等或有事项的披露作了要求；对选用会计处理方法、使用会计记录文字作出了规定；对虚拟经济业务事项、账外设账、随意改变会计确认标准或计量方法等常见的会计造假行为作出了禁止规定。

这些新规定，为规范企业尤其是上市公司会计核算和信息披露提供了法律保障，对那些企图造假的公司起到了威慑作用，对提高上市公司会计信息质量起到积极的作用。

二、行政法规

与证券业相关的行政法规主要有：（1）《股票发行与交易管理暂行条例》；（2）《中华

人民共和国国库券条例》；(3)《企业债券管理条例》；(4)《国务院关于股份有限公司境内上市外资股的规定》；(5)《国务院关于股份有限公司境外募集股份及上市的特别规定》；(6)《中国证监会股票发行核准程序》；(7)《禁止证券欺诈行为暂行办法》；(8)《证券、期货投资咨询管理暂行办法》；(9)《中华人民共和国外资金融机构管理条例》；(10)《证券交易所风险基金管理暂行办法》；(11)《证券结算风险基金管理暂行办法》；(12)《国有重点金融机构监事会暂行条例》；(13)《证券公司股票质押贷款管理办法》。

三、部门规章

与证券业相关的部门规章主要有：(1)《股份有限公司境内上市外资股规定的实施细则》；(2)《上市公司证券发行管理办法》；(3)《证券交易所管理办法》；(4)《证券经营机构股票承销业务管理办法》；(5)《证券经营机构证券自营业务管理办法》；(6)《境内及境外证券经营机构从事外资股业务资格管理暂行规定》；(7)《证券业从业人员资格管理办法》；(8)《公开发行股票公司信息披露的内容与格式准则》；(9)《证券市场禁入规定》；(10)《中国证监会关于严禁操纵证券市场行为的通知》；(11)《证券公司信息技术管理规范》；(12)《证券期货业信息安全保障管理办法》；(13)《公开发行证券的公司信息披露编报规则》。

第二节 证券市场监管体系

一、证券市场监管的意义和对象

证券市场监管是指国家通过立法对证券市场业务和从事证券业务的机构和个人的监管。证券市场监管的主要目的在于保护投资人利益，保障合法证券交易活动，督促证券交易机构依法经营，禁止违法交易行为，防止个别企业垄断操纵和扰乱证券市场，维持证券市场的秩序；根据国家宏观经济管理的需要，采用多种方式来调控证券市场的交易规模，引导投资方向，支持重点产业，促进国民经济持续、快速、健康发展；充分发挥证券市场的积极作用，限制其消极影响，保障证券市场的健康发展。简言之，证券市场监管的意义就是要建立一个公平、有秩序、有效率的证券市场。

在我国，证券市场是社会主义市场经济中的一个重要组成部分。到目前为止，我们的市场管理体制、宏观调控手段、市场法规建设、市场工具及操作还处于初创和起步阶段。为了更好地发挥证券市场的积极作用，限制其消极影响，重视和加强对证券市场的监管是十分必要的。

1. 保护投资人利益的需要

证券投资是高收益、高风险的投资，特别是企业债券和股票的投资风险更大。证券市场除了企事业单位、银行及其他金融机构以外，个人也是重要的投资者。为了使投资者能正确选择投资，减少因为对筹资者经营情况和证券市场行情不够了解以及缺乏投资知识带来的风险，国家应该通过立法和各种管理措施，监督筹资者向社会如实公开经营和财务状况。组织专门机构对筹资者的资信公正地进行评级，对弄虚作假的行为要相应给予处罚。

另外，对投资者的合法收益也应通过立法加以确认和给予保护，对侵害投资者合法利益的行为加以制裁。为市场的正常运行提供必要的规则和条件，必须对证券市场进行监督和管理。

2. 保护正当交易，维护证券市场正常秩序的需要

发展社会主义证券市场，必然要建立竞争机制，由于市场供求规律的作用，市场价格经常会发生波动，可能有少数投资者采用不正当手段来哄抬证券市场价格，买空卖空，牟取暴利；有些公司伪造各种文件欺骗公众，骗取公众的资金；有些券商利用受客户之托的机会，运用客户资金为自己牟取暴利；有些证券从业人员与投机分子内外勾结进行内幕交易，操纵市场。为此，国家必须加强对证券市场的监管，对其活动检查监督，对非法的证券交易活动严厉进行查处，以维护证券市场的正常秩序，促进证券市场的健康发展。

3. 健全证券市场体系的需要

证券市场按金融商品不同可分为债券市场和股票市场；按功能的不同可分为发行市场和转让交易市场；按组成证券市场的机构职能不同可以划分为投资机构、发行机构、交易机构、咨询机构等。证券市场体系中的不同市场和机构各有其运行的规律和特点，又相互联系和制约。这就需要国家根据它们不同的特点和运行规律，以及它们之间的客观内在联系，根据整个经济发展的需要来统筹规划，建制立法，加强监督和管理，才能促进整个证券市场体系不断完善和协调发展，充分地发挥证券市场的作用。

4. 及时提供信息，提高证券市场效率的需要

及时、准确、可靠、全面的信息是证券市场参与者进行交易决策的重要依据。因此，一个发达的、高效率的证券市场必须是一个消息灵通发达的市场。这主要指：(1) 它必须要有一整套现代化的信息通信设备系统；(2) 必须要有一个组织严密的科学的信息网络机构；(3) 必须要有一整套收集、分析、交换信息的制度和技术及管理人员。这些只有通过国家的统一组织和管理才能实现。

二、证券市场监管的原则与内容

为实现证券市场监管目标，证券市场管理一般要坚持下列基本原则。

(一) 证券市场监管的原则

1. 公开性原则

公开性原则就是在法律和规章制度上，保证有关证券发行和上市企业的信息公布于众，为保证这些信息的真实，防止出现弄虚作假的现象，主管部门要求这些信息要经过权威部门的审核鉴定，并通过新闻媒介向社会公布。

2. 公平性原则

公平性原则就是通过有关法律和法规，保证每个投资者都享有平等的权利和地位，严格禁止内幕交易和一部分人的内部交易。在证券交易中，要贯彻“时间优先、价格优先、客户优先”的原则；在兼营代理买卖和自营买卖时，委托买卖的客户优先成交；证券从业人员不能进场或上柜为自己买卖证券；证券主管机构、交易所、证券经营机构中与证券管理与经营有直接关系的人员，不能为自己买卖证券，也不能向其他人透露有关价格涨跌的机密性信息；券商不能相互勾结，操纵市场买卖及价格；公开发行的证券必须全部向社会

出售，本企业职工、法人不能先行认购，经批准后，其认购部分不能超过发行总量的一定比例，而且不能立即转让。

3. 公正性原则

公正性原则就是通过相应的法律和法规，保证证券的发行和交易能够规范地进行，证券经营机构能够依法从事证券经营活动，证券管理和监督机构要依法对其进行管理和监督。

（二）证券市场监管的内容

证券管理部门通过制定各项制度、政策、法规和办法对证券市场进行管理，管理的内容归纳起来大致可分为以下几个方面。

1. 资格审查

资格审查是指对从事证券业务的机构和个人进行的审查，判定其是否有资格从事证券业务或从事与证券有关的某项业务，具体包括以下几方面。

（1）对证券交易所设立的审查。我国《证券法》规定，证券交易所的设立和解散由国务院决定。证券交易所的章程制定和修改必须经国务院证券监督管理机构批准。证券交易所应当为组织公平的集中竞价交易提供保障。

（2）对上市公司的资格审查。证券能否进入交易所挂牌买卖，一般由各证券交易所根据其规定，检查发行证券公司的公司资产、公司股东、公司的营业状况等必须符合一定的条件，才允许进入交易市场。

（3）对券商的审查。券商是指专门经营证券业务的机构，其主要职能是：代理发行有价证券；代理买卖或自营有价证券；证券咨询；保管及代理还本付息；开立与证券有关的结算业务等。我国目前的券商主要分为两种：1）综合类证券公司；2）经纪类证券公司。

2. 公开制度

公开制度主要指以下两个方面：

（1）公开发行。发行新证券的公司要提出申请，申报材料中最主要的部分是招股说明书和证券集资章程。申请公开发行如获批准，发行公司应于证券发行前若干天在证券监管机关规定的报刊上刊登证券发行章程或招股说明书，主管机关认为披露不充分时，可要求发行公司将其他相应文件补充公告。

（2）持续公开。公司的证券发行和上市以后，公司的经营状况必须持续不断地公布于众。公司要定期地向证券管理部门递交各种报告。对公司的重大变化和重大事件也要及时公开，股份公司的扩股和拆股均必须经主管部门确认后方可执行。

3. 交易管理

证券交易管理的主要内容有两个方面：（1）禁止内部交易，即内部人员利用公司信息和情报所进行的以获利为目的的交易；（2）防止交易中的蒙骗、欺诈和操纵行为。

4. 场外市场管理

证券监管部门对有价证券的场外交易（又称柜台交易）有一些规定。凡章程规定可转让的政府债券、金融债券、公司债券和可转让大额存单，原则上均可在批准经营证券转让买卖业务的金融机构办理柜台交易。股票必须进场交易，不得进行场外交易。

三、证券市场监管的方式与手段

（一）证券市场监管的方式

为了履行管理监督的职责，证券监管机构必须采用有效的管理方式。我国目前主要采用行政管理监督、自律性管理监督、公开性监督和社会公众监督相结合的方式，把运用法律手段与运用经济手段、行政手段结合起来。

行政管理监督是一种最主要的管理监督方式，也是比较有力和有效的方式。行政管理监督具有法律性、强制性和全面性的特点。行政管理监督机构是中国证券监督管理委员会。与证券市场活动有关的机构、个人及事项，都必须无条件接受监督管理。行政管理监督监管证券发行、证券交易及上市公司和证券经营机构的市场行为。行政管理监督包含了所有与证券市场活动的有关方面。

自律性管理监督主要指交易所、证券经营机构及证券行业协会等建立一套自律性规章制度。它们根据国家的有关法规和政策，根据证券主管机构的要求，制定相应的经营与运作规章、细则等，对其内部以及证券的发行与交易，实行严格的监督管理。

公开性监督是指每个证券发行和上市公司，必须根据公开原则，公开证券监管机构及证券交易所要求提供的文件资料；资产评估机构要对发行和上市公司的资产进行评估，并签署资产评估报告；信用评级公司要对其信用进行评级，并出具信用等级证明；会计师事务所注册会计师要对公司的财务报告进行审核，并签署财务审核意见书；证券监管机构和交易所要对所有文件资料进行审核，提出最后审批意见。与此同时，上述文件和资料还要登载在指定的报刊上，公布于众。每一个公开发行证券的公司都必须接受这一监督。

社会公众监督是指投资者为了维护自己的权益，对证券发行和上市交易以及对发行公司、证券经营机构实行监督。公众监督的主要方式有：

（1）对发行上市公司进行评价和监督，即投资者通过阅读所公开的文件和资料，对该公司进行分析和评价，来决定是否购买证券。

（2）投资者认购证券特别是股票，也就成为该公司的股东，而作为股东特别是普通股股东，有权参加股东大会；有权参加投票和检查公司账簿记录；有权参与公司的管理监督。

（3）新闻媒介、投资团体或机构投资者的监督。

（二）证券市场监管的手段

证券市场监管手段主要有以下三种：

（1）法律手段，指通过制定一系列的证券法规来管理证券市场。

（2）经济手段，指通过运用利率政策、公开市场业务、税收政策、保证金比例等经济手段对证券市场进行干预。

（3）行政手段，指通过制定计划、政策等对证券市场进行行政性干预。这种手段比较直接，但可能因违背市场规律而遭到惩罚。

四、证券市场监管模式

证券市场监管是金融监管的重要组成部分。它是指一国证券监管执行机构，根据证券法规对证券发行和交易实施的监督与管理，以确保证券市场的有序运行。

从全球范围看，一个国家采取何种证券监管模式并无定论，这主要取决于以下两个基本因素：(1) 证券市场的发展阶段、发育程度与证券市场的自由度；(2) 政府对经济运行的调控模型。由于各国具体情况不同，监管的模式也不大一样，综合各国证券市场管理体制，大体上有三种模式：集中立法管理型、自律管理型和分级管理模式。

(一) 集中立法管理型

在这种模式下，政府积极参与证券的管理，并在证券管理中占主导地位，而各种自律性组织，如证券交易所、券商同业公会等只起协助政府管理的作用。这种模式以美国为典型代表，故又称美国模式。许多人都认为这种模式是一个高度科学化的证券市场运作与监管系统，所以为许多国家或地区的证券市场所推崇和效仿。

美国对证券管理制定有专门的法律，在证券管理上注重公开的原则，其主要证券管理的法规有1933年的《证券法》、1934年的《证券交易法》、1940年的《投资公司法》等。这些法规由美国联邦证券管理委员会负责统一执行。另外，美国的各州也制定有自己的证券法。各种自律性组织（民间机构）在政府的监督下，也保留有相当的自治权。这是一种联邦、州及民间组织所组成的既统一又相对独立的管理模式。这种监管模式有如下好处：

1. 实行统一的集权管理，有利于证券市场的安全和秩序

美国联邦证券管理委员会是美国统一监管证券市场的、稳定的、非党派的准司法性质的机构，它的使命是执行由国会制定的保护投资者利益和维护证券市场秩序的法律。根据证券市场的发展状况，制定专门规则，以确保法律的贯彻实施。所以，尽管美国各州有较大的独立性，可以单独制定法律，但是，美国联邦证券管理委员会作为全国证券市场的立法与执法机构，将全国证券市场纳入统一监管之下，有利于证券市场的安全与秩序。

2. 证券监管机构有制定和执行法律、法规、制度或规则的职能，为证券市场的“自由性”创造了条件

美国证券管理委员会完全超脱于市场，对具体业务不加干涉。一旦证券市场出现问题，证券管理委员会将以后发制人的方式体现出监管机构的权威。

3. 美国联邦证券管理委员会的工作以预防性措施为核心

其主要业务活动是通过对证券市场信息的公开，实现保护投资人的目的。它的一切活动宗旨在于确保证券市场各行为主体依法办事，以防止证券市场不法行为的发生，使证券市场健康发展。

4. 美国联邦证券管理委员会兼有立法、执行和准司法权，所以保证了其对证券市场管理的权威性和有效性

鉴于美国对证券市场的监管模式较好地处理了立法与执法、中央监管与各州监管、政府与市场的关系，所以，许多国家也都效仿美国，采用了这种集中立法管理型的证券监管模式。这些国家有日本、韩国、巴基斯坦、埃及、土耳其、以色列、加拿大、新加坡、马来西亚、菲律宾和印度等。

(二) 自律管理型

在这种模式下，政府对证券市场的干预较少，政府也不设专门的证券管理机构。证券的管理完全由证券交易所协会及证券交易商会等民间组织自行管理。这种模式以英国为典型，又称英国模式。实行这种管理模式的国家和地区还有荷兰、中国香港、德国、意大利等。

英国自我管理的组织核心是英国证券业理事会和证券交易所协会。证券业理事会是1978年根据英格兰银行建议设立的，主要负责制定、解释有关证券交易的各项规章制度，如《证券交易商行动准则》、《大规模收购股权的准则》等。证券交易所协会管理伦敦及其他6个地方性交易所的具体业务，实际控制和管理全国的证券交易活动。

（三）分级管理模式

分级管理模式包括二级管理和三级管理模式。二级管理指政府和自律机构相结合的管理。三级管理指中央和地方两级政府加上自律机构的管理。

分级管理一般有两种方式：（1）政府与自律机构分别对证券进行管理，形成官方与民间的权力分配和制衡；（2）中央与地方分别对证券进行管理，形成政府间、政府与民间的权力分配与制衡。

目前，世界上多数国家和地区都开始采取分级管理模式，如美国、法国、意大利等国也逐步向二级、三级管理模式靠拢。其主要原因是以行业公会为主的自律性管理，容易形成行业垄断和利益集团，引起社会投资者的反对。

（四）我国证券市场监管模式

我国证券市场起步较晚，历史短暂，正处于发育时期。我国证券市场有如下几个特点：

（1）我国证券市场是非自由的市场，在相当长的一段时间内，不可能发展成为发达资本主义国家的那种高度自由化的市场。

（2）我国证券市场是相对独立的、非统一的市场。证券交易所归属国务院证券监管机构管理。

（3）证券市场自律功能尚未充分发挥。我国的政府行为较为刚性，市场自律管理软弱，使许多应由市场进行的自律管理转归政府管理，市场和企业依赖政府。

（4）政府直接参与经济活动。可以说，我国证券管理体制还未能完全摆脱政府审批经济的模式，计划的渗透力十分强大。国有企业的股份制改造需要政府审批；公司股票的发行、上市和交易需要证券监督委员会的核准。即使纯粹应由市场机制调节的证券行为，也渗透着计划与审批的因素。所以，我国证券监管模式的设计，只能是在渐进中逐渐接近市场管理模式，不可能一下子形成美国那样的监管模式。我国的证券监管模式从我国的实际情况出发，应该是在国务院证券监管机构的集中统一管理、调控、监督、指导下，充分发挥地方监管机构作用和证券市场自律功能，综合运用法律手段与市场调节手段，实行中央监管、地方监管与市场自律相结合的管理模式。要正确处理证券监管机构与其他相关部门之间的关系；证券监管机构与地方政府的关系；政府监管与证券市场自律的关系。

五、国外证券监管与自律机构

证券监管机构的设置取决于证券监管模式。各个国家和地区证券管理机构千差万别，但大体可分为政府监管机构和自律性监管机构两类。

（一）政府对证券市场的监管机构

世界各国对证券市场监管机构的设置各不相同，大体有独立机构管理和兼管机构管理两种情况。

1. 独立机构管理

独立机构管理是指以中央一级的独立机构对证券业进行的管理。主要有以下三类：

（1）以美国联邦证券管理委员会为代表，它执行、监督国会的立法，独立于立法、司法和行政三权之外。美国证券交易委员会于 1934 年 7 月在华盛顿成立。它是根据 1934 年《证券交易法》的要求和授权建立的。证券交易委员会的主要职责是执行美国有关证券法，保护投资者，维持一个公平而有秩序的证券市场。

（2）以法国证券交易所管理委员会为代表，它隶属于行政内阁，成为相对独立的行政管理部门。

（3）以意大利全国公司与证券交易所管理委员会为代表，它是与证券业相关的政府管理部门组成的协调机构（挂靠财政部），由于各部门利益不一致，协调力弱，自律机构是证券业的主要监管机构。

2. 政府机构兼管

政府机构兼管主要有财政部兼管、中央银行兼管、财政部和中央银行共管等多种情况。其中实行中央银行兼管、财政部和中央银行共管的国家较少。一般由财政部兼管证券业的情况分为两种类型：

（1）以日本大藏省证券局为代表的行政技术管理型。该部门被赋予相当大的权威，以指导和监督证券业的运行。

（2）以荷兰财政部证券司监管下的证券交易所自律机构为代表的自律指导监管型。财政部只对证券业自律机构作一般性监管，不作实质性干预。

（二）自律性监管机构

英国是以自律管理为主的国家，居主导地位的是英国证券业理事会和证券交易所协会。证券业理事会主要负责制定和解释有关证券交易的各项规章制度。理事会下设一个常务委员会，负责调查证券业内人士根据有关规章进行的投诉。证券交易所协会管理包括伦敦和全国其他 6 个地方性交易所的具体业务，实际控制和管理全国日常的证券交易活动。在此之下，由各证券交易所根据其交易规则，对上市公司及有关人士进行管理。在证券业理事会和证券交易所协会的自律管理基础上，英国贸易部下设公司登记处兼管公司股票发行登记，还对非交易所会员的券商实行一定的监管。英格兰银行对一定金额以上的股票发行权进行审批。

在美国，自律机构包括各证券交易所、证券商协会、清算机构、市政证券立法委员会等。各个交易所均订有规则监管在其市场的买卖及营运活动。这些交易所依照 1934 年《证券交易法》实施自我监管，并据此承担责任，以确保市场公平及其成员均能遵守联邦证券法。纽约证券交易所是美国最著名的自我监管市场，负责监管其会员公司的内部运作。全国证券交易商协会是美国最大的注册证券协会。1934 年《证券交易法》视这类证券协会为经纪及交易商的自我监管组织。该协会负责监管所有非纽约交易所及美国证券交易所会员的证券经纪公司，并管理美国的场外市场的交易活动。此外，市政证券立法委员会注册的结算机构，为其成员制定须予遵守的内部规则。美国证券管理机构如图 8—1 所示。

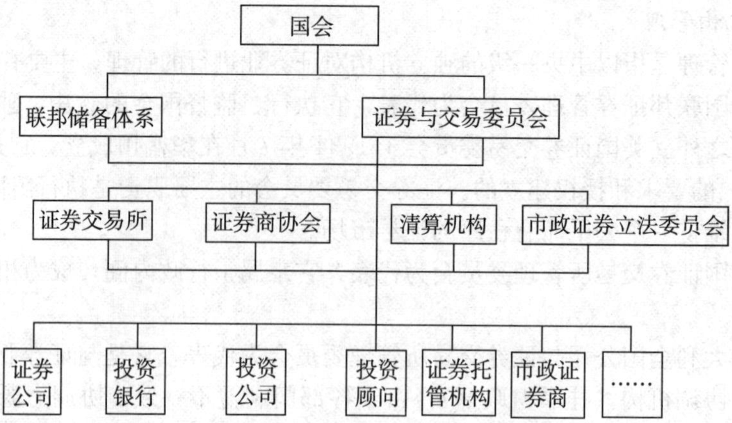

图 8—1 美国证券管理机构结构示意图

六、中国证券监管与自律机构

（一）中国证券监管机构

我国证券市场发展时间不长，加强对证券市场的监管是非常必要的。目前，我国证券监管机构主要是中国证券监督管理委员会及其派出机构。

中国证券监督管理委员会简称中国证监会，成立于 1992 年 10 月。1998 年 9 月，经国务院批准，中国证监会为国务院直属事业单位，是全国证券期货市场的主管部门。

根据《证券法》第一百七十九条规定，国务院证券监督管理机构在对证券市场实施监督管理中履行下列职责：

（1）依法制定有关证券市场监督管理的规章、规则，并依法行使审批或者核准权；

（2）依法对证券的发行、上市、交易、登记、存管、结算，进行监督管理；

（3）依法对证券发行人、上市公司、证券公司、证券投资基金管理公司、证券服务机构、证券交易所、证券登记结算机构的证券业务活动，进行监督管理；

（4）依法制定从事证券业务人员的资格标准和行为准则，并监督实施；

（5）依法监督检查证券发行、上市和交易的信息公开情况；

（6）依法对证券业协会的活动进行指导和监督；

（7）依法对违反证券市场监督管理法律、行政法规的行为进行查处；

（8）法律、行政法规规定的其他职责。

国务院证券监督管理机构可以和其他国家或者地区的证券监督管理机构建立监督管理合作机制，实施跨境监督管理。

中国证监会同时还在各地设有派出机构，其主要职责是：认真贯彻执行国家有关法律、法规和方针、政策，依据证监会的授权对辖区内的上市公司、证券期货经营机构、证券期货投资咨询机构和有关股票发行业务、证券投资基金的业务活动进行监督管理；依法查处辖区内前述监管范围的违法、违规案件，调解证券期货业务纠纷和争议，以及证监会授予的其他职责。

（二）自律监管机构

1．证券业协会

证券业协会于 1991 年 8 月 28 日正式成立，是依法注册的具有独立社会法人资格的、由经营证券业务的金融机构自愿组成的行业性自律组织。它的设立是为了加强证券业之间的联系、协调、合作和自我控制，以利于证券市场的健康发展。中国证券业协会采取会员制的组织形式，凡依法设立并经特许可以从事证券业务经营和中介服务的专业证券公司、金融机构、证券交易所及类似机构，承认协会章程，遵守协会的各项规则，均可申请加入协会，成为协会会员。

中国证券业协会的最高权力机构是会员大会，由会员大会产生出协会的会长、副会长、理事会理事等成员。下设办公室、培训部、业务开发部、对外联络部，负责处理日常事务。其职能是：根据党和国家有关政策、规划，拟定自律性管理规则；统一会员的交易行为，维护市场秩序，斡旋、调解会员间的纠纷；接受主管部门的授权，仲裁会员与顾客间的争议；监督、审查会员的营业及财务状况，并对会员进行奖励和处罚；组织从业人员的各类培训，提高从业人员的业务技能和管理水平，并负责从业人员的奖励和处罚等。

2. 证券交易所

（1）上海证券交易所。上海证券交易所于1990年11月26日经中国人民银行批准正式宣告成立，并在同年12月19日正式营业。

上海证券交易所按照国际通行的会员制方式组成，不以盈利为目的，是实行自律性管理的事业法人。其宗旨是促进社会主义市场经济的发展，创建公平、稳定、高效的证券市场，维护投资者的合法权益。上海证券交易所的职能是：提供证券集中交易的场所和设施；组织和管理上市证券的交易活动；依法对上市公司和会员的业务经营活动进行监督；国家证券主管机关许可或委托的其他职能。目前上海证券交易所由会员、会员大会、理事会和总经理组成。

上海证券交易所的运作主要包括证券上市和场内交易两个方面。

第一，证券上市。上海证券交易所目前上市的证券主要是国家发行的各类国债、省级地方政府发行的建设债券、金融机构发行的金融债券、全国各地公开发行的公司债券和股票。

第二，场内交易。主要内容包括：委托程序、交易方式与程序、清算交割程序等。

（2）深圳证券交易所。深圳证券交易所于1989年11月15日开始筹建，经中国人民银行批准于1991年7月正式营业。

深圳证券交易所按照国际惯例，以会员制方式组成，为非营利性的事业法人。其宗旨是提供证券集中交易场所，创造公开、公平、公正的市场环境，保护投资者的合法权益，促进我国证券事业的发展。

深圳证券交易所的运作与上海证券交易所的运作基本类似。参加交易所集中买卖证券者，必须是交易所的会员并向交易所购买交易席位，会员取得席位后，可根据业务需要向交易所申请设立1个或1个以上的交易单元。会员从事证券经纪、自营、融资融券等业务，应当分别通过专用的交易单元进行，并向深圳交易所缴纳交易单元使用费、流速费与流量费等费用。

在证券上市方面，证券上市必须先由发行人提出申请，经深圳证券交易所上市委员会批准。

在场内交易方面，深圳证券交易所场内证券交易分下列3种：普通交割买卖，即交易于成交后的第一个营业日结束前办理交割；成交日交割买卖，即必须经买卖双方以书面表示，于成交当日办理交割；特约日交割买卖，其办法由交易所拟定，报请主管机关批准后实施。初次上市证券竞价买卖时，按申报买卖该证券的数量及价格决定其开盘价格。申报买卖证券的数量，须为一交易单位或其整数倍。申报买卖证券的价格，股票以一股为准，债券以面额百元为准。

第三节　证券市场监管的主要内容

一、对证券发行市场的监管

（一）证券发行审核制度

世界各国法律对证券发行的调控都是通过审核制度来实现的。审核制度分为两种：一种是以美国联邦证券法为代表的注册制度；一种是以美国部分州的证券法及欧洲大陆各国的《公司法》为代表的核准制度。

1. 证券发行注册制度

注册制指的是发行人在发行证券之前，首先必须按照法律规定申请注册。注册制实质上是一种发行证券的公司的财务公布制度。它要求发行证券的公司提供关于证券发行本身，以及同证券发行有关的一切信息，并要求所提供的信息具有真实性、可靠性。在此制度下，某种证券只要按照发行注册的一切手续，提供了所有情况和统计资料，并且所提供的信息完全属实，就可以公开上市发行。

（1）证券发行注册制的国家证券发行资格与责任。美国 1933 年《证券法》和 1934 年《证券交易法》规定，凡是在证券交易所公开上市的证券，必须向证券交易委员会和证券交易所进行发行注册。对在场外交易市场上进行的证券发行，只要发行公司的资产超过 100 万美元，股东人数超过 500 人，也须向证券交易委员会办理发行注册。美国实行双重注册制度，即证券发行公司既要在证券交易委员会注册，又要在证券上市的那家证券交易所注册。两者注册的内容和程序大致相同。

（2）证券发行注册的内容，一般包括三部分：1）发行说明书，对公司情况作一般介绍；2）公司财产的详细报告和统计；3）证明材料，包括发行人、发行证券及与包销有关的各种证明文件和原始凭证等。

注册批准与否采取自动生效形式，即在一定期限内主管机构不提出异议，则期满自动生效。

（3）证券发行注册的程序。美国 1933 年《证券法》规定了证券发行审核程序和行政程序。从审核程序看，证券发行注册分为三个阶段：

1）注册申报书送达前阶段。在注册申报书送达证券交易管理委员会之前，发行人、承销商和自营商不得有任何推销证券的行为。

2）等待阶段。指注册申报书送达，尚待确定生效与否阶段。注册申报书送达后 20 日内不允许做成证券发行交易。因为此时许多证券发行信息亦可能向外界披露。等待阶段的作用是放慢审核程序，使证券自营商及潜在投资者与发行人接触。

3）生效阶段。此阶段可从事证券发行并订立合同，但必须适时提交公开说明书。其他补充宣传文件也可于此阶段使用，但必须于事前或同时交付公开说明书，以防止投资者被夸大的宣传所迷惑。

从美国证券发行审核行政程序看，申报程序分为两个阶段：

1）正式行政程序。证券发行注册申报书送交证管会审查，由证管会指明文件缺陷，并要求补正或正式拒绝，或阻止生效。

2）非正式行政程序。由证管会的公司财务部的会计、律师或其他专家审核。审核方式包括：a. 不予评论；b. 初步审查；c. 详细审查。

(4) 美国证券发行注册豁免。

1）发售。对于不涉及证券发行人、证券承销商或者证券自营商的证券销售；某些证券的特殊转让，如券商之间的证券销售，不涉及证券发行人，证券在证券承销商与经纪商之间的销售；证券发行人持有证券在交易所进行的证券发行；证券发行人不公开发行证券，采用私募发行都可以豁免注册。

2）豁免证券。根据1933年《证券法》第3条第1款的规定，以下证券豁免注册：a.《证券法》修订或修订后60日内发行人发售或处分或正式向公众要约发售的任何证券；b. 政府或银行发行或担保的证券；c. 短期商业票据；d. 非营利的宗教、教育或慈善团体发行的证券；e. 法定机构发行的证券；f. 受州际商务委员会监督的运送人发行的证券；g. 经法庭许可，由破产管理人发行的证券；h. 由政府机构监督发行的担保单、捐款单及年金契约；i. 发行人及证券持有人间自愿的证券交换行为；j. 于公司重整时，由公司法或行政当局许可的证券发行；k. 向某一州或准州居民发行或出售的证券。以上 b～h 项所发行的证券，由于发行人具有特殊性质，该类证券为永久性豁免。其他情形属豁免交易，只对本次发行交易豁免。

3）豁免交易。除以上豁免证券中的最后三项为豁免交易外，豁免交易还包括小额交易豁免和私募发行豁免。

区别豁免证券与豁免交易十分重要。豁免证券于发售或第二次发行时，无须依法注册，为永久性豁免。而豁免交易则只有本次发行出售行为豁免，其第二次发行行为仍然要依法注册。

(5) 对注册制的评价。

注册制作为一种法律制度，它所表现出来的价值观念反映了市场经济的自由性、主体活动的自主性及政府管理经济的规范性和效率性。在这种制度下，证券管理机构只对申请文件作形式审查，不涉及发行申请者及发行证券的实质条件，不对证券及其发行行为作任何价值判断，因而降低了审核工作量。申报文件提交后，经过法定期间，申请即可生效，从而免除了烦琐的授权程序。但是，必须指出：

1）证券注册并不能成为投资者免受损失的保护伞。证券管理机构无权确认申请注册证券缺乏实质要件，否则将构成违法。证券注册的唯一标准是信息完全公开。至于发行价格、发行人或承销商利益等实质要件，不能构成证券发行合法性的先决条件。

2）证券发行注册的目的，是向投资者提供据以判断证券实质要件的形式资料，以便作出投资决定。如果公开方式适当，证券管理机构不得以发行证券价格或其他非公平条件或发行人提出的公司成功前景不尽合理等理由拒绝注册。对于投资者来说，只要发行公开要素具备，则投资风险自负。

3）注册程序不保证注册申报书和公开说明书中陈述事实的准确性，所以，注册制并非无懈可击。该制度是建立在信息公开原则基础上的，它假定投资者只要能够得到有关证券发行的一切信息，即可自主作出投资决定，并得以自我保护，证券管理机构无权阻止其交易。但事实上大多数投资者很难具备充分的证券投资知识与经验。况且，有许多投资者根本不可能或无机会获得该信息，加上发行人故意夸大证券价值或规避潜在的不利因素，都可使投资者受损。所以，从投资安全角度看，公开原则并不能完全保护投资者利益。

2. 证券发行核准制度

核准制指的是在规定证券发行的基本条件的同时，要求证券发行人将每笔证券发行报请主管机关批准。

（1）核准制的特点。这种制度以维护公共利益和社会安全为本位，不重视行为个体的自由权。因此，在很大程度上带有国家干预的特征，只不过这种干预是借助法律工具来完成的，使干预形式蒙上了合法与制度的外衣。实行证券发行"核准制"，一般都规定出若干证券发行的具体条件，经主管机关审查批准才可发行证券。这些具体条件有：发行公司的营业性质；管理人员的资格能力；发行公司的资本结构是否健全合理；发行人所得报酬是否合理；公开的资料是否充分、真实；事业有否合理的成功机会等。只有符合上述条件的发行公司，经证券主管机关批准，才可在证券市场上发行证券，取得证券发行资格。

（2）对核准制的评价。衡量一种制度科学与否，应全面、客观、公正地得出结论。评价证券发行审核制度，应当包括公正、合理、安全和效率四种价值判断要素。

1）公正，指的是审核制度应对发行申请者与公众投资者给予同等保护。在证券管理机构与证券申请发行人、公众投资者之间建立和谐、平衡的关系。管理机构应在某一审核制度下科学运作，以形成证券市场的公平、秩序状态。

2）合理，指的是制度设计的前提与假设应当科学、客观，并且由此演绎出的结论应当符合逻辑及其客观现实。

3）安全，指的是制度以宣传形式向行为者展示后果，并为超越制度以外的一切后果预先提供调整工具与手段。就审核制度而言，安全指某一审核体制应当具有预见性，使申请人可以预见其行为后果，并对超越法律预见或对证券市场造成不良影响的行为予以矫正。

4）效率，指的是证券发行审核活动中，对时间和劳动的节约。效率原则要求在不违反立法宗旨的前提下，使审核程序尽量简短，使证券管理机构的工作卓有成效。

证券发行核准制指证券管理机构的严格实质审查，剔除了不良证券，稳定了证券市场秩序，维护了投资者利益。但是核准制并未摒弃公开主义思想，它吸收了公开主义的精髓，并使其成为核准制的核心内容，从而使投资者利益获得双重保障。一方面，投资者可以获得发行人公开的信息资料，知悉公司状况，并作出投资判断；另一方面，政府制定公开发行证券的实质标准，使投资者投资的证券具有一定水准。

3. 我国证券发行核准制度

我国《证券法》规定，公开发行证券，必须符合法律、行政法规规定的条件，并依法报经国务院证券监督管理机构或者国务院授权的部门核准或者审批；未经依法批准或者审批，任何单位和个人不得向社会公开发行证券。公开发行股票，必须依照《公司法》规定的条件，报经国务院证券监督管理机构核准。发行人必须向国务院证券监督管理机构提交

《公司法》规定的申请文件和国务院证券监督管理机构规定的有关文件。发行公司债券，必须依照《公司法》规定的条件，报经国务院授权的部门审批。发行人必须向国务院授权的部门提交《公司法》规定的申请文件和国务院授权的部门规定的有关文件。

根据新修订的《证券法》，发行人申请公开发行股票、可转换为股票的公司债券，依法采取承销方式的，或者公开发行法律、行政法规规定实行保荐制度的其他证券的，应当聘请具有保荐资格的机构担任保荐人。

保荐人应当遵守业务规则和行业规范，诚实守信，勤勉尽责，对发行人的申请文件和信息披露资料进行审慎核查，督导发行人规范运作。

保荐人的资格及其管理办法由国务院证券监督管理机构规定。

国务院证券监督管理机构设发行审核委员会，依法审核股票发行申请。发行审核委员会由国务院证券监督管理机构的专业人员和所聘请的该机构以外的有关专家组成，以投票方式对股票发行申请进行表决，提出审核意见。国务院证券监督管理机构依照法定条件负责核准股票发行申请。核准程序应当公开，依法接受监督。

证券发行申请经核准或者经审批后，发行人应当依照法律、行政法规的规定，在证券公开发行前，公告公开发行募集文件，并将该文件置于指定场所供公众查阅。发行证券的信息依法公开前，任何知情人不得公开或者泄露该信息。发行人不得在公告公开发行募集文件之前发行证券。

（二）证券发行信息披露制度

证券发行信息披露制度是公开发行有价证券者以维护公司股东或债权人合法权益为宗旨，将公司信息完全、准确、及时地公开，以供证券投资价值判断的法律制度。证券发行披露制度是公司信息披露制度的组成部分。

1. 信息公开制度的意义

为了确保信息公开，各国均以法律强制功能保证信息公开。可以说，强制信息公开制度，是信息公开制度生命力之所在。强制信息公开制度的意义如下：

（1）有利于投资判断。从投资者角度看，投资获利是唯一的目的。要从种类繁多的有价证券中选择最有利的投资机会，投资人应当对发行公司的资信财力及其公司运营状况有充分了解。从证券价格形成角度看，除发行人营业收入外，还受公司合并、经营权转移、新资源及新产品开发等公司经营状况的影响。因此，只有使投资者公平取得发行公司信息，才可能择优作出投资判断，以达到最大收益、最小风险之功效。

（2）防止信息滥用。公平的证券市场，投资者有均等获得信息的权利和投资获益的机会。股票和公司债券的发行是股权或公司债权转移的过程，也是风险分化的过程。如果没有信息公开制度，发行人则可能散布虚假信息、隐匿真实信息或滥用信息操纵市场，或以其他方式欺骗投资者、转嫁风险，使证券市场无法显示证券的真正价格，市场弊端将由此产生。

（3）有利于经营与管理。信息公开主要是公司财务制度的公开。在企业长期的经营管理活动中，国际上已经形成一整套科学完整的会计制度。运用国际会计制度管理企业，将使发行公司管理机制趋向国际化、规范化。通过公开制度的实施，还可以扩大发行公司的社会影响，提高企业知名度，实现广告宣传的附属效应。

（4）防止不当竞业。在公司制度的演化过程中，股份有限公司的内部关系采用了政治上的分权模式，将企业所有权与企业经营权相分离。公司董事会掌管企业经营权。为保证经营权的合理行使，维护股东和公司债权人的利益，一些国家的公司法规定董事有勤勉义务、忠实义务和竞业禁止义务。因此，以法律规定董事承担竞业禁止义务，是维护公司和股东权益的重要手段之一。

（5）提高证券市场效率。证券发行与证券投资是实现社会资源配置的过程。这一过程主要依靠市场机制进行调节。排除管理机构的监管因素，公司有价证券何时发行、发行何种、发行多少，取决于市场要求及投资者的投资能力。证券投资是一个选择过程。如果企业资信良好、实力雄厚、管理甚佳、盈利丰厚，其发行的证券必为广大投资者所青睐。因此，为使投资者科学选择投资证券，实现资源的合理配置，必须建立完备的信息公开系统。信息公开是提高证券市场效率的关键因素。

2. 信息公开的法律标准

证券法律制度的信息公开标准，是衡量信息公开的基本尺度。理论上，信息公开的法律标准应当概括为：信息的全面性、资料的真实性、时间的时效性、空间的易得性、内容的易解性、形式的适法性。

（1）全面性，指凡是供投资人判断证券投资价值的有关资料，应全部记载于法定文件中，并予以公开。如果公开资料有隐瞒、遗漏情形，则提交的文件或交付证券取得人的文件不发生法律效力。

（2）真实性，指发行人公开的信息资料应当准确、真实，不得虚伪记载、误导或欺骗。为保证公开信息的真实性，证券法律制度应从四个方面予以规范：1）保证义务；2）审核监管制度；3）公开资料鉴证制度；4）法律责任保障制度。

（3）时效性，指向公众投资者公开的信息应当具有最新性。公开资料反映的公司状态为现实公司状况，公开资料交付的时间不超过法定期限。

（4）易得性，指公开资料容易为一般公众投资者所获取。实践中，资料公开方式有三种：1）由证券发行人或出售者直接向投资者交付债券发行章程、招股说明书等公开资料；2）将有价证券发行申报书、公开说明书等公开文件备置证券主管机关、证券交易所、证券发行公司、证券公司等一定场所，供公众阅览；3）通过公众新闻媒介，如报纸、电视等传播。

（5）易解性，指发行公司公开的资料为投资者所容易认识、理解、掌握和运用。因此，法定公开资料应以鲜明的形式，简洁凝练的语言，易于为普通投资者理解的专业术语，向投资者公开信息。易解性的专业标准与公开的形式要求联系密切。法定公开文件的形式要求，应当贯彻易解性的衡量准则。

（6）适法性，指公开资料的形式符合法律规定。通常，公开资料以公开说明书为主。美国《证券法》的公开说明书指通过书面形式，或通过电台或电视，为出售证券报价或确认任何证券出售的任何说明书、通知、通告、广告、信件或以通信手段传达的信息。

法律应就文件具体编制格式和要求予以规定。由于经济活动复杂多样，法律不可能逐项详尽列举公开事项，否则，极易产生立法不周详的隐患。所以，为适应经济变化需要，应当排除限定列举方式。至于例示式，存在法律约束力较弱，不易规范等弱点。有鉴于此，我国应当采用开放型列举式。首先由法律明示列举各类文件必要的规定事项；其次为符合公开原则，应当允许证券管理机构视情况增列公开事项。公开者也可以在法定公开事项之外，增列对投资者有利的公开事项，并对公开文件不详尽或易于误解之处，作出必要说明。

3. 证券发行信息披露制度的主要内容

美国现时公开制度所要求披露的上市公司资料相当广泛，而且通常是明确指定的业务细节，它们被认为是进行明智的投资分析所必需的资料。美国《证券法》中的公开法规内容丰富、包罗万象且技术性很高。这些资料分为一般公开资料和财务会计资料等。

（1）一般公开资料。上市公司一般需要公开的资料主要分为五大部分：公司业务和生产设施状况的说明；公司证券及其市场信息的说明；公司财务资料和财务报表；管理阶层对公司财务状况和经营业绩的讨论和分析；高级管理人员的经验、报酬及利益冲突等有关资料。

（2）财务会计资料。上市公司有义务向投资大众提供充足的财务会计信息，以便帮助其作出投资决策，而这些决策是直接影响社会资本和资源配置的。

（3）有关管理人员资料。公开管理人员及对公司极有影响力的大股东的有关资料，有助于投资大众评估管理阶层的管理能力，以及他们的诚实和廉正程度。应公开的管理人员有关资料包括：所有董事会成员及公司高级管理人员的姓名、年龄和工作经验；所有董事和高级管理人员直接或间接的薪酬；如果董事或高级管理人员有牵涉法律诉讼或纠纷行为的有关详细情形；董事、高级管理人员和大股东的控股情况；任何其他有关资料。

（4）公司财务状况和业绩的讨论与分析。财务会计报表的技术性相当高，一般投资大众难以明白。而财务会计报表对公司状况和业绩的数字上的描述，就算加上报表附注所提供的简单资料，对一个投资者判断公司经营状况和将来发展趋势而言，可能仍是不够的。为了弥补此不足，美国《证券法》要求上市公司在其募股说明书和年度报告中，提供公司管理部门对公司状况和业绩的讨论与分析。

（5）股票发行的有关资料。除了上述资料需要公开之外，公开发行证券的公司，还要向投资者阐明投资于其股票的有关风险和投机因素。

4. 我国证券发行信息披露制度

我国证券的信息披露，既要披露公司过去与现在的信息，又要披露公司未来股份收益预测的信息；既要客观披露公司发展与盈利的肯定因素，又应表明投资风险等否定因素，以使投资者得以综合判断。

《证券法》规定，经国务院证券监督管理机构核准依法发行股票，或者经国务院授权的部门批准依法发行公司债券，依照《公司法》的规定，应当公告招股说明书、公司债券募集办法。依法发行新股或者公司债券的，还应当公告财务会计报告。公司公告的股票或者公司债券的发行和上市文件，必须真实、准确、完整，不得有虚假记载、误导性陈述或者重大遗漏。股票或者公司债券上市交易的公司，应当在每一会计年度的上半年结束之日起 2 个月内，向国务院证券监督管理机构和证券交易所提交中期报告，应当在每一会计年度结束之日起 4 个月内，向国务院证券监督管理机构和证券交易所提交年度报告。发生可能对上市公司股票交易价格产生较大影响而投资者尚未得知的重大事件时，上市公司应当立即将有关该重大事件的情况向国务院证券监督管理机构和证券交易所提交临时报告，并予以公告，说明事件的实质。我国信息披露制度以法律形式强制实行，赋予证券监督管理机构必要的权利，以解释和补充法定公开要求是完全必要的。证券监督管理机构的任务，就是要通过信息披露的法律形式，核查公司的真实情况，以及投资者对上述披露信息的利用程度。通过法律强制实行证券发行披露原则，确保披露信息的全面性、真实性、时效性、易得性、易解性和适法性。

尤其是新修订的《证券法》提出了建立发行申请的预披露制度，要求发行人申请首次公开发行股票的，在提交申请文件后，应当按照国务院证券监督管理机构的规定预先披露有关申请文件。这样可以拓宽社会监督的渠道，防范发行人采取虚假手段骗取发行上市资格。

二、对证券交易市场的监管

（一）证券申请上市需要提交的材料监管

1. 股票上市

（1）上市报告书；

（2）申请股票上市的股东大会决议；

（3）公司章程；

（4）公司营业执照；

（5）依法经会计师事务所审计的公司最近三年的财务会计报告；

（6）法律意见书和上市保荐书；

（7）最近一次的招股说明书；

（8）证券交易所上市规则规定的其他文件。

2. 债券上市

（1）上市报告书；

（2）申请公司债券上市的董事会决议；

（3）公司章程；

（4）公司营业执照；

（5）公司债券募集办法；

（6）公司债券的实际发行数额；

（7）证券交易所上市规则规定的其他文件。

申请可转换为股票的公司债券上市交易，还应当报送保荐人出具的上市保荐书。

（二）证券交易暂停情况监管

1. 股票暂停交易情况

（1）公司股本总额、股权分布等发生变化，不再具备上市条件；

（2）公司不按照规定公开其财务状况，或者对财务会计报告作虚假记载，可能误导投资者；

（3）公司有重大违法行为；

（4）公司最近三年连续亏损；

（5）证券交易所上市规则规定的其他情形。

2. 债券暂停交易情况

（1）公司有重大违法行为；

（2）公司情况发生重大变化，不符合公司债券上市条件；

（3）发行公司债券所募集的资金不按照核准的用途使用；

（4）未按照公司债券募集办法履行义务；

（5）公司最近两年连续亏损。

（三）证券交易终止情况监管

1. 股票终止交易情况

（1）公司股本总额、股权分布等发生变化，不再具备上市条件，在证券交易所规定的期限内仍不能达到上市条件；

（2）公司不按照规定公开其财务状况，或者对财务会计报告作虚假记载，且拒绝纠正；

（3）公司最近三年连续亏损，在其后一个年度内未能恢复盈利；

（4）公司解散或者被宣告破产；

（5）证券交易所上市规则规定的其他情形。

2. 债券终止交易情况

（1）公司有重大违法行为，经查实后果严重；

（2）公司情况发生重大变化，不符合公司债券上市条件，限期内未能消除；

（3）发行公司债券所募集的资金不按照核准的用途使用，限期内未能消除；

（4）未按照公司债券募集办法履行义务，经查实后果严重；

（5）公司最近两年连续亏损，限期内未能消除。

三、对证券经营机构的监管

（一）证券经营机构设立的监管

1. 注册制

证券经营机构注册制以美国为代表。根据美国 1934 年《证券交易法》的有关规定，券商必须注册。申请注册时，应说明财务状况，注册者应有经营能力，应符合法定培训、经验、能力等其他条件，券商最低资本金及成员的资历限制合乎规定的，才可自由从事证券业务。

注册制下的证券经营机构设立条件的特点为：

（1）券商设立采取自由开放政策，凡符合条件且注册者，皆可从业，但其注册条件有日趋严格之势。

（2）注册制既是券商设立条件与程序，又是从业管理方式。

（3）强调券商的个人责任。

（4）以保证金缴付作为注册的必要条件，以担保券商从业中对他人损害的赔偿责任。

2. 特许制

特许制以日本为代表，实行特许制的国家主要有日本以及东亚、东南亚和欧洲大陆的国家。日本《证券交易法》规定，证券公司未经大藏大臣特许，不得经营证券业务，并从证券业务角度划分，将特许分为自营、经纪、承销以及募集和销售代理四种，每种特许应分别获得，或允许取得一项以上的业务特许。

特许制下的证券经营机构设立条件的特点为：

（1）采取控制设立政策，严格规定设立条件，只有具备合法条件且取得主管部门许可者，方可从业。

(2) 从业种类采取分类特许方式。如日本允许证券公司兼营多种证券业务，证券经营机构可分别取得一种以上许可。我国台湾采取券商分业政策，即证券公司的承销、自营、经纪业务资格，只能取得一种。

(3) 设立制度与证券经营机构经营制度分别立法。设立制度强调证券机构成立资格及程序。经营管理制度以禁止性规范来约束证券机构的行为。

(4) 设立保证金交付制度，但是不以保证金交付为取得从业许可的条件。

（二）证券经营机构行为的监管

综观各国的证券法律制度，证券经营机构的行为管理可以概括为：证券经营机构的定期报告制度；证券经营机构的财务保护制度；证券经营机构行为规范、禁止制度；证券经营机构内部人员管理制度；证券经营机构变更、解散及其他法定事项通报制度。下面以美国为例作详细介绍。

1. 证券经营机构定期报告制度

设立券商文件报告制度的目的是，通过证券主管机构对提供文件的审查、监管活动，全面掌握证券经营机构经营及财务状况，以确保证券经营机构安全营业，忠实履行业务。

2. 证券经营机构财务保护制度

建立此项管理制度的目的是，以财务的适法性和资产保证来维护证券经营机构的信誉。防止因证券事故发生，损害投资者的利益，并使受损害的投资者获得损失赔偿。

3. 行为规范

证券经营机构的行为规范，依其类别不同而有所差异。

(1) 自营商。自营商是自行买卖证券、独立承担风险的证券经营机构，法律一般对这类券商进行较严格的资格限制。

(2) 承销商。从美国法律来看，对承销商的规范主要有：禁止商业银行参与公司证券的承销，以防止商业银行利用其证券附属部门及存款进行投机牟利；承销人对公开说明书的虚伪、欠缺应负民事责任，但可因证明自己已尽义务而免责；承销合同及承销商报酬情况必须予以公开；承销商在承销期间如从事稳定价格的行为，必须依照证券管理委员会的规则行事。

(3) 经纪商。经纪商本身并不经营证券，只是完成委托人的委托。对经纪商的营业一般有两种法律规定：一种是以美国为代表的登记制；另一种是以日本为代表的特许制。关于证券经纪商的资格，日本规定必须是公司形式，而其他许多国家，如美英等国均无这种限制。经纪商出于“中间人”的特点，往往会因此作出舞弊行为，故证券法强调经纪商应公开交易，禁止任何欺诈违法行为。

(4) 证券经营机构的注册登记管理。证券经营机构监管的一个重要方法，就是对证券经营机构实行注册登记制度。

4. 禁止制度

禁止制度的内容包括：(1) 禁止不正当投资劝诱和过量交易；(2) 禁止自营与经纪业务混合操作。自营与经纪业务混合操作是指券商在有价证券买卖中，既为交易一方的被委托人（经纪商），又为该项交易的当事人（自营商）的证券交易行为。混合操作行为的危害是：券商以双重身份从事该项交易，使自己处于利益冲突之中。券商为保护自己利益，牺牲交易委托人的利益。因此，混合操作行为为法律所禁止。

5. 证券经营机构自律制度

证券市场活动是复杂的经济行为和管理行为系统。在这一系统中，政府运用行政机制依法管理市场，使市场行为合法与非法的界限分明，管理手段具有刚性约束。但是，也会有一些领域，政府的行为很难奏效，必须借助证券经营机构的自律行为，予以行业或道德约束，以维护投资者利益，促进市场的公平、公正和竞争秩序的建立。这种行业和道德约束的手段就是自律管理。

证券经营机构的自律管理有两种形式：（1）证券经营机构协会的自律管理；（2）由会员证券经营机构组成的证券交易所的自律管理。

（三）我国对证券经营机构的监管

我国对证券经营机构的监管内容主要表现在资格和业务方面。

1. 资格

《证券法》规定，设立证券公司，必须经国务院证券监督管理机构审查批准。未经国务院证券监督管理机构批准，不得经营证券业务。国家对证券公司实行分类管理，分为综合类证券公司和经纪类证券公司，并由国务院证券监督管理机构按照分类颁发业务许可证。设立综合类证券公司，必须具备：有符合法律、行政法规规定的公司章程；主要股东具有持续盈利能力，信誉良好，最近三年无重大违法违规记录，净资产不低于人民币2亿元；有符合本法规定的注册资本；董事、监事、高级管理人员具备任职资格，从业人员具有证券从业资格；有完善的风险管理与内部控制制度；有合格的经营场所和业务设施；法律、行政法规规定的和经国务院批准的国务院证券监督管理机构规定的其他条件。

2. 业务

《证券法》规定，证券公司的对外负债总额不得超过其净资产额的规定倍数，其流动负债总额不得超过其流动资产总额的一定比例。其具体倍数、比例和管理办法，由国务院证券监督管理机构规定。综合类证券公司可以经营证券经纪业务、证券承销业务、证券自营业务、经国务院证券监督管理机构核定的其他证券业务。经纪类证券公司只允许专门从事证券经纪业务。综合类证券公司必须将其经纪业务和自营业务分开办理，业务人员、财务账户均应分开，不得混合操作。客户的交易结算资金必须全额存入指定的商业银行，单独立户管理，严禁挪用客户交易结算资金。

四、对证券交易所的监管

（一）证券交易所的管理模式

证券交易所的管理模式主要划分为三种。

1. 综合型管理模式

综合型管理模式既重视利用政府权力对证券交易所进行监管，也充分考虑证交所的自律管理。美国、日本、加拿大、韩国等国主要采取这种模式，其主要以美国为代表，故又称“美国体制”。

2. 自律型管理模式

自律型管理模式的证券交易所特别强调券商和证券交易所的自我管制。该模式以英国为代表，采用这种模式的还有英联邦的一些国家。

3. 行政型管理模式

行政型管理模式的最大特点是强调政府权力对证券交易所的外部管理。目前，欧洲大陆多数国家采取这种管理模式，故也称“欧陆模式”。

（二）证券交易所的管理原则

在对证券交易所实施管理的过程中，必须充分考虑到对证券投资者利益的保护，这是各国证券交易所立法所确立管理原则的核心和归宿。在证券交易所交易中，充分公开原则是证券交易所管理的基本原则。充分公开是指上市公司和证券交易所必须把与证券交易有关的资料和信息，全面、真实和准确地提供给社会公众，不得采取欺诈、垄断、操纵和内幕交易等手段影响证券交易的正常进行。

（三）证券交易所的管理制度

1. 对证券上市公司的管理

对证券上市公司的管理，主要体现在以下方面：（1）证券上市交易的证券注册。（2）证券上市公司统计和财务报表的申报。（3）证券发行公司要承担不诚实填报有关报表所产生的法律责任。对谎报、漏报公司财务状况的发行公司，除要向受害人赔偿损失外，司法机关还有权追究责任人员的刑事法律责任。

2. 对证券交易所的管理

对证券交易所的管理直接涉及有序的市场交易关系的确立，无论会员制或者公司制证券交易所，都要受到证券交易主管机关和证券交易自律组织的双重管理。一般来说，会员制证券交易所比较强调自律管理；公司制证券交易所则重视政府行政管理。

3. 对证券交易行为的管理

行政主管机关和自律组织有责任维持证交所的市场交易秩序，并对证券交易所内的证券交易行为实行管理。对证券交易行为的管理包括反欺诈、反垄断和反内幕交易等项内容。

4. 对场内交易券商的管理

券商被看成是市场创造者，其活动是否合乎证券交易规范，直接影响到证券交易市场的稳定。各国证券法和证券交易法规定的证券自营商和经纪商管理制度，主要有注册登记制度、营业范围制度、资本控制制度、财务会计制度、交易程序和方式制度以及惩罚制度等。

（四）证券交易所的自律管理

美国证券市场采用的是双重监管系统，即除了主要依赖自律机构对证券交易市场作第一线的监管外，证券交易委员会还对市场作直接的监管。通过这样的双重监管，证券交易委员会希望能保证证券市场的公开、公平和公正，从而达到保护投资者的目的。

五、对证券投资者的监管

证券投资者的投资行为直接影响证券市场的稳定，为正确引导和调节投资者的投资规模和投资方向，防止利用不正当手段操纵或影响证券市场，形成一个公平合理、正常有序的投资环境，各国一般都对证券投资者进行管理。

（一）对个人投资者的监管

个人投资者购买证券必须符合国家有关规定，不符合规定的应加以解释和劝阻。目前以下几类人员不得直接或间接为自己买卖证券：党政机关干部；现役军人；证券管理机构中管理证券事务的有关人员；证券交易所管理人员；证券经营机构的从业人员；与发行人有直接行政隶属或管理关系的工作人员；其他与股票发行或交易有关的知情人。个人投资者从事证券投资必须在政府有关部门规定的范围内进行，不得进行私下非法买卖。

（二）对机构投资者的监管

根据国家有关规定，各级党组织和国家机关、非独立核算的单位、外国组织和外商在华投资企业不得购买我国企业的股票。对机构投资者买卖证券，要审查其用于购买证券的资金与买入的证券是否一致，对机构投资者买卖证券行为的规定为：禁止两人或两个以上单位或个人私下串通、内外勾结，同时买卖一种证券，制造证券的虚假供求，扰乱市场价格；禁止利用内幕消息从事证券买卖；禁止以操纵市场为目的，连续抬价买入或压价卖出同一种证券，影响市场行情；禁止为诱使他人参与交易，制造或散布虚假的容易使人误解的信息等。

六、对证券欺诈行为的监管

（一）对操纵市场的监管

1. 操纵行为的影响

所谓证券市场中的操纵行为，指一个人或某一组织，背离自由竞争和供求关系确定证券价格，迫使他人交易证券的行为，也就是采取不正当手段人为控制证券交易价格的行为。

操纵行为对证券市场的危害很大，主要表现为：（1）以人为创造的虚假投资参数代替证券市场的真实投资参数，使证券价格不能以价值规律为基础，真实反映市场供需关系。（2）对于依据创制参数进行证券交易的投资者，操纵性价格和操纵性交易量成为操纵者欺诈的工具。（3）操纵证券市场行为对于银行信用波动及证券抵押贷款也会构成影响。因此，美国1934年《证券交易法》的反操纵条款，开创了禁止操纵市场和市场保护的立法先河。

2. 操纵市场监管机制

对市场操纵行为的监管可分为两种。

（1）事前监管。指证券市场在发生操纵行为之前，证券管理机构采取必要手段以防止损害发生。为实现这一目的，各国证券立法和证券管理机构都在寻求有效的约束机制。例如，美国《证券交易法》第21条赋予证券管理机构以广泛的调查权，以约束种类繁多的市场危害行为。同时，证券管理机构也在不断规范和改进证券交易监管制度。

（2）事后救济。指证券管理机构对市场操纵行为者的处理，及操纵者对受损当事人的损害赔偿。主要包括两个方面：1）对操纵行为的制裁。券商的操纵行为被查实后，证券管理机构可以暂停或取消其注册资格，取消证券交易所会员资格，或对券商交易数量加以限制，或命令停止部分或全部交易。情节严重者，应承担刑事责任。香港《证券及期货条例》对于从事操纵行为应属犯罪的，经诉讼程序判处罚款10万港元及监禁2年。2）对操纵行为受害者给予赔偿损失救济。日本《证券交易法》规定，从事假现买卖、操纵市场行情者，应当依该违法行为形成的价格，向在证券市场上买卖该有价证券者，或办理委托买卖遭受损害者负赔偿责任。赔偿请求权自请求权人知道违法行为时起1年内，或自该行为发生时起3年内有效。超过时效，请求权消失。

（二）对内幕交易的监管

所谓内幕交易，又称知内情者交易，指公司董事、监事、经理、职员或主要股东、证券市场内部人员及市场管理人员，利用其地位、职务等便利，获取发行人尚未公开的、可以影响证券价格的重要信息，进行有价证券交易，或者泄露信息，以获取利益或减少经济损失的行为。按照英国1948年《公司法》的规定，内幕人士是指与公司有联系或由于从事该公司证券的交易而拥有内幕信息的个人。在美国，凡公司的董事、行政负责人及能得到其雇用公司内幕消息的行政人员和技术人员都是内幕人士。

证券内幕交易是一种严重侵害投资者利益的违法犯罪行为。为了防止内幕交易发生，各国证券法均规定了严格的法律制裁措施。如1978年联邦德国《关于不正当证券交易条例》规定，从事内部交易的人和组织，应当受到罚款，承担民事责任，或撤销任职资格，或吊销营业执照。处罚内幕交易立法最完善的是英国。美国在1934年《证券交易法》和《证券交易委员会规则》中就有了反内幕交易条款。1984年和1988年美国国会又颁布了《内部交易制裁法》和《内部交易和证券欺诈执行法》。

（三）对欺诈客户的监管

新修订的《证券法》规定，禁止证券公司及其从业人员从事下列损害客户利益的欺诈行为。

1. 欺诈客户行为

（1）违背客户的委托为其买卖证券；

（2）不在规定时间内向客户提供交易的书面确认文件；

（3）挪用客户所委托买卖的证券或者客户账户上的资金；

（4）未经客户的委托，擅自为客户买卖证券，或者假借客户的名义买卖证券；

（5）为牟取佣金收入，诱使客户进行不必要的证券买卖；

（6）利用传播媒介或者通过其他方式提供、传播虚假或者误导投资者的信息；

（7）其他违背客户真实意思表示，损害客户利益的行为。

欺诈客户行为给客户造成损失的，行为人应当依法承担赔偿责任。

2. 对欺诈客户行为的处罚

我国新修订的《证券法》规定：证券交易所、证券公司、证券登记结算机构、证券服务机构的从业人员或者证券业协会的工作人员，故意提供虚假资料，隐匿、伪造、篡改或者毁损交易记录，诱骗投资者买卖证券的，撤销证券从业资格，并处以三万元以上十万元以下的罚款；属于国家工作人员的，还应当依法给予行政处分。

（四）我国对操纵市场与内幕交易的监管

1. 对操纵市场的监管

我国新修订的《证券法》规定：操纵证券市场的，责令依法处理非法持有的证券，没收违法所得，并处以违法所得一倍以上五倍以下的罚款；没有违法所得或者违法所得不足三十万元的，处以三十万元以上三百万元以下的罚款。单位操纵证券市场的，还应当对直接负责的主管人员和其他直接责任人员给予警告，并处以十万元以上六十万元以下的罚款。

2. 对内幕交易的监管

我国新修订的《证券法》规定：证券交易内幕信息的知情人或者非法获取内幕信息的人，在涉及证券的发行、交易或者其他对证券的价格有重大影响的信息公开前，买卖该证券，或者泄露该信息，或者建议他人买卖该证券的，责令依法处理非法持有的证券，没收违法所得，并处以违法所得一倍以上五倍以下的罚款；没有违法所得或者违法所得不足三万元的，处以三万元以上六十万元以下的罚款。单位从事内幕交易的，还应当对直接负责的主管人员和其他直接责任人员给予警告，并处以三万元以上三十万元以下的罚款。证券监督管理机构工作人员进行内幕交易的，从重处罚。

本章小结

本章第一节详细介绍了与证券市场相关的法律体系，我国目前的证券市场法律体系包括2005年新修订的《证券法》和新修订的《公司法》，2004年6月实施的《证券投资基金法》以及《会计法》和《刑法》中关于证券交易、欺诈等方面的内容。在这一部分中详细对比分析了新旧《证券法》与《公司法》的不同之处以及修订的理由和带来的影响。

第二节详细分析了证券市场的监管体系，不仅详细介绍了国外证券市场监管体系的情况，同时对我们国家证券市场监管体系的变化和组成进行了说明。

第三节重点分析了证券市场监管的主要内容，包括对证券发行的监管、证券交易的监管、证券经营机构的监管、证券交易所的监管、证券投资者的监管以及欺诈行为的监管等。

本章关键问题

- 新旧《证券法》与《公司法》的不同之处以及修订的理由；
- 修订《证券法》与《公司法》带来的影响；
- 国外证券市场的监管体系；
- 中国证券市场监管体系组成，公司制证券交易所特征、组织结构与优劣评价；
- 证券发行监管的内容；
- 证券交易监管的内容；
- 证券经营机构监管的内容；
- 证券交易所监管的内容；
- 证券投资者监管的内容；
- 证券欺诈行为监管的内容。

本章思考题

一、名词解释

证券法	公司法	投资基金法	三公原则	信息披露
注册制	核准制	挂牌摘牌	虚买虚卖	证券欺诈

内幕交易　　监管模式　　法人治理结构　　操纵市场

二、简答题

1. 请对比分析我国新旧《证券法》不同的地方有哪些？
2. 《证券投资基金法》的立法意义有哪些？
3. 证券市场监管的手段有哪些？
4. 试分析证券市场信息披露的意义。
5. 我国证券市场监管体系是如何设置的？
6. 我国对机构投资者的监管是如何规定的？
7. 证券市场监管的基本原则是什么？
8. 对内幕交易的处罚措施有哪些？

第九章

证券从业人员的资格管理

第一节　证券从业人员的资格管理

一、证券从业人员的分类

根据国务院证券监督管理委员会 2003 年 2 月 1 日发布的《证券业从业人员资格管理办法》，我国证券业从业人员主要分为以下几大类：

（1）证券公司中从事自营、经纪、承销、投资咨询、受托投资管理等业务的专业人员，包括相关业务部门的管理人员；

（2）基金管理公司、基金托管机构中从事基金销售、研究分析、投资管理、交易、监察稽核等业务的专业人员，包括相关业务部门的管理人员；基金销售机构中从事基金宣传、推销、咨询等业务的专业人员，包括相关业务部门的管理人员；

（3）证券投资咨询机构中从事证券投资咨询业务的专业人员及其管理人员；

（4）证券资信评估机构中从事证券资信评估业务的专业人员及其管理人员；

（5）中国证监会规定需要取得从业资格和执业证书的其他人员。

二、从业人员的从业资格

1. 从业人员的资格种类

（1）证券承销从业资格。

（2）证券经纪从业资格。

（3）证券投资咨询从业资格。

2. 高级管理人员的从业资格

根据《证券公司董事、监事和高级管理人员任职资格监管办法》以及补充规定，证券经营机构高级管理人员是指证券经营机构的董事长、副董事长、总经理和副总经理。

证券经营机构高级管理人员任职须具备以下条件，经中国证监会认定的特殊情况除外：

（1）从事证券工作3年以上，或者金融、法律、会计工作5年以上；

（2）具有证券从业资格；

（3）具有大学本科以上学历或取得学士以上学位；

（4）曾担任证券机构部门负责人以上职务不少于2年，或者曾担任金融机构部门负责人以上职务不少于4年，或者具有相当职位管理工作经历；

（5）通过中国证监会认可的资质测试。

管理办法规定，证券经营机构高级管理人员不得在各级党政机关任职，不得兼任其他企事业单位的高级管理人员。有下列情形之一的，中国证监会及相关派出机构可以将其认定为不适当人选，自被中国证监会及相关派出机构认定为不适当人选之日起2年内，任何证券公司不得聘用该人员担任董事、监事、高管人员和分支机构负责人。

（1）向证券监管机构提供虚假信息、隐瞒重大事项；

（2）拒绝配合证券监管机构依法履行监管职责；

（3）擅离职守；

（4）1年内累计3次被证券监管机构按照本办法第五十一条的规定进行监管谈话；

（5）累计3次被自律组织纪律处分；

（6）累计3次对公司受到行政处罚负有领导责任；

（7）累计5次对公司受到纪律处分负有领导责任；

（8）中国证监会根据审慎监管原则认定的其他情形。

另外，中国证监会对高级管理人员的资格认定有严格的申报程序和年检制度。

3. 证券业从业人员的从业资格

《证券业从业人员资格管理办法》规定，证券从业资格考试由证券业协会统一组织，参加考试的人员考试合格的，取得从业资格。参加资格考试的人员，应当年满18周岁，具有高中以上文化程度和完全民事行为能力。取得从业资格的人员，符合下列条件的，可以通过机构申请执业证书：

（1）已被机构聘用；

（2）最近三年未受过刑事处罚；

（3）不存在《中华人民共和国证券法》第一百二十六条规定的情形；

（4）未被中国证监会认定为证券市场禁入者，或者已过禁入期的；

（5）品行端正，具有良好的职业道德；

（6）法律、行政法规和中国证监会规定的其他条件。

申请人符合本办法规定条件的，协会应当自收到申请之日起三十日内，向中国证监会备案，颁发执业证书；不符合本办法规定条件的，不予颁发执业证书，并应当自收到申请之日起三十日内书面通知申请人或者机构，并书面说明理由。

取得执业证书的人员，连续三年不在机构从业的，由协会注销其执业证书；重新执业的，应当参加协会组织的执业培训，并重新申请执业证书。

机构在办理执业证书申请过程中，弄虚作假、徇私舞弊、故意刁难有关当事人的，或者不按规定履行报告义务的，由协会责令改正；拒不改正的，由协会对机构及其直接责任人员给予纪律处分；情节严重的，由中国证监会单处或者并处警告、3万元以下罚款。

机构聘用未取得执业证书的人员对外开展证券业务的，由协会责令改正；拒不改正的，给予纪律处分；情节严重的，由中国证监会单处或者并处警告、3万元以下罚款。

第二节 证券业从业人员的道德规范和行为准则

一、一般性职业道德的基本原则和基本范畴

（一）一般性职业道德的基本原则

职业道德是同人们的职业活动密切相关的、有着自身职业特点的道德活动现象、道德意识现象和道德规范现象。它是社会道德在职业活动中的具体化。因此，任何职业道德，都有着体现一般性职业道德的共同特征的内容。具体地说，它包括如下四个方面：

（1）在内容上，职业道德总是鲜明地表达着职业义务、职业责任以及职业行为上的道德准则。同时，职业道德在一定意义上总是一定的社会道德的反映，但它并不是一般性地反映着社会道德的要求，而是着重从职业本身的特殊利益要求，以及职业行为自身的特点来体现社会一般性道德的要求。职业道德是在特定的职业行为和行为传统以及行为实践的基础上形成的。因而，长期的某一职业的行为习惯，造成不同的行业人们的行为以及心理习惯和道德品性，往往有"隔行如隔山"之感。

（2）在形式上，职业道德往往比较具体、灵活多样，总是从本职业的活动和交往的内容和方式出发，提出对本行业的从业人员的道德要求，并适应于本行业的客观环境和具体条件。因而，它不仅是原则性的规定，而且比较具体，易于实行，如采取规章制度、条约守则以及条例等简明形式等。这样做比较容易为从业人员所接受，比较易于形成本行业的道德行为习惯。

（3）在调节范围上，职业道德主要是为了约束本职业的从业人员。概括地说，职业道德既规范从业人员的职业行为，同时调节两个方面的关系：一是从事同一职业的人的内部关系；二是从业人员与职业对象之间的关系。现代科学技术的发达，使得各种职业活动都相应地要求精确化和技术化，而这种精确化和技术化本身就不仅仅是一种技术性要求，也是对从业人员的行为规范要求。同时，各种行业为了维护自身的利益，为了维护自己的职业信誉和职业尊严，不但要求从业人员内部要有良好的群体关系，因而设法确立确定的道德规范，以调节自己内部人员的关系，同时注意满足社会各相关方面的要求，以相应的道德规范来调节或约束本行业的从业人员，从而调节本职业与社会各方面的关系。因而，职业道德规范往往有很强的针对性，而对职业之外的行为则起不到调节行为的作用。

（4）在效果上，职业道德一方面使一定的社会道德原则和规范职业化；另一方面，又使个人的道德品质"职业化"。这是因为，尽管职业道德是在特定的职业环境中形成和发展起来的，但是，在任何社会，职业道德都不可能脱离一定的社会道德环境独立存在，或者说，不可能有独立于特定社会的职业道德。职业道德受到一定社会道德总体上的或根本性的制约，因而职业道德总是一定社会道德的表现，同时又与人们的职业活动密切相关，从而使得人们的道德行为又总是表现出职业性质的特点，在比较稳定的职业心理与职业习惯中，呈现出一种比较稳定的道德行为习惯。

职业道德的上述一般性特征，决定了职业道德原则与一般性道德原则之间的关系。道德是在人类的社会经济生活和社会关系中发展起来的，用以调节人们在社会关系中发生的矛盾和冲突的一种特殊的道德现象。道德所直接调节的关系，就是个人与个人、个人与社会集体以及集体之间的关系，而这些相互关系之所以要由道德来调节，是因为不论是个人与个人之间，还是个人与社会之间，都存在着基本的利益关系以及需要相应的原则来加以调节。道德主要是从利益关系上来进行调节。职业道德是一定社会道德的体现，或者说，它在总的精神上体现着占主导地位的社会道德要求。因此，一定社会的道德决定了一定社会中的职业道德的根本原则，或者说，一定社会占主导地位的道德原则，也就是一定社会中的职业道德的基本原则。

道德原则又称道德的基本原则或者根本原则。它是处理个人利益与社会集体利益关系的根本准则，是调节人们相互关系的众多规范和范畴的最基本的出发点和最重要的指导原则。在各种类型的道德规范系统中，道德原则总是居于首要地位，起着主导作用，成为贯穿于各种道德规范系统的总纲。或者说，各种道德规范和范畴，包括职业道德规范在内的道德要求，都是从道德原则派生出来的，或者说都从根本精神上体现了道德原则。

就社会主义的道德体系而言，它所奉行的道德原则是社会主义的集体主义。作为社会主义道德原则的集体主义，是广大社会成员在确立道德理想、选择道德行为、从事道德评价、进行道德教育和个人道德修养时应自觉遵循的道德原则。因此，从根本意义上看，社会主义的集体主义这个最一般的原则，也就是我们职业道德的基本道德原则。

作为职业道德原则的社会主义的集体主义，总的目标就是要在社会主义社会中，使集体利益与个人利益能够辩证地、有机地统一起来。这种利益的统一，是社会主义社会的道德原则所追求的目标，因而，也是它的核心内容。具体来说，它的主要内容表现为两个方面。

1）社会整体利益或国家利益高于职业团体利益，职业团体利益高于个人职业劳动者个人利益；社会整体利益、职业团体利益和个人利益在根本上是一致的，但也有各自相应的利益边界。一般而言，在现代社会，职业团体或者说企业与国家的利益关系，是由法规来确定的；而个人与职业团体之间的利益关系，也应有可操作性的规定来确定。然而，利益关系并不是这些规定可以概括的。个人对职业尽责尽力，由此增进职业利益，就从职业活动本身体现了职工与企业之间的利益关系。企业自觉服从国家法规，从而增进国家利益；或是偷税漏税，由此造成国家利益的损失。因此，集体主义原则所要求的，就是个人利益应当自觉服从职业团体利益，职业团体利益应当自觉服从社会利益和国家利益。

2）在保障职业利益特别是社会利益和国家利益的前提下，职业团体要照顾和保障职业劳动者的个人正当利益。一方面，我们要看到，集体利益不等于个人利益的简单相加；另一方面，集体利益是个人利益的总和的载体，是个人利益的最集中、最直接的代表。也就是说，集体利益要成为真实的集体利益，就是个人利益的代表，并向个人利益负责。在一种集体中，如果个人利益得不到实现，集体不能保障个人的利益，那这种集体利益对于组成这个集体的个人而言，就是虚幻的、不真实的。而个人利益得不到保障，又必将影响个人的劳动积极性，从而最终影响集体利益的实现。因此，个人利益与集体利益之间存在着一种辩证统一的关系。

（二）一般性职业道德的基本范畴

对于各行业的职业道德而言，不仅一般性的职业道德原则起着主导性作用，同时一般性的职业道德范畴也具有普遍适用性。这些基本道德范畴包括职业理想、职业态度、职业义务、职业责任、职业技能、职业纪律、职业良心、职业荣誉、职业操守。

1. 职业理想

职业理想就是一个人在职业活动中自己的职业追求目标。这种追求目标，是每一个从事职业活动的人为自己所规定的努力方向和所应达到的境界。职业理想有很强的专业性和职业性，但同时也应看到，职业理想包含了道德方面的内容。一定的职业理想包括了一定的职业形象与职业道德的追求，因而，职业理想体现着从业人员对完美人格的追求。就道德方面的内容来看，职业理想可以归纳为：（1）努力做好本职工作，力图做得尽善尽美；（2）努力提高自己，不断向新的境界攀登；（3）努力为社会服务，或者说全心全意为人民服务。这几个方面应当看做职业道德的灵魂。当然，任何正当职业，都是社会的需要，但并不一定意味着是从业人员合适的职业选择。每个人来到这个世界上，总是受到各种各样的具体条件的限制，或者也可能处在各种有利的条件中，实际上，所谓有利的条件本身也是一种限制。因此，每个人对于职业的选择，很难说都是那么理想，在一定的意义上这是一种谋生的需要。在这样一种前提下，就需要以社会责任心来作为自己行为的动力。同时应当看到，任何人来到这个世界上，总是要有一种谋生的手段，在任何岗位上，都可以使自己的人生得到一种完善。只要我们肯付出汗水，全心全意为人民服务，在任何职业岗位上都可以完善我们的人生。

2. 职业态度

从本质上看，职业态度就是劳动态度。社会主义职业态度的最基本的要求就是树立主人翁的劳动态度。任何一个从业人员只有把自己看成是职业活动的主人，也就是把自己看成是主动的活动主体，而不是被动的听从命令者，才会焕发出应有的劳动激情。因此，一个人只有发挥自己的自觉性与主动性，才能在自己的岗位上进行创造性的劳动。

3. 职业义务

一般而言，职业义务就是职业团体和职业从业人员对社会、对人民大众所承担的职业责任。

4. 职业责任

职业责任包括职业团体的责任和从业人员的责任。任何一个职业团体，都是拥有一定的责、权、利的社会团体。社会团体对于社会所负的责任，是一个社会健康发展的基本条件，而权和利则是职业团体对于社会履行责任的条件，就个人而言也是如此。每个人在一定的职业岗位上，既负有一定的责任，同时也有一定的利与权。而所谓职业道德义务，也就是职业团体的法人代表或者是从业人员，能够自觉意识到自己所负的职业责任。这种职业义务或者说职业责任是一种客观存在，职业义务与团体法人代表和从业人员相融合而自愿履行的时候，客观的职业义务就有了道德意义，就转化为行为个体的义务感。

5. 职业技能

职业道德不仅要求有自觉的职业道德义务感，而且要求有相应的职业技能。只有具备过硬的职业本领，才能胜任职业工作，完成职业责任，更好地为人民服务。

6. 职业纪律

职业纪律是一种行为规范。它要求从业人员在职业活动中遵守规则、严守秩序、履行职责、执行命令。职业纪律是职业活动得以顺利进行的道德条件。没有职业纪律，职业活动的秩序就难以维持，职业生产的正常活动就难以开展。应当看到，养成自觉地遵守职业纪律的习惯，是职业道德的最起码的要求。没有职业纪律的素养，其他一切职业道德的要求都无从谈起。

7. 职业良心

职业良心就是人们内心所具有的自觉的责任意识。职业良心在职业活动中起着重要作用。首先，在从业人员进行职业活动前，职业良心促使个人对自己的行为动机进行道德上的检查，对于符合职业道德要求的动机给予肯定；对于不符合者给予抑制或否定，从而作出正确的动机选择。其次，在职业行为过程中，职业良心起着职业活动的监督保证作用，使人们能够排除各种私心杂念的影响以及抵制各种有害的干扰。最后，在行为过程之后，职业良心能够对行为进行自我反省或自我评价。对于遵守了职业道德的行为，能够给予肯定的评价，表现出内心的满足与欣慰；对于没有做到的，表现出内疚、悔恨等情绪。因此，不难看出，职业良心对于职业行为发挥着巨大的作用，成为从业者的内在“守护神”。

8. 职业荣誉

职业荣誉包括两个方面的内容：（1）社会和职业用以评价从业者的行为的价值尺度，也就是社会对于这一行业的褒贬；（2）从业者自己的职业荣誉感。概括起来，所谓职业荣誉，也就是对于一定的职业的社会评价和自我评价。应当看到，这两个方面不是绝对对立或者截然分开的。一定的职业形象或者说职业荣誉以及社会的评价如何，关键取决于从业人员对自己职业形象的维护。从业人员自己的尊严与自爱，是维护自己职业荣誉的内在保障。而如果从业人员自己不维护自己的职业形象，也难以赢得社会的良好评价。

9. 职业操守

职业操守是指从业人员在其职业生活中所表现出的一贯态度。职业操守是职业道德在从业者职业生活中的习惯性表现。它是从业人员在长期的职业行为中所形成的一种稳定的行为习惯和行为倾向。同时，应当看到，职业操守是职业习惯的集中体现。它集中反映了职业道德对职业的要求，并自觉地转化为从业人员的一贯行为。

二、证券业从业人员的道德规范

在我国，证券业作为一种新兴的行业，正处在日益发展壮大的历史时期。证券业从业人员的行为，如同任何行业人员的行为一样，都有着职业道德的规定性。证券业从业人员的职业道德，是证券这一行业对于从业人员的行为要求。它一方面表现在具体的行为实践中，通过从业人员自发的习惯性的行为方式固定下来；另一方面，它又是在证券业的广大同仁对于这种职业要求的自觉认识的基础上，经过集中概括，然后见之于从业人员的实践，形成从业人员普遍遵循的行为准则。证券行业的职业道德是从证券业的行为实践中产生，并通过长期的行为实践确立下来的。证券业的职业道德起着规范从业人员行为的作用，同时又协调着从业人员内部的关系以及从业人员与服务对象的关系。因此，证券业职业道德对于证券业活动的开展起着精神保障的作用。

证券业从业人员的职业道德不仅包括一般性的职业道德原则和一般性的职业道德规

范，同时还有相应的职业道德规范和行为准则。证券业从业人员的道德规范包括正直、诚信、勤勉、尽责、廉洁、保密、自律、守法。职业道德规范是职业道德对从业人员的行为规定，而它同时又体现在人们的行为实践活动中，在行为者个人那里，道德规范就表现为个人的德性，或者说，个人的品德与品行。

（一）正直

正直作为证券业从业人员的行为规范，要求从业人员公正而不偏私，处理问题不带个人成见和感情用事，而坚持原则办事。正直作为一种个人的品德，是最基本的德性要求。正直之所以是一种最基本的德性，是因为有了正直的德性才会有其他的德性。一个正直的人，就是一个敢于按原则办事的人、一个秉公办事的人、一个不偏私的人、一个光明磊落的人。因此，一个不正直的人，他所缺乏的就不仅是正直，而且可以说是德性的全部。没有正直的德性，可能在一时或某事上满足自己的私欲，但这样不仅败坏自己，而且有损于他人的事业。正直也在于刚正不阿。一个正直的人，也就是勇于抵制来自各方面的违反原则指令的人。不正直的人在这方面可能得利一时，但最终将有害于他自己的事业。因而，正直所要求的是一颗公心、一种对于事业的忠诚心，而不是一种私心。

（二）诚信

诚信二字从字义上解释，诚者，真诚、诚实也；信为人言，表信用、信任、信誉之意。许慎《说文解字》中，将诚信互为诠释，可见诚信具有内在的因果关系。诚信可说是对人的行为的普遍性的要求。凡一个人的言行，均可说有一个诚信的问题。诚信实际上是人的行为的重要因素。孔子说："人无信不立"，可见诚信的重要性。而在证券业从业人员的活动中，诚信同样有着重要的意义。证券活动是建立在基本信用关系上的活动，没有诚信，证券活动就失去了最基本的价值依托。欺诈行为干扰证券交易活动的正常秩序，给证券交易活动带来信誉与经济的损失，使股民失去对证券交易机构的信任。而普遍的欺诈活动只能使证券交易活动处于全面的瘫痪，使其失去存在的根基。因此，对客户的欺诈活动，从来都被认为是一种违法行为。而诚信道德可以说是证券行业的命脉所在，离开了诚信也就没有证券行业生存的余地。

（三）勤勉

勤勉对于职业工作而言，也就是自觉主动地完成自己所担负的任务。它是职业责任心的体现。没有职业责任心，没有一定的职业理想，也就不可能有勤奋工作的精神和态度。同时，证券业从业人员在一定的职业责任与义务的要求下，自觉主动地完成自己所担负的任务，并长期持之以恒，这种责任心就转化为一种工作态度、一种职业习惯，这就是勤勉的工作态度与习惯。因此，一定的职业责任心与义务感，是勤勉工作的内在动因，而长期的工作态度，同时又是职业责任心的见证，并使这种职业责任感得到巩固。

（四）尽责

尽责与勤勉在本质上是一致的，是对一种职业行为的不同方面的描述。一个勤奋工作的人，也就一定是一个尽责的人，而绝不会是只忙忙碌碌而不尽责尽心的人。尽责也就是尽其全力搞好自己的本职工作，全心全意地把自己的工作做得尽善尽美。

（五）廉洁

廉洁作为一种规范要求，是指一个人在非分的收益面前，保持自己应有的德操。所谓"非分"，即不是自己的正当合法的收入。对于合法收入之外或自己劳动应得收益之外的钱财，是否能够保持清正廉洁的品德，而绝不伸手或绝不沾手，对于一个从事证券业工作的人而言，同样是一个至关重要的德性。这是因为，证券行业随时都充满这种诱惑，因而，一个称职的证券业工作人员，要把廉洁放在首要位置，而不图谋非分的私利。

（六）保密

保密即保守机密，既指保守在从业过程中接触到的有关客户的和证券经营机构的商业秘密，也包括保守有关国家机密。

（七）自律

自律要求证券从业人员对于证券业的职业道德规范和法规性政策性规定，都能自觉执行。尤其是在无人监督的情况下，应当以一个从业人员的职业良心来约束自己，不做损害国家利益与客户利益的事情。

（八）守法

证券业是一类法规性很强的职业活动。证券业从业人员的法律意识，是证券业的经济活动得以顺利进行的条件之一。守法要求证券业从业人员不仅要熟悉有关政策法规，而且要自觉执行所有政策法规。

三、证券业从业人员行为准则

证券业从业人员行为准则，指证券业从业人员在从事证券业务的过程中应当遵循的行为标准。

这些行为标准最初是在证券业的发展过程中逐步地、自发地形成的自律规则，是证券市场的参与者在经过长期的实践后总结出来的标准，随着证券市场和证券管理的发展，逐步由国家颁布法令确立了一些强制性的行为准则。完善的行为准则，不仅是维护证券市场的经营秩序、保护证券从业人员和客户利益的工具，更是关系整个证券市场存亡的关键。可以想象，如果证券业从业人员的行为严重偏离社会一般的价值观念，严重损害客户的利益，最终的结果必然是导致公众信心丧失，从而损害证券业的根本利益，严重阻碍证券市场的健康发展。

目前，我国证券业从业人员的行为准则主要来自两个方面：

（1）有关的法律、行政法规及部门规章。从我国证券市场建立以来，我国先后颁布了《公司法》、《刑法》、《股票发行与交易管理暂行条例》、《禁止证券欺诈行为暂行办法》、《关于加强证券业从业人员犯罪预防工作的通知》、《证券市场禁入暂行办法》、《中华人民共和国证券法》等法律、法规及部门规章，这些规范确定了证券业从业人员的基本行为准则及相应的法律责任。

（2）各证券机构制定的自律性规范。我国的证券交易所、证券业协会、各证券经营机构为了规范自身的运作，也先后制定了一些自律性的规范。这些规定对保证该机构范围内从业人员行为的规范起到了积极的作用。

一般而言，证券业从业人员的行为准则规定的内容包括保证性行为和禁止性行为。

（一）保证性行为

保证性行为又称积极性行为，是作为证券业从业人员应当做到的行为，是从事证券业务的基本要求。这些行为包括以下几方面：

1. 热爱本职工作，准确执行客户指令，为客户保密

热爱本职工作是从事任何职业的基本要求，只有在对某一职业充满兴趣和热爱的前提下，才有可能熟悉该领域的业务并取得事业上的成功。证券业在我国是新兴的行业，充满了机会和竞争，同时也有巨大的风险。如果仅仅是羡慕证券业中成功人士的收入或地位，希望通过正当及不正当的途径迅速获取高额收入，是不可能做好证券业务的。证券业，尤其是证券业中代客经营的业务属于金融中介业务，从业人员的基本职责是为客户的利益提供最好的服务。客户的指令是客户指示从业人员买卖证券或进行其他证券业务的命令，证券市场瞬息万变的行情变化，要求从业人员及时、准确、完整地执行客户的指令。

从业人员有替客户保守机密的义务。证券业从业人员在从事证券业务过程中所接触到的有关客户的账户、资金、头寸、经营状况等的一些经济信息，以及客户个人的私人信息都属于客户的商业秘密或隐私范围，除了司法机构依照法定的程序进行调查以外，从业人员不得向任何人透露，也不得利用该信息从事任何盈利性活动或有损于客户利益的行为。

2. 努力钻研业务，提高自己的业务水平和工作效率

除了较高的职业道德和对本职工作的热爱外，良好的业务水平也是从事证券业务的重要保证。证券业务涉及经济、金融、法律、会计、通信、计算机、信息、工商、税收等诸学科，还需要对心理学、社会学有一定的了解，所以从业人员应当努力钻研业务，不断加强学习，提高自己的业务水平和工作效率。

3. 遵守国家法律和有关证券业务的各项制度

法律是人们普遍遵守的行为准则，对法律的违反必然导致受到法律的制裁；同时，法律也是使证券市场按照既定的“游戏规则”运行的保证。如果怀着侥幸的心理希望“打擦边球”，必然会引起市场秩序的混乱。在我国20世纪80年代后期开始建立证券市场以来，一段时期内证券市场犯罪较为严重，司法机关立案查处的证券业从业人员利用职务之便挪用客户股票、保证金或单位炒作股票以及贪污、受贿等犯罪案件数量逐年上升，犯罪数额大、影响面广，犯罪手段高智能化、隐蔽性强、危害极大。因此从业人员应当自觉遵守国家法律和有关证券业务的各项制度，坚决抵制客户的不合法要求，更不要心存侥幸，以身试法。

4. 积极维护投资者的合法利益，珍惜证券业的职业荣誉

证券法的首要价值在于维护公众投资者的利益，这是证券市场健康存在和发展的根本条件。如果形成证券经营机构与大户联手操纵市场的情况，短期内可能给操纵者带来巨额的利润，但从长远看，必然使公众投资者丧失信心，毁坏证券业的职业荣誉。因此，证券业从业人员应当积极维护投资者的合法权益，为公众投资者在证券买卖过程中遇到的各种问题积极提供帮助和意见，树立其所供职的证券机构和整个证券业的良好职业形象和职业荣誉。

5. 文明经营、礼貌服务，保证证券交易中的公开、公平与公正

证券业从业人员的个人举止是证券业的窗口，文明、大方的行为方式，礼貌、客气的待人态度，细致入微的服务是证券业从业人员成功的开端。今后，证券业的竞争会越来越多地从比硬件到比服务，因此，从业人员应当努力做到文明、礼貌经营，为客户提供优质、周到的各项服务。

“公开、公平、公正”——证券交易中的三公原则是对证券从业规则的基本概括，具

体到证券业从业人员，是指认真执行法律所要求的信息披露，对待客户一视同仁，严格按照法律的规定处理各项事务。

6. 服从管理、服从领导，自觉维护证券交易中的正常秩序

服从管理、服从领导是保证正常经营秩序的基本要求，从业人员不得因个人理由扰乱正常的办公环境和经营秩序。如果认为问题系由管理和领导的过错所致，应当通过正当的行政或司法途径加以解决。

7. 团结同事，协调合作，合理处理业务

从业人员还应当自觉处理在业务活动中出现的与上级、与同事、与客户等之间发生的各种矛盾，有理有节地处理问题。

8. 热心公益事业，爱护公共财产，不以职谋私，不以权谋私

关心社区建设，热心社会公益事业，爱护公共财产，积极从事对社会公共福利有益的活动，不仅是证券业从业人员的社会责任，也是证券业从业人员较高素养的体现和证券机构企业行为的标志。证券业从业人员应当通过提供劳务获取正当、合法的收入，不能利用职权牟取私利。

（二）禁止性行为

禁止性行为，指根据法律的规定证券业从业人员不得从事的行为。禁止性行为是经过多年的司法实践，被公认为对证券市场有严重危害性的行为。证券业从业人员如果从事了这些行为，将受到法律的制裁和处罚。

概括地说，禁止性行为包括以下几个方面：（1）不得以获取投机利益为目的，利用职务之便从事证券的买卖活动；（2）不得向客户提供证券价格上涨或下跌的肯定性意见；（3）不得与发行公司或相关人员间有获取不当利益约定；（4）不得劝诱客户参与证券交易；（5）不得接受分享利益的委托；（6）不得向客户保证收益；（7）不得接受客户的买卖证券的种类、数量、价格及买进或卖出的全权委托；（8）不得为达到排除竞争者目的，不正当地运用其在交易中的优越地位限制某些客户的业务活动。

我国的《证券业从业人员执业行为准则》对证券从业人员的禁止行为做出了如下具体规定：

1. 禁止从事或协同他人从事欺诈、内幕交易、操纵证券交易价格等非法活动

欺诈行为有广义与狭义之分，广义的证券欺诈包括内幕交易和操纵证券市场的行为；狭义的证券欺诈是指利用与客户进行交易的机会，或者利用其受托人、代理人或管理人的身份，使用明知是错误的、虚假的或者隐瞒了重要事实的信息诱骗他人收购或者买卖证券的行为。

根据《证券法》第七十三条规定，内幕交易是指证券交易内幕信息的知情人和非法获取内幕信息的人利用内幕信息进行的证券交易。《证券法》第七十五条又规定，证券交易活动中涉及公司的经营、财务或者对该公司证券的市场价格有重大影响的尚未公开的信息为内幕信息。

操纵证券交易价格是指单独或者与他人合谋利用资金优势、持股优势、信息优势及其他手段，人为抬高、压低或者固定证券行情，引诱他人参与收购或者买卖证券的行为。

2. 禁止编造、传播虚假信息或者误导投资者的信息

编造是指不以任何事实为依据，无中生有、任意捏造信息的行为。传播则是指通过电

台、电视台、报纸、杂志、网络等媒介将信息散布给公众。虚假信息是虚构、捏造的背离事实真相的信息。误导投资者的信息虽然没有背离事实真相，但其表述存在显著的缺陷或不当，致使投资者无法进行客观、完整、准确的理解和判断，并容易导致投资者形成不符合客观情况的误解和误信。

3. 禁止贬损同行或以其他不正当竞争手段争揽业务

不正当竞争行为的表现形式多样，贬损同行就是其中一种。贬损同行通常采用的手段有：捏造、散布虚假事实，损害竞争对手的商业信誉、商品声誉，通过不适当的与他人比较的手法贬低或攻击竞争对手。证券业从业人员应当坚决杜绝使用各种不正当手段抢夺客户，损害竞争对手利益，扰乱市场秩序。

4. 禁止违规向客户作出投资不受损失或保证最低收益的承诺

证券市场变幻莫测，不管投资经验与专业知识如何丰富，只要做投资都存在亏损的可能性。如果违规向客户作出投资不受损失或保证最低收益的承诺，一旦出现亏损，只能由机构承担，管理的证券资产规模越大，机构的风险越大。一旦机构倒闭，风险爆发，客户的权益得不到保障，机构风险可能演化为社会风险。因此，从业人员违反规定向客户作出投资不受损失或保证最低收益的承诺是被严格禁止的。

5. 禁止隐匿、伪造、篡改或者毁损交易记录

交易记录是记录和反映证券交易活动的重要资料和证据。通过交易记录，不但可以了解证券交易的有关情况，而且还可以查证有关机构遵守国家的法律法规的情况。为真实了解有关情况，减少和防止客户与机构之间的纠纷，并为处理纠纷提供可靠的证据。证券从业人员负有依法保存相关交易记录的义务，任何从业人员不得隐匿、伪造、篡改或者毁损交易记录。

6. 其他禁止行为

(1) 禁止损害社会公共利益、所在机构或者他人的合法权益。

(2) 禁止从事与其履行职责有利益冲突的业务。

(3) 禁止接受利益相关方的贿赂或对其进行贿赂。

(4) 禁止买卖法律明文禁止买卖的证券。

(5) 禁止泄露客户资料。

四、法律责任

(一) 民事赔偿责任

证券业从业人员实施欺诈客户等禁止性行为，给投资者造成损失的，应当依法承担民事赔偿责任。

应当看到，证券交易的过程比较复杂，损失的计算标准和认定幅度难以准确把握，需要立法机构和司法机构进一步完善。

还应当注意到，证券业从业人员都是以某一证券经营机构雇员的身份出现，因此，当产生民事赔偿责任的时候，是证券经营机构首先承担责任，即投资者的诉讼对象是证券经营机构（当然也可以将直接责任人同时作为被告），投资者胜诉后，承担赔偿责任的首先是证券经营机构，然后再由证券经营机构与证券业从业人员解决他们之间责任分担的问题。

（二）行政责任

依据《证券法》条款，证券业从业人员实施了禁止性行为，应当依法处罚。

1. 内幕交易的行政处罚

根据不同情况，没收非法所得，并处以违法所得 1 倍以上 5 倍以下或者非法买卖的证券等值以下的罚款。

2. 操纵市场的行政处罚

根据不同情况，没收其非法所得，并处以 1 倍以上 5 倍以下的罚款。

3. 欺诈客户行为的行政处罚

根据不同情况，处以 3 万元以上 30 万元以下的罚款，暂停或撤销其从业资格。

4. 虚假陈述的行政处罚

根据不同情况，处以 3 万元以上 20 万元以下的罚款。属于国家工作人员的，还应当依法给予行政处分。构成犯罪的，依法追究刑事责任。

5. 其他禁止行为

证券从业人员有上述其他禁止行为的，依据不同情况，没收非法所得、罚款、暂停或撤销其从业资格等。

6. 关于市场禁入制度

根据 2006 年 7 月 10 日起施行的《证券市场禁入规定》，证券经营机构高级管理人员及其内设业务部门负责人，证券登记、托管、清算机构、证券投资基金管理机构、证券投资咨询机构的高级管理人员及其内设业务部门负责人违反法律、行政法规或者中国证监会有关规定，情节严重的，可以对有关责任人员采取 3 至 5 年的证券市场禁入措施；行为恶劣、严重扰乱证券市场秩序、严重损害投资者利益或者在重大违法活动中起主要作用等情节较为严重的，可以对有关责任人员采取 5 至 10 年的证券市场禁入措施；情节特别严重者可以对有关责任人员采取终身的证券市场禁入措施。

《证券法》规定，法律、行政法规规定禁止参与股票交易的人员，直接或者以化名、借他人名义持有、买卖股票的，责令依法处理非法持有的股票，没收违法所得，并处以所买卖股票等值以下的罚款，属于国家工作人员的，还应当依法给予行政处分。

（三）刑事责任

根据我国《刑法》的规定，进行内幕交易，制造虚假信息扰乱市场以及操纵市场，情节严重的，处 5 年以下有期徒刑或者拘役，并处或者单处违法所得 1 倍以上 5 倍以下罚金。进行内幕交易情节特别严重的，处 5 年以上 10 年以下的有期徒刑，并处违法所得 1 倍以上 5 倍以下罚金。进行虚假陈述情节特别恶劣的，处 5 年以上 10 年以下有期徒刑，并处 2 万元以上 20 万元以下罚金。

本章小结

本章第一节介绍了《证券业从业人员资格管理暂行规定》规定的证券从业人员的分类，一般从业人员和高管人员的从业资格要求，以及证券业从业人员资格考试与注册制度。

第二节则主要介绍了一般性职业道德的基本原则和基本规范，证券业从业人员的道德规范，以及证券业从业人员行为准则。

本章关键问题

- 证券从业人员的分类；
- 一般从业人员和高管人员的从业资格要求；
- 证券业从业人员资格考试与注册制度；
- 证券业从业人员的道德规范及行为准则。

本章思考题

一、名词解释

资格考试	资格认定	资格考试	注册制度
道德规范	行为准则	保证性行为	禁止性行为
内幕交易行为	欺诈客户行为	操纵市场行为	虚假陈述行为
法律责任			

二、简答题

1. 证券从业人员如何分类？
2. 证券从业人员从业资格有哪些？
3. 证券从业人员资格考试注册制度的主要内容有哪些？
4. 证券从业人员道德规范和行为准则的主要内容有哪些？

第十章

海外证券市场

第一节　美国、英国及日本证券市场

一、美国证券市场

（一）美国证券市场的形成与发展

美国在独立战争时期，发行了多种中期债券和临时债券，这些债券的发行和交易，形成了美国最初的证券市场。美国证券市场的起步虽然落后于欧洲资本主义国家，但发展迅速。到2013年底，纽约证券交易所上市公司共3 279家，国内上市证券总市值达27.0万亿美元。

1864年美国通过了国民银行法，银行法要求国民银行至少把1/3的资本投资于政府债券，每个银行可以得到相当于它所持有债券的市场价格90%的新通货——国民银行钞票。随着美国经济的进一步发展，联邦储备体系应运而生。1913年《联邦储备法》规定，建立以联邦储备银行为中心的支票清算体系，解决全国银行间票据交换的问题，加速资金周转，有利于证券发行和交易业务中资金交割的顺利进行。

工业革命以后，美国工业迅猛发展，大量的股份制公司的设立是证券市场产生和发展的现实基础和客观要求。1838年，美国各种公司发行证券总额为1.75亿美元，而到1854年，猛增到11.78亿美元，其中铁路证券占了相当的比重。铁路证券的发行不仅调动了国内各种资金，而且吸收了大批国外资金。随着股份公司在美国经济中统治地位的确立，证券集资也成为美国公司资本来源的主要方式，证券发行规模日益扩大。

（二）美国证券市场的交易与监管模式

1. 美国证券的交易场所

美国证券交易场所一般包括集中交易市场和分散交易市场，前者主要指交易所内的交易，后者则指场外市场。

（1）场内交易市场。

1900年美国政府从法律上承认了持股公司的组织形式，这样在客观上就需要一个证券交易的场所。在美国证券发行之初，尚无集中的证券交易所，股票交易大都在一些咖啡馆和拍卖行进行，后来慢慢集中到华尔街上。据传说，在1792年5月17日这一天，有24名商人聚集在一棵大梧桐树下进行股票等有价证券的交易，并一致认为这是一种很好的交易方式。为了使它能延续下去，他们达成了“美国梧桐树”协定，约定以后每天都到这里交易。到了1817年，这一交易市场已十分活跃，于是参加者组成了纽约证券和交易管理处，这就是1863年改名的纽约股票交易所。纽约证券交易所是世界上最大、最重要的股票交易所之一，在这里我们以其为例介绍美国的场内交易市场。

纽约证券交易所是会员制的非法人团体，由正式会员和准会员组成。正式会员的身份通常用“席位”表示（在证券交易所成立之初，每个会员都有一个“席位”，“席位”一词因此而延续下来）。准会员不能进入交易所的营业大厅参与交易，要想在纽约证券交易所从事专门的场上交易，必须先申请成为该交易所的正式会员，即取得该交易所的“席位”。正式会员根据他们经营证券的种类和他们在证券交易所起的不同作用，大体上可以分为以下几类：1）佣金经纪人或称代理经纪人（commission broker）。他们是投资银行或证券公司等金融机构的代表，或是独立经营的证券经纪人，专门代理顾客买卖证券，不承担任何风险，而报酬来自各个顾客支付给他们的佣金。2）独立经纪人（independent floor broker）。独立经纪人在交易所交易繁忙时接受其他会员的委托从事交易，从而从佣金经纪人或非正式会员证券经纪人那里取得佣金。由于有一段时间，他们对100美元证券交易收费2美元，所以，独立经纪人又被称为“两美元经纪人”（two-dollar broker）。3）零数经纪人（odd-lot dealer）。这种会员仅从事零数交易，也就是低于100股以下的交易。4）专家证券交易、经纪人（specialist）。在纽约证券交易所的交易活动中，专家证券交易、经纪人有双重作用：首先，专家证券交易、经纪人以经纪人的身份协助其他经纪人经营业务，完成客户的限价委托；其次，专家证券交易、经纪人有维持证券市场供求平衡和价格稳定的责任和职能。在执行这一职能时，专家证券交易、经纪人以自营商的身份在交易所内从事证券交易，他们通过卖出和买进证券为其所负责的证券“制造市场”。5）交易所自营交易商（floor dealer）。这种会员在交易所内为自己进行交易，以当事人的身份参与证券交易，从买价和卖价的差额中赚取利润。现在，在纽约证券交易所中这种会员已很少，管理部门对他们的活动也有所限制。6）债券经纪人（bond broker）。这种会员仅在交易所内从事债券经纪活动。有时，他们也参加债券交易活动（所以，他们又被称为债券交易商）。

纽约证券交易所采取自行管理的方式，管理机构为该交易所董事会。董事会是纽约证券交易所的最高管理决策机构，其管理分为两个部分，一是会员管理制度；二是证券交易管理制度。

纽约证券交易所的证券交易有现款交易、例行交易、发行日交易和选择权交易四种，其中由成交日起第五天交割的例行交易方法最具代表性。例行交易中实行买卖证据金制度，使得投资者有可能进行股票投机，即做卖空和买空交易。

(2) 场外交易市场——纳斯达克证券市场。

美国的证券场外交易有一个从小到大、从初级到高级、从混乱到有序的过程。最初是自然形成的店头市场，逐渐发展到场外交易市场与证券交易所共同存在、共同发展的时期。20世纪60—70年代，出现了所谓的第三市场和第四市场。第三市场主要是指上市公司证券在场外交易市场进行交易，其市场参与者为机构投资者。第四市场是一种利用电子计算机网络进行大宗股票交易的场外交易市场。随着第三、第四市场的发展，为提高场外交易市场的效率，1971年，美国建立了全美证券交易商协会自动报价系统（National Association of Securities Dealers Automatic Quotation System），即纳斯达克（NASDAQ）系统，这是现代场外交易市场形成的标志，并已成为世界上最为活跃的证券市场之一，是美国国内唯一可与纽约证券交易所分庭抗礼的竞争者。截至2013年，NASDAQ的上市公司达2 916家，NYSE为3 279家、Amex为414家。NASDAQ的增长速度也是惊人的。1987—1997年，交易量增长333%，2005年年交易量达到2 518.8亿股，平均每个工作日有10亿股股票在NASDAQ转手。

NASDAQ区别于传统交易所的主要特点在于：第一，其交易机制的核心就是做市商制度。股票买卖双方如何在市场中达成交易是交易机制的重要内容。在NASDAQ证券市场中，各种各样的做市商（market makers）无疑是交易的枢纽和核心。所谓做市商，是指在股票市场上用自己的资金不断买入卖出证券，从而营造和维持证券市场并赚取买卖差价的券商。第二，由先进技术实现的电子交易系统。其中包括小额交易指令执行系统（Small Order Execution System，SOES）、Select Net系统以及电子通信网络（Electronic Communication Networks，ECN）。

NASDAQ证券市场有两个组成部分，全国市场（National Market System，NMS）和小型资本市场（Small Order Execution System，SOES）。NASDAQ证券市场的上市规定因选择哪个上市市场而异，通常规模较小的新兴公司选择在NASDAQ的小型资本市场上市，因为上市标准较为宽松；而规模较大的公司则大多在NASDAQ全国市场进行交易。虽然两个市场的监管范围没有差别，但是，NASDAQ全国市场所规定的上市标准较高。2006年底，在NASDAQ全国市场上市的公司有2 666家，而在NASDAQ小型资本市场上市的公司则有527家。

出于减少成本和提高效率的考虑，NASDAQ市场实行的是自律管理，涉及的机构包括NASDAQ市场监察部和NASD监管公司，主要内容为由NASD直接监管NASDAQ市场及其成员的行为，证券交易委员会等政府部门通过对NASD的监管间接管理NASDAQ市场。NASD自律监管包括两个方面的内容：对NASDAQ股票市场交易情况的监管和对NASD成员（即各证券公司）行为的监督。在NASD组织内部这些工作主要由NASDAQ股票市场公司的市场监察部和NASD监管公司负责。前者侧重于对日常交易行为的监督，后者则侧重于寻找并处理NASD成员的违规行为。

2. 监管模式

美国证券市场的监管模式是一种分离的单一性职能管理体制，它以联邦独立机构——证券交易委员会来统一管理全国证券市场。

（1）美国证券市场管理概况。

美国的证券市场管理制度经过了很长一段时间的演变；在经历1929年的金融危机之后，美国政府从法律上对证券市场加以严格管理，制定了一套切实可行的证券法律。主要有：1933年《证券法》（主要针对发行市场而制定的）；1934年《证券交易法》（主要针对交易市场而制定的）；1935年《公共事业持股公司法》；1939年《信托契约法》；1940年《投资公司法》；1940年《投资顾问法》和1970年《证券投资者的保护法》等等。这些法律构成了一个对美国证券系统严密监控的网络，其主要内容有如下几条。

1）确定发行与交易的公开原则。美国有关证券立法中对实施公开原则做了较详细的规定，主要内容包括初次发行的公开、继续的公开以及内部关系人交易的公开三种。

2）实行分业制。法律规定商业银行和投资银行实行业务分离，禁止商业银行从事证券业务，由投资银行专营，同时在法律上对投资银行的管理做了严格的规定。

3）禁止从事证券欺诈和操纵活动。美国证券法律中对证券欺诈、假冒和操纵活动都做了严格的界定，并明确规定禁止这些破坏正常交易的行为。

4）对违反证券交易法的人进行严厉的制裁。在以上统一的证券法之外，各大证券交易所和全国证券交易商协会还各自制定了更具体的规章制度。

20 世纪 80 年代以来，在全世界金融市场自由化和金融创新浪潮的推动下，美国的证券市场管理制度也有了一些改变，主要是对银行业从事证券业务的限制有所松动。1987 年开始，美国联邦储备委员会根据 1970 年《银行持股公司法》修正案，授权部分银行或银行持股公司有限地从事证券业务。

（2）美国证券管理的组织机构及其职能。

美国证券管理机构主要由两级机构组成，第一级是证券交易委员会；第二级是联邦证券交易所和全国证券交易商协会。

1）证券交易委员会。1934 年美国根据同年颁布的《证券交易法》建立了“证券交易委员会”，从此美国的证券市场有了一个统一的管理机构。美国证券交易委员会作为一个独立的机构，是统一管理全国证券活动的最高管理机构。

2）联邦证券交易所。证券交易委员会下属的联邦证券交易所是一个半管理半经营的机构。首先，它是一个管理机构，因为它要执行证券交易委员会的部分管理职能，它管理的主要对象是全国各证券交易所，即各交易所市场。另外，它作为有形证券市场，要维持、组织证券市场活动，独立核算，自主经营，所以它又是一个以股份企业形式存在的经营机构。

3）全国证券交易商协会。1939 年在全国证券交易委员会的建议下，成立了“全国证券交易商协会”。这是一个半官方半民间的非营利组织，全权管理全国场外交易市场上的所有证券交易活动。全国证券交易商协会吸收场外交易者，包括证券公司、投资机构或个体证券经纪人。证券交易商作为协会会员，其最高机构是理事会。

（三）美国股票市场

1. 美国股票发行市场

与其他股票市场相同，美国股票发行市场上主要由普通股和优先股构成，其中以普通股为主要部分，而在美国，优先股的产生主要有两方面原因：一方面公司为了吸引一部分较为保守的投资者；另一方面是由于一些大公司通过发行优先股的形式来吞并公司。如美国电报电话公司在 20 世纪 70 年代发行了 6 种优先股，借此扩大其业务，兼并其他公司。

其股票发行方式有直接销售和公募发行两种。在通常情况下，公司发行大量的股票都要请投资银行代为发行，因为投资银行在公司发行的股票种类、发行多少、发行办法和发行条件等方面具有丰富的经验；再者，投资银行还可以代办向证券交易委员会申请登记的手续。

美国股票市场对于股票发行上市有着非常严格的规定。以纽约证券交易所的标准为例，该交易所关于美国公司的上市标准包括：

（1）股东数量要求。1）400个持100股以上的美国股东或者共有2 200个股东且最近6个月平均每月成交量超过10万股，或者共有500人且最近12个月平均每月成交量超过100万股。2）流通在外的公众股超过110万股。3）公众股总市值超过1.6亿美元。

（2）财务标准（可任选其一标准）。1）税前收入标准：近3年税前收入累计超过1 000万美元，且近两年不低于200万美元（第3年必须盈利）。2）现金流量标准：全球市场总值不低于5亿美元，最近一年收入不少于1亿美元的公司，最近3年的现金流量总和为2 500美元（3年报告均为正数）。3）纯评估值标准：最近一个财政年度的收入至少为7 500万美元，全球市场总值达7.5亿美元。4）关联公司标准：拥有至少5亿美元的市场资本；发行公司至少有12个月的营运历史。外国公司上市则具有两套标准：国内和全球标准，欲上市的公司只需满足其中一套标准即可（见表10—1）。

表10—1

非美国公司上市标准	全球标准	国内标准 （可任选a，b，c之一）
（1）股东分布		
总股东人数	5 000	a. 美国2 000个股东 b. 总股东人数为2 200且最近6个月的月交易量为10万股 c. 总股东人数为500且最近12个月的月交易量为100万股
公众股股数	250万股	110万股
公众股市场价值	1亿美元	1.6亿美元
（2）财务标准		
税前收入标准		
近3年税前收入	1亿美元	1 000万美元
连续两年最低税前收入	2 500万美元	200万美元（3年都为正）
价值标准（任选a，b中一种）		
a. 现金流量标准		
全球市场总值	5亿美元	5亿美元
最近12个月的总收入	1亿美元	1亿美元
最近3年的总现金流量	超过2 500万美元	2 500万美元（3年都为正）
连续两年每年的现金流量		
b. 纯评估值标准		
全球市场总值	7.5亿美元	7.5亿美元
最近一个财政年度的总收入	7 500万美元	7 500万美元
关联公司标准	至少12个月的经营历史，关联公司的经营状况良好	同全球标准

资料来源：美国纽约证券交易所网站。

2. 美国的股票指数

美国有两种著名指数，即道琼斯指数和标准普尔股价指数。它们被广大投资者作为股票市场乃至经济发展的晴雨表。

（1）道琼斯指数。道琼斯指数又称道琼斯股票价格平均数。它是由美国《华尔街日报》的出版者——道琼斯公司编制的，它是美国历史上最古老而人们又最熟悉的一种股票价格指数。该指数最早于 1884 年由道琼斯公司的创始人查尔斯·道开始在他编辑的刊物上发表。当时是根据 8 种具有代表性的铁路公司的股票编制而成的。这个平均指数几经变动，沿用至今。该指数共采用 65 种股票，由工业、运输业和公用事业三种类型股票组成。

（2）标准普尔股价指数。这是除道琼斯指数以外美国最有名的一个股价指数。它是由美国标准普尔公司编制并发表的。该指数是从 1923 年开始编制的，最初采样股票 233 种，到 1957 年扩大到 500 种。1976 年 7 月，标准普尔股价指数对其所选用股票的构成又作了调整，改为 400 种工业股票、20 种运输业股票、40 种公用事业股票和 40 种金融业股票，总股数仍为 500 股。从该指数的变化和发展过程中可以清楚地看出，这一指数在选择对象上十分重视它们在市场上的成长性和相对重要性。而这种重要性的依据是按已出售的股票数量来确定的。由此可见，标准普尔股价指数比道琼斯指数更为科学，这不仅因为该指数抽样广泛、代表性强，而且还因为该指数特别重视上市股数，并把它作为计算指数的权数。这是道琼斯指数未曾顾及到的，这也是该指数备受重视、在世界上具有广泛影响的原因。

（四）美国债券市场

1. 美国债券种类

（1）美国联邦政府债券。美国联邦政府债券是美国联邦政府财政部负责管理发行的债券。由于美国长期采用赤字经济政策以刺激经济的发展，发行联邦政府债券成为美国政府弥补财政赤字的重要手段。美国的联邦政府债券主要有短期、中期、长期国库券及美国储蓄公债四种。其中以短期国库券为发行的主要部分。

（2）美国地方债券。美国地方债券是指美国州政府所属机关或管理局发行的债券。其发行的主要目的是筹集修桥筑路、修筑港口、修筑水坝、开凿隧道、建立水厂、电厂、治理环境等基础设施的资金，以及修筑学校、医院和低租金住宅等公益设施的资金。因此，美国地方政府债券也称市政债券。由于美国地方债券的利息收入免除联邦所得税，有的地方甚至还免除州和市镇等地方所得税，所以又称为免税债券。其发行面额通常为5 000美元和 1 000 美元，期限短的 1 年，长的可达 30 年，为附息债券。一般包括一般义务债券、特殊税收债券、岁入债券、住宅债券及工业发展债券几种类型。一般义务债券的利率比其他市政债券更低，是美国发行量最大的一种地方债券。

（3）美国的外国债券（扬基债券）。美国的外国债券又称扬基债券，是非美国发行人在美国国内市场发行的、吸收美国资金的债券。几乎所有的扬基债券都是在美国证券交易所挂牌的。债券一旦发行，二级市场交易也就开始了。任何决定发行债券的机构都应尽早向证券交易所登记，一般来说，获准上市至少需要 3～4 个星期。证券交易所理事会同意某种债券上市后，便立即通知证券交易委员会。扬基债券的特点是：1）发行人以外国政府、国际机构为主。2）美国政府对其控制较严，申请手续远较一般债券烦琐。3）投资者中以机构投资者为主导，如人寿保险公司、储蓄银行等。4）期限较长。扬基债券的期限通常为5～7年。名声好的大机构发行的扬基债券期限更长，有的甚至达20～25年。5）规模较大。近年来，平均每次扬基债券发行额都在7 500万美元到1.5亿美元之间。有些大额发行，如澳大利亚政府、世界银行等，每次金额甚至高达几亿美元。6）虽然扬基债券的发行在美国证券交易所，但实际交易却遍及美国各地，能吸收全美各地的资金，同时，由于欧洲货币市场为扬基债券提供了转手便利，扬基债券的交易实际遍布全球。

（4）美国的公司债券。公司债券是由公司对外发行的一种债券，它是公司进行筹资的另一种形式。在美国，公司债券很流行。因为公司债券能吸引较大一部分保守的投资者，所以，许多大中型公司采用这一种筹资方式。从发行规模来看，公司债券要比股票大得多。在一般情况下，新发行公司债券的总额是新发行股票总额的3倍左右。原因是购买公司债券的大主顾主要是银行、保险公司、养老基金会、大专院校和慈善基金会等，它们把从各种渠道吸收来的资金用于购买公司债券，以期获得固定的收入。美国公司债券的种类有以下几种：第一抵押公司债券、信用公司债券、可转换公司债券、收益公司债券和附属信托公司债券。

2. 债券流通市场

美国公司债券与地方政府债券的流通市场比较疲弱，而联邦政府债券的流通市场则比较发达，也比较典型，所以我们主要以联邦政府债券为例来说明美国的债券流通市场。美国联邦政府债券流通市场自1980年以来，经历了两次快速发展和中间一段停滞时期，表10—2列示了2000—2012年联邦政府债券的日均交易额。

表10—2　　联邦政府债券市场的交易量　　单位：十亿美元

年份	2000	2001	2002	2003	2004	2005	2006
交易量	72.8	90.2	81.8	81.7	78.8	78.8	74.4
年份	2007	2008	2009	2010	2011	2012	
交易量	83.0	104.5	77.7	11.2	9.6	9.7	

（1）一级交易商制度。美国是拥有一级交易商制度历史较悠久的国家。纽约联邦储备银行任命一级交易商，目前共有22家。在美国，一级交易商在政府债券的初级市场和二级市场上被要求充分活跃。因为联邦储备银行要求它们通过全心全意与客户的交易维持一个合理的市场，提供市场信息和分析，以便有助于联邦储备系统制定和实行货币政策。随着时间的推移，美国财政部取消了一级交易商的某些特权。

（2）政府债券持有者结构。自1980年以来，银行持有的政府债券比例开始下降，保险公司拥有的政府债券数量一直较少，但比例却稳步上升。总的看来，个人和银行的政府债券持有量相对下降，而居民的持有量相对上升。一般来说，个人持有量的下降意味着机构持有量的上升。我们总是假设机构持有者比家庭持有者对市场细微的投资回报变化更为敏感，因而会更迅速地转卖持有债券，也就是说，这使得市场流动性加强了。另一方面，无疑地，资金更快地转移带来了市场的不稳定性。

（3）回购协议市场。美国政府债券的回购协议市场规模很大。早在20世纪90年代初，隔夜回购协议的日交易量就已经远远超过了100亿美元。2009年前三季度，美国日均回购未清偿合约为3.8万亿美元，其中正回购和逆回购分别为2.2万亿美元和1.6万亿美元。20世纪80年代中期，美国的几家政府债券交易商破产了，并引起了几家储贷协会的破产，使俄亥俄州存款保险公司突然倒闭。造成这起事件的原因之一是这些交易商与顾客签订了回购协议，但却没能将有关的证券过入顾客的账户，相反这些交易商又用这些证券签订了更多的回购协议。

由于这些次级交易商只从事政府债券的交易而不受监督与管制，发生这起事件后，1986 年的政府证券法成为法律，并规定政府债券交易商接受美国财政部的管制和证券交易委员会（SEC）的监督。

（4）流通市场的监管。政府对二级市场监管有两种原因：一是防止由于公司在市场上的操作失灵而产生的系统风险；二是保护投资者不受欺骗和维护市场的公平性。此外政府还希望保证市场的灵活性。在美国，对政府债券二级市场上的主要公司的监管是对公司全面监管的一部分。联邦银行业的监督者之一（通常是货币监理局或联储的审计师）负责监管该市场上的各银行，还包括许多一级交易商。二级市场上的证券公司受证券交易委员会的监督。

仅仅从事政府债券交易的经纪人或交易商过去不受任何法规的限制和监督机构的监管。在 20 世纪 80 年代中期的一系列政府证券法弥补了这一缺口。该法规定由财政部对这类经纪人和交易商实行监管。同时还规定它们参加自律组织即全国证券交易商协会（NASD），由 NASD 执行监管职能。

（五）美国的共同基金和衍生金融工具市场

1. 美国共同基金

（1）美国共同基金概况。

第一次世界大战后，美国经济发展的速度相当快，不仅资本家从事证券投资活动，而且许多一般的大众也有了资金从事证券投资。产生于 20 世纪 70 年代初的货币市场互助基金（MMMF）使得美国的共同基金得到了重要的发展，这种趋势在 90 年代得到长足的发展。目前，美国共有 1 000 多个共同基金，持有共同基金股份的家庭数量共有 9 240 万户。到 2013 年 4 月底，共同基金资产总额已达 13.01 万亿美元，相当于 2012 年美国国内生产总值（15.682 万亿美元）的 82.9%。

美国共同基金与其他国家和地区的投资基金相比较，具有以下几方面的特点。

1）以开放式的共同基金为主流。由于与封闭式共同基金相比，开放式的共同基金更具有变现安全、便捷，且投资灵活方便等特点，从 20 世纪 30 年代起，美国开放式共同基金（股份不固定型投资公司）迅速发展，而封闭式共同基金（股份固定型投资公司）则逐渐萎缩。

2）美国共同基金的种类繁多。1 000 多个基金选择的投资目标、方向、性质不同，风险程度也有别，投资者可以按自己的个性、所能承担风险的程度及财务需要加以选择。

3）保险业也参加共同基金业务。共同基金的迅速发展对各行各业的吸引力很大，除投资机构大举开展共同基金业务外，其他产业也纷纷插足于该事业，其中规模最大、竞争力最强的是保险业。

4）共同基金为投资者提供全面的服务。美国共同基金发展较为成熟，加上金融创新的促进以及现代电信设备的使用，美国共同基金为投资者提供的全面性服务也是领先于其他国家和地区的。例如，提供记录储存服务、交易特许权、电子信息与交易账户服务和支票服务等。

（2）美国共同基金的运作与管理。

美国共同基金的实际操作中有4个当事人：经理公司、投资公司、承销公司和保管机构。实际运作是这样的：投资公司委托承销公司以发行股票的方式筹集资金，资金成为公司法人资本，投资者成为股东。基金成立后，投资公司与经理公司订立契约，请经理公司管理并操作基金，保管机构（通常是银行）则负责基金资产的保管和处理。

美国对共同基金的管理包括：1）证券投资公司的注册登记。美国《投资公司法》规定，一般从事证券投资、再投资及证券交易的公司，须向美国证券交易委员会登记注册。其主要目的是由证券交易委员会审查证券投资公司的资格、经营范围和方针，从而防止证券投资公司同投资人发生利益冲突。2）须提供经营情况及其他信息资料。证券投资公司注册登记后，必须向投资人提供、公布一份互助基金投资说明书以及定期向投资人寄发互助基金经营状况的报告，根据美国的有关规定，这种报告不得少于每半年一次。3）防止证券交易的舞弊和欺诈行为。为了防止证券交易的舞弊和欺诈行为，首先，要求证券管理人履行对公司及投资人的忠诚义务，如果他们违背了这一义务，或谋取私利，投资人可以直接起诉，投资公司及投资管理人都应承担责任。其次，法律限制证券投资公司同它们的附属公司之间发生的内部证券交易。4）对投资顾问的管理。《投资顾问法》对投资顾问公司的活动作了明确的规定。证券投资顾问必须在证券交易委员会登记，并要求投资公司的董事会必须严格审查和评估投资顾问作出的投资及股票发行的决定，以保证其符合广大投资人的最大利益。

2. 衍生工具

衍生工具市场的兴起和发展是20世纪80年代以来国际证券市场出现的最突出的变化之一。被称为衍生工具的金融期货、期权以及互换的广泛运用，极大地推动了美国证券市场的发展。

（1）金融期货。

美国最早开展金融期货交易的是芝加哥商品交易所（Chicago Mercantile Exchange，CME）。1972年5月，芝加哥商品交易所在所内另设专门从事金融期货业务的部门，即国际货币市场（International Monetary Market，IMM），首次标准化上市通货期货合约。这是第一笔金融期货合约在交易所内上市交易，使期货交易商品由农产品和金属扩展到金融商品。

继CME首次推出通货期货合约后，1975年10月，美国芝加哥交易所（Chicago Board of Trade）推出第一笔利率期货合约。随后，其他类型的期货合约也纷纷引进到场内进行交易，但在70年代间，大多数引进场内的金融期货合约是不成功的。直到70年代末，这项由美国市场引发的创新工具在许多国际性大银行和证券公司的积极运用下开始走向国际市场。1981年，为避免当时动荡不定的欧洲美元利率风险，美国CME开始引进3月期欧洲美元存款利率期货合约。随后，1982年2月，美国堪萨斯市交易所（Kansas City Board of Trade）首次提出股价指数期货，这是以价值综合指数为合约基础的期货。由于金融期货的低成本、高杠杆率和较高流动性，目前，许多种金融期货的交易额均已超过与之相对应的现货市场交易额。在金融期货交易中，利率期货是近年来运用较为广泛的衍生工具。利率期货合约的年周转量从1980年的1 200万张增加到2013年的333 072万张，增长了近277倍。利率期货分长、中、短期。美国利率期货中，短期利率期货品种中最主要的是 3 月期欧洲美元利率期货合约，中长期利率期货品种主要是美国政府的中、长期债券期货。

与欧洲和日本市场相比，美国市场虽然从交易规模看仍有绝对的优势，但因欧洲市场和日本市场的壮大，其重要性有所减弱。近几年，美国市场交易量的增长幅度很小。1991 年，由于美国长期利率稳定、政府债券现货市场交易额的下降以及官方对期货交易征税的计划，美国市场上金融期货合约的周转量降低。80 年代中期，美国市场金融期货和期权交易量曾占上市总交易量的 84%，而到 2013 年底，这一比重下降到 36.7%。在美国，主要进行金融期货交易的交易所有 CME、CBOT、IMM、中美洲交易所、纽约期货交易所。

虽然金融期货最初是作为场内产品引进的，并且目前仍主要作为场内交易工具为市场参与者运用。但是，随着越来越多的新市场的开辟带来了市场间激烈的竞争，美国的两家主要金融期货交易所即 CME 和 CBOT 协商并采用的电子屏幕交易系统推动了金融期货场外交易的发展。这种屏幕交易系统，即 GLOBEX 系统，使交易双方通过电子屏幕中介自动配对成交，实现 24 小时连续营业，实际上延长了交易所的交易时间，也打破了交易的地域限制，极大地促进了金融期货交易规模的扩大。

（2）期权交易。

20 世纪后半期，在美国开始了股票的期权交易。金融期权的交易，世界上最先开始的国家是美国，美国的金融期权交易历史与金融期货交易基本相同，已近 30 年。1973 年 4 月 26 日，芝加哥期权交易所宣告成立，出现了几种有利于期权交易的情况，如期权合同的标准化；买卖双方能在交易所直接见面；交易所中设立了交换机构等。芝加哥期权交易所开始只做看涨期权，1977 年 6 月 1 日起又加做看跌期权。进入 20 世纪 80 年代后，在金融期货交易多样化的潮流中又出现了股指和债券期权交易。目前美国经营期权的除芝加哥期权交易所外还有美国证券交易所、太平洋证券交易所和费拉德尔菲亚证券交易所。

美国对期权交易市场进行了较严格的管理，其管理法规可分为芝加哥交易所的自行规定和联邦法的规定。交易所的自行规定包括：

1）股票的种类。期权交易的股票种类限于在证券交易所上市者。经证券交易所承认的股票，其发行股数很多，并在市场上成交频繁。

2）期权的行使期间。期权的行使期间由芝加哥交易所的证券委员会规定。根据规定，期权契约以 1 月、4 月、7 月、10 月为到期月，各到期月的期权交易原则上都在该到期月的 9 个月前开始。

3）期权的原股股数。每一份期权契约的原股股数通常为 100 股。

4）股权交易开设账户时的有关规定。为防止不适合做期权交易的客户进行交易，会员经纪商有义务向芝加哥交易所报告客户投资的目的、资金量及交易规模等资料。而后，期权登记负责人根据上述资料决定是否允许客户开设账户。期权登记负责人是从对期权交易及交易所规则很清楚的会员经纪商中选出的。

5）对客户提交计划书。会员经纪商在客户未开户前，须将最新的计划书交给客户。此计划书记载期权的概要、期权交易的风险及期权发行人清算公司的财务情形等。该计划若有修改，则须将修改后的计划书交给客户。

6）买卖的委任。所谓买卖的委任，即顾客将买卖契约的酌量权交给经纪人。为了防止后者滥用权利，除会员经纪商所属公司的董事或期权登记负责人的认可外，会员经纪商不能任意行使客户所给予的委任权。

7）买卖余额的限制。限制客户持有过多的特定期权的买入或卖出余额。如会员或其客户单独或共同持有的期权余额，超过以下情形者，不得进行同一类期权的开放式交易：同一类的期权契约达 1 000 单位；在某类期权中，某一到期日的期权合计达 500 单位者。

8）权利行使的限制。会员不得行使连续 5 日以内，合计超过某类 1 000 单位期权的买进余额的委任权。

联邦法的有关规定如下：

1）定期报告的义务。期权的原股凡是依据 1934 年《证券交易法》的规定而登记者，登记后须依该法的规定，将原股发行公司的财务状况定期公开。

2）对内部知情者的规定。对证券发行公司的董事、主要股东等内部知情者的限制，依据 1934 年《证券交易法》的规定，董事及主要股东在其当选或主要股东持股 10%以上时，10 日以内须向证券交易委员会提出持股量的报告，其后每月底前 10 天以内，持股若有变动，则须将月底时持股量及买卖总量等提出报告。因而，在期权交易的场合中，上述董事及主要股东亦须将买空或卖空期权及其他证券权利的取得、处理、售出等实际所有权的变动情形向证券交易委员会提出报告。

（六）美国证券市场的未来发展

1. 联邦政府债券的发展趋势

联邦政府债券在美国债券市场占主要地位。据统计，1988 年底联邦政府债券发行余额为 25 427 亿美元，约占美国债券市场发行余额总数的 56.3%，之后由于伊拉克和阿富汗战争、新的减税政策以及经济刺激措施等因素使得美国不断提高其债务上限，截至 2010 年底，美国联邦政府债券发行余额达 135 616 亿美元。

（1）中短期国债发行比重上升。

联邦政府从以往的依靠发行长期债券筹资改由主要依靠发行中期债券和短期国库券筹资。20 世纪 70 年代以前，联邦政府主要通过发行长期债券筹资，1970 年比重降至 27%，1992 年又下降到 17.2%。而 1970 年中期政府债券占发行总额的 40.2%，1992 年升至 58.5%。短期国库券占发行总额的比重先升后降，仍占有一定的地位。1970 年短期国库券占发行总额的 32.8%，1990 年降至 23.1%，近年来略有回升，1992 年达 23.7%。

（2）政府部门持有联邦债券比重增加。

联邦债券的持有者中，私营部门的比重下降，政府部门的比重上升。20 世纪 60 年代以前，私营部门，主要是商业银行、私营公司、保险公司以及个人，是联邦政府债券的主要购买者。60 年代以后，私营部门购买数量逐步减少，占债券发行总额的比重也逐渐下降，与此同时，由于社会保障基金的发展和壮大，政府部门其中包括联邦政府各部门、各地区联邦储备银行、州和地方政府购买数量相对增加，2011 年末，联邦政府账户持有的联邦政府债务比重正好比 1940 财年末翻了一番，从 16%增加到 32%，2011 财年末，国外和国际持有的政府债券占美国联邦政府债务的比重从 2002 年的 10.9%上升至 22.8%，在联邦债券的持有者中占有重要地位。

（3）外国投资者买卖联邦债券大量增长。

联邦政府债券对外国投资者也是开放的。20 世纪 80 年代以来，外国投资者买卖联邦债券呈迅速上升趋势。1980 年中期政府债券和长期政府债券的交易额为 974 亿美元，净买入额 49 亿美元；1985 年交易额上升到 9 680 亿美元，净买入额 292 亿美元；1989 年交易额高达 41 403 亿美元，净买入额 542 亿美元。这一方面是由于外国政府和中央银行不愿美元汇价下跌而损害这些国家的出口，于是大量接受美元债券；另一方面是由于联邦政府债券利润率高、灵活性强、利息收入还有税收上的优惠，因此也很容易成为外国投资者保值投资的选择对象。

2. 美国股票市场的发展趋势

美国股票市场是西方资本主义国家中最发达的股票市场；无论是股票发行市场，还是流通市场；无论是股票发行品种、市场容量，还是市场发育程度，在西方国家中都是首屈一指的。近年来，美国的股票市场呈现出以下几种发展趋势。

（1）个人投资者的比重下降。

个人投资者比重下降，机构投资者和外国投资者比重上升。1980—2001 年，个人投资者拥有美国公司发行股票的比重从 71.54%下降到 46.70%。同期，一些机构投资者拥有美国公司发行股票比重显著上升，养老金组织比重从 16.77%增加到 19.8%，保险公司从 4.92%增至 7.30%。

（2）美国股票市场规模不断扩大。

有组织的交易市场以美国最大的纽约股票交易所为例，股票市价总值从 1950 年的 940 亿美元增加到 2013 年的 27.0 万亿美元，上市公司数从 1980 年的 1 570 家增加到 2013 年的 3 279 家。

（3）股票流动性显著增加。

1981—2013 年，美国股票市场交易额从 4 158 亿美元增加到 11.29 万亿美元，32 年间平均每年的增长率为 28.03%。

（4）美国股票市场发育程度加深。

美国股票市场不仅形成了有组织的交易市场、场外交易市场，而且第三市场和第四市场也已初步形成。场外市场受全国证券交易商协会的管理。该协会于 1971 年建立了全国证券交易商协会自动报价系统，通过中央计算机网络向全国提供在场外市场交易的 4 000 多种证券的买卖报价。先进的自动报价系统和良好的组织管理，使场外交易市场在竞争中脱颖而出。现在场外交易市场的业务量仅次于纽约证券交易所，已超过伦敦和东京证券交易所，成为世界第二大证券市场。现在已有相当一批有资格可以在交易所上市的股票在这个市场流通，估计至少有 600 家相当大的公司的股票在场外市场流通。场外市场交易证券包括新上市公司的全部股票、互助基金的全部股票、公司债券的 75%，以及大部分政府债券。

另外，第三市场和第四市场的出现和迅速发展，也反映了近些年来美国股票交易越来越分散化、股票交易形式越来越多样化。第三市场和第四市场的出现降低了股票交易成本，提高了股票交易效率。这些都充分说明了美国股票市场的发育程度加深。

3. 美国金融衍生市场的发展趋势

在经历了 20 世纪 80 年代的迅速发展之后，美国金融衍生市场 90 年代开始向成熟完善迈进。金融衍生市场发展的主要特点是工具种类更多、更复杂；市场的上层建筑开始构建并逐渐走向完善。新的品种有：（1）与股票指数相结合的其他衍生工具，如股指权证、股指联系债券等；（2）新的期权工具，如利率上限、利率下限、利率上下限、掉期期权等；(3) 新的互换品种，如股票互换等；(4) 新的远期协议，如远期债务协议等。同时，从1994年起，美国对金融衍生市场的监管，由主要依赖交易所和有关金融机构的自律，转变为用法律来规范金融衍生市场，而且这一监管方式还有进一步增强的趋势。

目前的经济发展形势有利于美国证券市场的进一步发展。由于美国目前的低利率政策，大量资金被引入证券市场，支撑着股价攀升。市场对上市公司盈利前景看好，经济衰退已使许多公司不断改善经营，增进效率，提高竞争力，今后公司盈利将会进一步改观，推动股市上涨。资本结构灵活的投资公司如共同基金规模急剧扩大，是推动股价上涨的重要因素。1988年美国共同基金资产额仅20亿美元，2005年这一数额增至8.905万亿美元。这样的巨额资金在股市盈利看好的情况下涌入股市，推动股价上扬，现在看来共同基金资产有进一步增长的趋势，对股市仍有强大的推动力量。

4. 美国《1999年金融服务法》对美国金融体系的影响

1999年11月4日美国参众两院通过了《1999年金融服务法》，废除了1933年制定的《格拉斯-斯蒂格尔法》，彻底结束了银行、证券、保险分业经营与分业监管的局面，揭开了金融业走向混业经营的新纪元。

废除分业制度的首要目的是通过促进金融机构的有效竞争，来提高金融机构的创新能力和实现高效经营。此次立法除了废除金融分业制度以外，还允许设立"批发金融机构"(wholesale financial institutions，WFI)；允许互助保险公司的本部迁移等。另一方面，此项立法还从金融机构的稳健经营、投资者的保护、公平竞争等目的出发，制定了多项监管规则。以下介绍《1999年金融服务法》中关于分业制度改革的内容。

(1) 对于银行、证券、保险相互渗透的规定。

1) 关于渗透方式的规定。《1999年金融服务法》允许银行、证券公司和保险公司以控股公司的方式相互渗透，但不允许以子公司的方式进行业务渗透。

2) 关于业务内容渗透的规定。《1999年金融服务法》允许金融控股公司通过其控股证券子公司和保险子公司，从事证券承销、自营与经纪、保险包销、M&A中以自有资金参与企业购并等以直接当事人方式进行的业务；但是对于银行、证券公司和保险公司的子公司（即金融控股公司的孙公司）的业务，只限定于从事金融服务代理业务；关于银行自身从事保险业务，允许保留现有业务范围的既得经营权。

此外，《1999年金融服务法》为控股公司提供了适应市场变化的灵活空间。按照《1999年金融服务法》规定，金融控股公司要进入银行、证券和保险等领域，应达到一定的自有资本比率以及相应的有关资格，当无法满足这些条件时则必须退出相应业务。但对于已经达到资格认可要求的金融控股公司来说，则允许在没有事先向FED申请的情况下，进入新的金融业务领域（除现有法定认可的金融业务以外，还包括现有法定内容以外的、今后可能出现的金融创新业务）。这样，金融控股公司能够迅速适应市场变化的需求进行金融业务的创新，拥有无限的业务发展空间。

(2) 对于银行从事非金融业务、非金融公司通过储蓄机构从事金融业务的规定。

《1999年金融服务法》禁止银行通过金融控股子公司从事非金融业务，但对于储蓄性金融机构却另有规定。按原法律规定，持有储蓄性金融机构股份的非金融控股公司（unitary thrift holding company，UTHC）可从事非金融领域的一般业务，对此，《1999年金融服务法》对其既得经营权给予认可。这一规定意味着《1999年金融服务法》一方面禁止银行从事非金融业务，另一方面允许非金融公司通过购并 UTHC 参与金融业务，充分体现了对金融开放的重视。

（3）专业批发金融机构的诞生。

《1999 年金融服务法》允许设立专门从事企业融资业务的新型批发金融机构。对于 WFI，无论是以公司本身的方式还是以子公司的方式和控股公司的方式，都不允许其从事零售业务，但不受储蓄保险制度的限制。储蓄保险制度是一项出于保护个人投资者利益而制定的制度，《1999 年金融服务法》通过设立专业批发金融机构并免除储蓄保险制度的限制，将带有个人投资者风险的零售业务与面向企业的批发业务明确区分开来，目的在于既能够通过储蓄保险制度有效地保护个人投资者利益，又能够通过免除批发业务的储蓄保险费用，给予批发金融机构更多的业务空间。

（4）允许互助保险公司为改制控股公司而跨州迁移。

美国的人寿保险市场近年来发展迅猛，特别是证券投资型的保险商品发展极为迅速，不但是保险公司之间，与证券公司的竞争也相当激烈。为此，多数互助保险公司希望通过控股公司的方式来实现业务的多元化，并且在融资方面占有利地位。对于此项内容，美国各州规定不同，有些州允许互助保险公司转向控股公司，有些州则不允许。为此，《1999 年金融服务法》规定，允许互助保险公司为了实现控股将本部从禁止此项内容的州转移到允许此项内容的州，这样，互助保险公司获得了比以往更大的业务发展空间。

从上述《1999 年金融服务法》的基本内容看，此次立法改革的指导思想是通过放松原来的各种严格限制，鼓励金融混业经营，在各类金融机构的业务渗透过程中促进有效竞争，从而提高本国金融机构的国际竞争力。

二、英国证券市场

（一）英国证券市场的发展

16 世纪中叶，随着美洲大陆的发现，国际贸易中心逐渐从地中海地区转移到大西洋地区，英格兰成为最重要的贸易中心。一些股份公司开始在英格兰出现，这些公司的股票受到了人们的广泛欢迎。然而 1720 年却发生了轰动一时的南海事件，导致股市全面崩溃。为保护公众利益免遭再次侵害，议会通过了泡沫法案，禁止自行发售股票。在以后长达一个多世纪的时间里英国股票几乎销声匿迹，直到 1825 年该法案被废止。到了 20 世纪，当英国的统治地位有所削弱，经济实力有所下降，公司不得不通过各种手段筹集资金时，证券市场才渐渐有了发展。

英国的债券发行市场则与股票发行市场的情况截然不同。虽然英国的企业债券市场由于与上述相同的原因而欠发达，但其政府债券在世界上颇为著名。英国政府在 17 世纪末期开始发行公债，当时的发行量较小。到 18 世纪末 19 世纪初，由于连年战争，军费支出庞大，政府公债的数额大大增加。1709 年英国仅有1 300 万英镑的公债，而到 1816 年，公债数额已达 9 亿英镑。政府公债因其安全程度较高和收益水平较有保障而受到普遍欢迎，大银行、大公司对公债的承购最为积极。英国政府从中受益匪浅，于是进一步完善了公债发行制度，并积极促进政府债券的流通，用以维护公债的良好声誉。英国证券市场上最早交易的就是政府债券，现在市场上交易量最大的也是政府债券，英国的证券市场因此而获得了“金边债券”市场的美称。

第二次世界大战之后，英国的海外证券投资不断衰退，国内也因政府公债的累积抑制了民间资本的形成，证券市场处于萎缩状态。但是，第二次世界大战后，随着英国经济的恢复，外国对英国的股票投资及英国对北美西欧的股票投资有了长足的进展，伦敦股票市场的国际性也随之逐步增强。

虽然英国证券市场在世界证券市场上处于比较重要的地位，但它也有一些不足之处。英国传统的证券市场比较保守，在该市场内，中小证券业者一直是证券交易所的主要成员，英国证券交易所对大公司参与交易一直持谨慎态度，因而在20世纪80年代以前，英国的证券市场上缺乏功能齐全、实力雄厚的大公司，证券交易所内的批发商与经纪人大部分都是中小公司的代表。

针对上述情况，英国政府采取了一系列措施改革证券市场，力图使证券市场变得更能顺应时代潮流，以加强其竞争力。1981年，英国开始允许非交易所成员收购成员公司股份的29.9%，这样外国资本大量进入英国证券市场，交易所股东中外国投资者的比重迅速上升，英国证券市场国际化的步伐开始加快。接着，英国证券市场在1986年又作出了被称为“大爆炸”（Big Bang）的重大改革，使英国证券市场发生了根本性的变化，英国证券市场成为最国际化的证券市场，巩固了其在世界证券界的地位。

（二）英国证券市场的结构及其监管模式

1. 英国证券市场的结构

1986年10月，英国证券市场作出了重大改革以后，伦敦证券交易所和原先不属于它的伦敦国际证券业机构达成协议，改组成一个新的机构，于1987年正式定名为国际证券交易所。改组后的国际证券交易所形成了五大市场，即英国股票市场、国际股票市场、伦敦交易所金融期货市场、金边债券市场和国际债券市场，见图10—1。

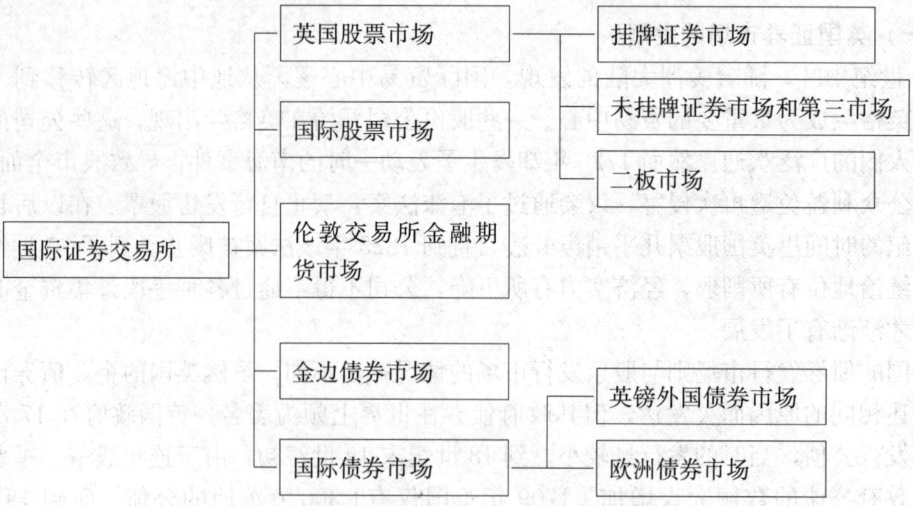

图10—1　英国证券交易市场结构

下面主要介绍一下英国股票市场（国内）的结构。英国股票市场为需要筹集资本的公司提供了规章完备的三层市场：挂牌证券市场、未挂牌证券市场和第三市场以及二板市场。

挂牌证券市场是最主要的市场，完全按国际标准开展交易。一般的股票要取得挂牌上市的资格很不容易。在这个市场挂牌上市的有国际性交易的股票超过500种，这比在欧洲的任何其他地方股票市场挂牌上市的都多。未挂牌证券市场是为成立时间稍短、规模稍小的公司而设的。1980年12月，伦敦证券交易所产生了未正式上市证券的交易市场（第二市场），在此市场中，对上市证券的要求比在伦敦证券交易所上市低，如第一市场（证券交易所市场）规定的上市股票必须至少向公众提供25%的股权，而第二市场只要求10%；上市公司提供由会计师审计的财务会计报表年限，第一市场要求5年，而第二市场则要求3年，等等。国际证券交易所设立未挂牌证券市场的时间领先于其他证券交易所。这个市场又被看做是过渡到在证券交易所正式挂牌的台阶（故亦称第二市场或二层市场）。希望自己发展起来并创造条件准备进入证券交易所的较小公司先进入未挂牌证券市场。

证券交易所又于1986年5月宣布设立第三市场（亦称三层市场）的计划，其意图是为股票交易记录更短、相对来说未经考验、还不能进入未挂牌证券市场的正在成长中的更年轻的新公司提供上市交易机会，使比此范围更广的公司能进入有组织的资本市场。第三市场于1987年1月26日开业后也有了较大的发展。从1990年开始，这种市场结构有了重大变革。其主要原因是受欧共体为统一各成员国上市要求而采取的各种措施的影响。为了适应欧共体的要求，伦敦国际证券交易所把挂牌证券市场上市要求中的交易记录从5年减至3年，把未挂牌证券市场的交易记录从3年减至2年；同时，从1991年4月开始实行的招股说明书指令，对所有招股说明书规定了最低标准。这些都使第三市场与未挂牌证券市场的区别更趋模糊。从1990年1月起，伦敦国际证券交易所不再允许新的公司进入第三市场，1990年底该市场被关闭，该市场上原有的大多数公司转到未挂牌证券市场。

二板市场（alternative investment market，AIM）成立于1995年，它侧重于去满足那些正在成长的公司的需要，这些公司还没有达到在主板市场上市的所有标准，或者是没有更合适的环境。二板市场的主要特点是：（1）准入标准比较宽松，使各种各样的公司能在发展的早期阶段进入公开的市场；（2）管理制度不太严格，让企业作为股票上市公司学习体验，而不受英国上市主管部门规定的整套行为准则的制约；（3）收购规定比较宽松，有利于通过收购进行扩展；（4）某些税务优惠，这对某些公司来说可能是一个优势。

AIM在1995年成立，截至2013年末已有1 087多家公司（226家是海外公司）在AIM上市，市场资本总额达到759.29亿英镑。AIM在最近一些年份首次公开发行（IPO）市场不景气的全球环境下获得了成功。2013年，AIM有44家公司IPO，占同年西欧重要市场IPO的36.67%。

2. 伦敦证券交易所

（1）伦敦证券交易所概况。

伦敦证券交易所是世界著名的证券交易所，是世界主要证券交易中心之一。它在世界三大证券交易所（纽约证券交易所、东京证券交易所、伦敦证券交易所）中历史最悠久，已有200多年的历史。

在英国的7家证券交易所中，只有伦敦是全国性的证券交易所，其他6家都是地方性的证券交易所。1986年10月27日，伦敦证券市场开始进行全面的、根本性的改革。这场改革包括伦敦证券交易所自身的改革与英国政府对证券投资业务和证券市场管理方式的改革两方面。根据《1986年金融服务法》，英国政府成立了证券投资委员会。国务大臣授权该委员会对从事证券和投资活动的自我管理组织以及从事各种金融服务的企业进行管理，该管理具有法律效力，从而把自我管理与法令管理融为一体，改变了传统的主要依靠“自治自律”的管理模式。1986年11月，伦敦证券交易所与伦敦国际证券业机构合并，改组成一个新的机构，定名为“伦敦国际证券交易所”。伦敦证券交易所在1986年“Big Bang”之后，又先后推出了“股票交易所自动报价”（SEAQ）和“股票交易所国际自动报价”（SEAQI）计算机系统。这两个系统通过卫星线路与美国、东京、香港和欧洲等证券市场以及遍布全球的1万多个终端连接，两个系统加起来可处理7 500多种股票和政府债券交易，还可提供2 000页数据，其中不仅涉及股票交易本身，还包括全球各种最新经济指数、外汇牌价、金融期货及货币市场数据，供交易者参考。

伦敦证券交易所在交易额方面仅次于纽约证券交易所和东京证券交易所，与纽约、东京并列为世界三大证券交易中心。但伦敦证券交易所的交易周转额却居世界第一位。据统计，伦敦股票交易所每天正式挂牌上市的证券多达7 500种，日均成交8 331万股，日均成交额为42.35亿英磅，2013年全年股票交易额高达49 547亿英镑。另外，伦敦证交所的国际化程度也是世界上最高的，目前世界上的国际股票交易约2/3是在伦敦进行的。外国股的交易量甚至超过英国本国股的交易量，就2006年来看，外国股交易量达到34 477亿英镑，而本国股交易量为32 104亿英镑。同年12月，伦敦的债券市场月累计交易量达到2 162亿英镑，而在伦敦证交所上市的欧洲债券竟多达5 500多种。

（2）伦敦证交所的组织。

伦敦证券交易所为会员制的股份有限公司组织，会员分为两类：一类是经纪人；另一类是自营交易商。经纪人主要是代客买卖，充当中介人，他们按顾客的要求买卖证券，其收入来自顾客支付的委托手续费。而自营商是自己买卖证券，并以买卖差价作为收入。

在英国，证券交易所进行场内交易的主要是股票和政府债券。依靠证券交易所自律管理实现证券交易所场内管理目标的基本特点，依据英国证券交易法的有关规定，英国的证券交易所场上交易采取现货交易的方式进行，即证券交易必须在第二天或近日内完成交割。英国证券市场一年分为24个清算期间，证券交易应在每期期末清算。证券市场既不规定最低交易数额，也不规定法定保证金，但是，证券发行人被准许在证券交易所进行交易后仍然负有连续披露的责任。对于上市公司证券，上市公司必须向证券交易所协会提交能使股票持有人正确估计公司状况和避免建立虚假市场所必要的资料情报，诸如董事会会议有关红利分配的决议、资本结构的变化、销售情况的变化、董事会人员的变动等等。为确保证券市场具有充分的变现能力，英国证券交易活动主管机关十分重视对证券大额交易的管理，证券交易所协会报价部积极干预证券大额交易活动：不仅销售大额证券必须经报价部批准，而且证券经纪人必须向报价部报告所有证券交易详情，交易商必须将其一部分证券投入市场进行买卖。在没有取得批准的条件下，禁止从事证券的大额交易。除现货交易和期货交易这两种最基本的交易方式外，伦敦证券交易所的交易方式还有选择权交易（option）、选择权买卖（traded option）、记账买卖与补差转期等交易方式。

3. 证券市场监管模式

经过300多年的发展，英国的证券市场管理体制已发展得相当完善，成为证券管理三大体系中的一家，其主要特点是对证券交易所及其会员采取自由放任的态度。其主要管理形式有两种——自律机制和立法管制。

(1) 自律机制。

英国的证券业自我管制系统分为两级，一级由证券交易商协会、设有立法地位的收购与合并问题专门小组和证券业理事会三个机构组成，其他政府机构如贸易部、公司、注册署等也实施监督管理；二级是证券交易所的管理。英国的三个自我管理机构与政府机构是相对独立的，它们在一定程度上进行非正式合作。自我管制的结果表明，它们可以通过有组织的形式进行成功的管理，从而代替贸易部等机构执行严厉的市场监管，如果发现了不法行为，专门小组等会将提案提交贸易部，由后者进行调查和提出诉讼。政府机构也随时对证券市场进行关注，但它们的参与越来越多地采用立法手段，而自我管理机构是以非立法方式实施其行为准则的。自我管理的主要内容涵盖市场参与者规定、上市规定以及持续的信息公开规定三个方面。

(2) 立法管制。

尽管英国证券业实行与其他西方国家（如美国）所不同的自我管制制度，但政府的作用也是不容忽视的。政府的管理主要体现为立法管制，一系列不同的证券法案和与证券业相关的法案既是自我管制的指导，又是自我管制的补充，这些法案有：1958 年的《反欺诈（投资）法》，1948 年和 1967 年的《公司法》，1973 年的《公平交易法》以及 1988 年的《金融服务法案》等等。这些法案对证券交易行为、股份公司行为、内幕交易行为等多方面都作出了规定，其中主要有 5 个方面。

1) 关于“招股说明书”的规定。

根据《公司法》，公司发行有价证券必须提供详细的“招股说明书”，《公司法》规定了说明书的详细时间、内容格式等。即便是经过允许的私下发行也需要有简明的说明书。

2) 关于内部人员交易和自我交易的规定。

根据《公司法》和《反欺诈（投资）法》，所有证券交易所内和有组织的场外交易中的内幕人士交易都要受到禁止和处罚。内幕人士主要是与公司有某种联系、持有某种大量股份、掌握内部信息者，如公司的董事及其亲属。

3) 自我管制的立法确认。

传统的证券管理以自我管制为主，1986 年英国证券市场具有改革意义的“大爆炸”在某种程度上使证券管制制度发生了变化。1988 年 4 月在英国国际证券交易所（包括英国证券交易、国际股权交易、金边证券交易和期权交易四大市场）实施的《金融服务法案》，将自我管制责任以法定形式确立下来。这一新的法案的实施，实际上是两种管制职能之间新的合作关系的体现。

4) 1986 年《金融服务法》。

关于市场管制的主要内容，1986 年 10 月 27 日，伦敦证券市场开始进行全面的、根本性的改革。这场改革包括伦敦证券交易所自身的改革及英国政府对证券投资业务和证券市场管理方式的改革两方面。根据 1986 年的《金融服务法》，英国政府成立了证券投资委员会。国务大臣授权该委员会对从事证券和投资活动的自我管理组织以及从事各种金融服务的企业进行管理，该管理具有法律效力，从而把自我管理与法令管理融为一体，改变了传统的主要依靠自治自律的管理模式。

5) 英国证券市场管制的发展趋势。

英国的资本市场放松管制由 1986 年的“大爆炸”得到了进一步的加强。此前英国资本市场的一个重要特点是伦敦证券交易所控制着英国资本市场，政府要放松管制还要得到交易所的认同和实施。正是两者的不一致才引发了英国的金融革命，才有了交易所的地位下降和新管理体制的产生。“大爆炸”使得伦敦证券交易所落后的规则和制度得到了彻底的变革。促成英国证券市场放松管制的几个主要动机来自英国政府急于恢复伦敦的国际金融中心地位，但促成伦敦证券交易所规则最终发生改变的重要压力还来自英国证券大量发行、上市和投资活动转向海外。与美国主要靠市场力量推动不同，英国资本市场放松管制来自政府的压力和推动。

（三）英国的股票市场

1. 英国股票发行市场

（1）英国股票发行市场的特点与方式。

英国股票发行市场的最大特点就是极端专业化。只注重发行过程，而不关注发行后的产业发展。

英国企业、公司所发行的股票，或者采取对非特定公众普遍发行的方式，或者采取对少数特定公众分别发行的方式。向社会大众普遍发行是英国很多公司发行股票最常用的办法。

1）公开发行与公开让售。

大体说来，这种方法可分为两种形式：第一，公开发行。公开发行指发行公司在报纸上刊登发行广告，宣布该公司愿以某一价格发行若干数量的股票。第二，公开让售。当某一企业转变为大众公司时，通常由其原有的重要股东在报纸上刊登广告，宣布愿以一定价格公开让售其股票。在实际业务中，最常见的方法是由发行商等证券中介人全部予以承购，然后再按同一方式转售给投资大众。从申请人的角度看，公开让售与公开发行几乎无甚区别；从发行公司来看，公开发行主要在于筹措新资金，公开让售则主要在于谋求股权的分散。不过在进行公开让售股权时，发行公司也可同时发行若干新股票售予发行商，以便转售，从而达到筹措新资本的目的。就发行费用而言，已上市公司进行公开让售，其费用与公开发行方式大致相近，但如果公开发行的数量很小，其费用有时可高至发行收入的 13%以上。

2）私募销售。

股票的私募指由证券经纪商安排，将股票售予经纪商的顾客（多数为团体投资者），或其有联系的投资者，而非公开售于社会大众的销售方法。小型公司首次参加股票交易大都采用这种方法。由于小额投资者不易买到此类股票，故证券交易所规定，发行公司应提出相当比例交由交易所自营商售予一般投资者。这种发行的成本较公开发行及公开让售为低。

3）引进方式。

它由发行公司向证券交易所提出准许其股票参加交易的请求，经该所核准后即可随时上市参加交易。这种方法的目的不在于筹措新资金，而在于便利发行公司为以后筹集新资本而继续发行股票。

4）招标发行。

在招标发行的方式下，发行公司除提出公开说明书外，由发行商宣布最低底价，然后邀请特定投资人（多为团体投资者）以不低于底价的价格参加投标。由于互相竞争的关系，其价格可能接近预期的市场价格而对发行公司有利。这种方法表面上看是一种好方法，但因其非公开发行，计算标价又较困难，因此在市场上尚未流行。

5）对旧股东发行新股票。

股票已上市的公司发行股票，最常用的方法就是给现有股东以认购新股的权利。在此种方法下，旧股东可以比市价低的价格购入新股票，而发行公司只要依股东名册发出通知即可，不必支付印花税及中介人的费用，因此发行成本较低。因为这种方法对旧股东及发行公司均有利，所以许多股票已上市而经营情况良好的公司都用这种方法来筹措新资金。

据统计，英国一般公司发行股票时，采用对旧股东发行新股票的次数最多，金额也最大；利用私人销售及交易所介绍的方式次之；利用公开发行及公开让售发行的次数及筹得的资金总额不高，只是每次平均发行的金额较大而已。

（2）发行机构

英国股票发行市场没有正式的组织，也无具体的集合场所。其业务多经过许多券商及金融机构的通力合作进行。在英国的股票发行市场上，参与股票发行的机构主要有以下四种。

1）证券银行。

在证券银行中，有历史悠久的证券银行与第二次世界大战后设立的新证券银行两种。旧证券银行都与外国资本市场有紧密联系，在伦敦市场专门承办所谓“金边证券”的发行，也承办国内外铁路债券、股票的发行承销。第一次世界大战后，证券银行承办国内产业发行的股票和公司债。新证券银行主要承办国内证券的发行业务。

2）信托及金融公司。

信托及金融公司属于投资性证券的发行机构。它们具有某种程度的发行信用，承办仅次于“金边债券”的优良证券系列，大多数也参与证券金融，并与特定产业具有特殊关系，发行人的职能涉及多方面，尤其具有两项重要任务：①对发行条件尤其对发行价格提供建议；②借助承销保证以确保募集金额。

3）股票经纪商。

股票经纪商分散在全国各都市，直接与投资人联系；由于在股票投资观念非常普及的英国，投资人对于自身财产的运用，早就有向经纪商洽谈的习惯，所以，此类身为大众投资顾问的股票经纪商，在英国形成了证券分销机构的一个环节，占有重要地位。

4）伦敦证券交易所。

伦敦证券交易所在股票的发行市场中担负着重要的任务。英国没有专门的证券管理机构，发行公司须将其公开说明书及其他证件交付伦敦证券交易所予以审核，经该所认可后才能在两家以上的伦敦重要报刊上公开刊登（每家至少刊登 2 天）。股票发行的价格经公司及发行商号决定后，尚须向该所申请准许其报价，核准后方能参加交易。因此，不仅伦敦证券交易所的经纪商积极参加各种方式的股票发行工作，而且该所在股票发行的管理方面也起着关键性作用。

2. 英国股票交易市场

英国没有店头市场，其股票交易市场完全由证券交易所构成。英国历史最久、规模最大、影响也最广的证券交易所是伦敦证券交易所。过去在英国各郡共有21家有组织的证券交易所，但因1973年3月各证券交易所合并，致使英国的股票交易市场趋于一元化。

可以这样说，英国的股票交易市场基本上是一个交易所市场。这一判断主要基于以下两个理由：（1）尽管在1980年英国为一些小公司开辟了一个很小的非挂牌市场，但由于这个市场的交易额一直很小，现在判断它能否发展成为一个有一定规模的柜台市场还为时过早；（2）尽管近年来一些交易所控制以外的大额股票交易有所发展，这些交易避开股票交易所而以“接通”的方式直接在买卖双方做成，但这种交易一直未能得到官方的承认，因而被一些金融学家称为非官方的柜台市场。

和美国的交易所体制不同，英国的股票交易所是“大一统”的。到目前为止，英国只有一个统一的股票交易所，这就是伦敦证券交易所。

3. 国际股票市场

外国股票市场在伦敦已存在许多年，但直至20世纪80年代初，外国股票还是主要在正式市场以外通过电话进行交易。成立了国际证券交易所后，这个市场就转为正式的国际股票市场并吸引了更多的发行人与投资者。国际证券交易所为此而采取的一个步骤是创立“证券交易所自动报价”国际系统。这个系统利用荧屏报价，各国的股票报价系统联网，即时显示将近700种国际性公司的股票价格。创立这个系统所根据的原理是：在本国市场以外作交易的股票能从国外的有流动性、有形、有秩序和易于进入的市场得到好处。

国际股票市场正式化以后，国际证券交易所就把这个市场的未来发展列为其主要优先工作之一。其目的是把国际证券交易所建成全世界最大的买卖国际股票和同股票有关的金融工具的交易所。国际证券交易所从在世界各地都有业务的候选机构中寻找会员和做市商以便开展全球化业务，于是国际证券交易所的会员中就有近1/3是受外资控制的机构，包括全世界最大的银行和券商。现在在国际股票市场上市的国际性公司包括许多国际上最大规模的公司。

4. 英国的股价指数

英国最著名和最古老的股价指数是英国《金融时报》于1935年开始编制的金融时报普通股指数。该指数从英国工商企业中选出具有代表性的30家公司的股票，计算其每小时价格的简单算术平均数。1996年10月1日，该指数更名为FT30指数，其目前所用的基期是1935年7月1日，基期值为100。

英国另一个重要的股价指数是金融时报500种股票指数，1993年12月31日更名为非金融类股票指数。该指数从矿石开采业、一般制造业、消费商品业、服务业和公共事业五个主要部门中选出500家有代表性的公司，计算其未加权的股价平均数。

最新的股价指数是《金融时报》与伦敦国际证交所联合编制的金融时报/伦敦国际证交所100种股票交易指数。该指数的基期是1984年1月3日，基期值是1 000。2014年8月5日，该指数值为6 682。它每分钟计算一次，计算对象是在伦敦国际证交所上市的100家最大的公司股价的加权平均数，代表了英国市场的80%，并被作为股票指数期货合约的标的。

此外还有金融时报所有股票交易指数，金融时报250种股票交易指数，金融时报350种股票交易指数等。

（四）英国的债券市场

1. 债券发行市场的参与主体

英国债券发行机构包括：(1) 发行商行。第二次世界大战以后，各大众公司所发行的新资本，有60%是经过发行商行进行的。(2) 承销团体组织。发行商行充当新债券主要包销人，对于每次发行的新债券，除自行保留一部分外，通常邀请若干个团体投资者担任大部分新债券的包销工作，组成债券承销团体组织。(3) 证券经纪商。采取私募销售、交易所介绍等方式发行的小额债券，不需要经过发行商行的协助，完全由发行公司委托证券经纪商负责安排各种发行程序。

英国债券的认购机构包括有：(1) 银行体系。英国银行体系（包括各清算银行、各苏格兰银行及爱尔兰银行、各贴现所及各大商人银行）在资本市场方面发挥着相当重要的作用。它们一方面由社会各界吸收数量庞大的存款资金；另一方面又把这些汇集的资金的相当一部分投资于政府发行的债券和其他债券上。(2) 保险公司。英国保险公司是债券发行市场上的主要团体投资者。(3) 退职金与养老金基金。退职金与养老金基金主要来源于企业界职工工资的扣缴额，在性质上属于契约储蓄。一般来讲，为了求得较高的利息，其投资对象多以长期债券为主。(4) 国民储蓄机构。国民储蓄机构中邮政储蓄银行为国有企业，其所吸收的国民储蓄交由国家公债委员会处理，投资方向主要是政府债券和其他特殊债券。各信托储蓄银行依法受国家公债委员会的监督，其普通存款部的存款也交该委员会处理，投资对象也多为政府债券。

2. 债券发行方式

(1) 英国债券发行的目的。

英国发行的债券多为利息固定债券。英国政府按照固定利息发行债券的目的一般为应付国际及公共支出，有时也为偿还旧债转换发行。一般公司发行债券的目的有三个：①筹措企业所需要的新资本，此项债券发行所得一般用于建厂、改善设备、扩充设备以及偿还短期借款；②赎回过去已发行的债券或偿还银行的放款与透支；③融通旧债券，即用于现有的债券的兑回和转换。

(2) 英国债券的利率和期限。

英国债券的利率一种为固定利率，年利率一般为10%，英国政府发行的是固定利率债券；另一种为浮动利率，其主要根据未来的价格变动和通货膨胀以及市场利率等因素确定。

英国债券发行期限最短期为90天，如英国政府发行的国库券，最长期为政府发行的永久性债券（没有规定偿还日期）。

(3) 英国债券的发行方式。

1) 利用说明书公开发行。利用说明书公开发行即由发行公司在报纸上刊登广告，宣布该公司愿以某种价格发行若干数量的公司债，并规定申请购买的日期。其公开说明书中详细记载该公司的历史、未来发展前景和目前合同等重要资料。投资人审查认为满意后，即填写所附的申购表格，连同支票一并寄出，注明希望其申购数额能被全部或部分接受。英国政府债券和政府保证债券几乎全部采用说明书公开发行方式发行，此种发行方式也简称“公开发行”，而已有债券上市的著名公司在发行新公司债券时也多采用此种发行办法。

2) 招标发行方式。目前英国国库券以及至今未收归国有的公用事业的债券发行，主要采用招标法发行。一般英国私营公司很少采用这种方式发行证券。其发行办法为：发行公司公布一项公开说明书，通常同时宣布最低的底价，如果投资者等于或超过底价的标购总额超过发行总额，则出价最高者得标。这种方法表面上看是一种好方法，但因为非公开发行，计算标价又较困难，因此在市场上尚不流行。

3）私募销售。债券的私募指由证券经纪商安排，将债券售予经纪商的顾客（多数为团体投资者），或与其有联系的投资者，而非公开售于社会大众的销售方法。小型公司首次参加债券交易大都采用这种方法。由于小额投资者不易买到此类证券，故证券交易所规定，发行公司应提出相当比例交由交易所自营商售予一般投资者。这种发行的成本较公开发行的成本低。

3. 英国国内债券发行的种类和特点

英国国内债券主要有：国库券、金边债券、地方当局债券、公司债券、在伦敦证交所发行的欧洲债券等。

（1）国库券。

英国是世界上利用发行国库券筹措短期财源以利于国库调度的最早的国家，很多国家都以英国国库券制度为样板而加以效法。

国库券的面额最初规定为 5 000 英镑到 1 万英镑，后又提高到 2.5 万英镑、5 万英镑及 10 万英镑。国库券的期限根据 1877 年的法律规定，在不超过 12 个月的范围之内，可以发行任何期限的国库券。1917 年以后，标售券的期限一律为 3 个月，其实际日期可随所含月份日数的多少而不一（90 天或 92 天），自 1959 年以后，全部标准化为 91 天。从 1955 年至 1961 年每年冬季，会发行临时性及季节性的 63 天的国库券。

国库券的发行方法有以下两种。

1）每周标售法。这种方法是由财政部每周提供定量的国库券，由金融机构等参加投标而一次售出。此种以标售办法发行的债券即标售券为金融机构及社会大众所持有，构成政府的有效短期负债的一部分。招标发售后，大部分都在市场继续发生交易，因此被称为“市场国库券”（market bill）。

2）随时零售法（tap method）。这种方法是按固定利率或价格，随时售予拥有临时资金的各级政府机构。零售券（tap bill）为政府各机构所持有，差不多是名义上的债务（nominal bill），仅代表政府内部会计上的交易，原则上不进入市场，唯有英格兰银行为吸收过剩资金而向市场售出国库券时，其中会包含若干零售券。

（2）金边债券。

金边债券是指英国除国库券以外可在证券交易所买卖的所有政府公债，也即伦敦证券交易所公开上市且其价格稳定的优良债券总称。由于这种债券带有黄色的金边，代表着全国最高的信誉和最小的风险，并被认为是最稳定可靠的债券，因此，称其为金边债券。

1）金边债券的种类和期限。

金边债券按期限不同可分为有期公债（unfunded debt）和永久公债（funded debt）。有期公债又分为 5 年内的短期公债（short gilt），5～15 年的中期公债（medium gilt），以及 15 年以上的长期公债（long gilt）。这些公债虽有一定的偿还期（称为单一日期），但在期满前，政府有权随时偿还；永久公债为政府有权在一定期限后随时偿还（故称双重日期），持有者无权请求偿还，只能按所定的条件领取一定的利息，政府视情况选择偿还日期。除了永久公债外，金边债券多是普通债券，有固定的利率、固定的期限，附有息票，一年两次付息。此外英国还导入了一些新式公债，如近年发行的可变利率公债、分期付款债券和可转期债券等。

2）金边债券的发行。

金边债券是以名义价值的固定利息发行的。利率随公债期限和发行日市场利率水平而变化。多数金边债券是在伦敦证券交易所利用直接发行方式直接向投资人发售的，未发出去的部分，英格兰银行的债券发行局全部认购，然后由该局派出政府经纪人向金边债券的批发交易商发售。

(3）地方当局债券。

地方当局债券是由英国和北爱尔兰的地方当局发行的债券，同时若干水利机构及房产抵押机构也有发行，地方债券分为1年期债券和5年以上的长期地方债券。它们有些由发行人直接售予贴现所及其他金融机构，有些则通过证券经纪商在证券交易所上市。在次级交易中，上市交易的地方当局债券和未上市交易的地方当局债券均可买卖而没有差别（其最低交易额为1 000英镑）。各贴现所以交易主体的身份，办理此种债券的买卖。英国地方当局发行债券的额度由英格兰银行负责控制，其利率主要取决于举债当局的资信程度和知名度。

(4）公司债券。

公司债券是由公司盖章发行的债券。通常以公司资产作抵押，可分为记名债券和不记名债券。英国公司债券的主要种类有：全面抵押公司债券（将公司资产抵押给银行，由银行担保发行的债券）、固定公司债券（以公司的固定资产作担保发行的债券）、流动公司债券（以公司的流动资产作抵押发行的债券）、收益债券（只能从公司利润中支付利息的债券）、可赎回公司债券（可在规定的时间或以抽签及购回的方式提前偿还的债券）、三明治债券（由向发行债券的公司提供贷款的银行与财务公司达成协议后发行的一种债券）、担保公司债券和无担保公司债券。

(5）在伦敦证交所发行的欧洲债券。

欧洲债券是由世界各地的公司和政府发行并在国际范围内向以金融机构为主的资深投资者推销的债务证券。大部分的欧洲债券交易在证交所场外进行，但尽管如此，还是有必要在像伦敦证交所这样的老牌证交所正式挂牌，以吸引更多的投资者。发行欧洲债券的要求明显低于股票发行要求，尤其是对非股份关联的债券发行，信息披露的要求被大大降低。伦敦是发行欧洲债券的主要中心，有5 500多种欧洲债券在伦敦证交所上市交易。

三、日本证券市场

(一) 日本证券市场的形成与发展

在日本证券市场发展的初期，日本的银行业即在证券市场奠定了优势，这一直成为日本金融结构的重要特点。这期间的股票市场一直以投机色彩浓郁的流通市场为中心，交易市场被券商在少数几种股票上的投机买卖所左右，发行市场并没有成为长期工业资本的供应者。

第二次世界大战之后，随着财阀的瓦解和那些已经停止运作的证券机构的解散，大量的股票通过证券协调停业委员会发行，个人投资者迅猛地增加了他们的股票持有量。1948年5月出台了新的《证券交易法》，1949年4月一个以会员资格制为基础的新的证券交易建立起来，1954年实行了金融和证券自由化政策，进一步加强了金融机构和证券机构的竞争力，并使各项制度趋于完善，大大刺激和促进了证券市场的发展，股票价格迅速上升。

20世纪80年代之前的日本企业筹集资金的渠道主要是靠间接融资市场和国债市场，这期间日本的证券市场一直呈现出股票市场相对间接金融市场和国债市场发展较缓慢的特征。80年代，随着日本金融市场自由化和日元国际化的不断发展，日本证券市场蓬勃发展。80年代末期，由于泡沫经济的影响，日本股市不断升温，一度成为世界上最大的股票市场，但受政府调息和国际股市的影响，股市出现暴跌，给日本的国民经济造成了严重的影响。为了稳定股市，刺激经济，日本政府采取了积极的财政政策，但收效甚微，从此股市走入了萧条境地。近几年，随着日本经济的逐渐恢复，日本股市开始重现生机，随着日本证券市场运作机制的不断完善、国际化程度的不断提高，它将进一步发展，并将继续保持其在世界证券市场的重要地位。

（二）日本证券市场的结构及其监管模式

1. 交易所交易市场

日本证券交易所场内市场是以美国版的《证券交易法》为法律基础在1949年建立并开业的。日本现有八个证券交易所实行会员制，为了维护交易的公正性和谋求有价证券交易的顺利化，日本原则上禁止证券公司在柜台上交易上市股票。于是，一方面，形成了以证券交易所为中心的股票流通市场；另一方面，就债券而言，除了国债、日元计价外债、转换公司债及附新股票承购权公司债外，其他的债券都没有义务集中于市场。所以，这些债券在证券交易所交易的比重很低，而且基本上都是通过证券公司的柜台进行交易的。以下我们以东京证券交易所为例来介绍日本的交易所交易市场。

（1）东京证交所的组织机构。

东京证券交易所是依据1948年4月制定的《证券交易法》成立的社团法人，证券交易所的社员称为会员，会员是依据日本法律成立的证券公司。作为会员的证券公司必须以证券交易为主要业务，而且不受外国人控制。交易所根据章程组织会员，会员为证券公司法人会员，分为正式会员与经纪会员。正式会员必须是以证券业为主要业务，而且是以本所市场的交易为重要业务的证券公司。正式会员可以直接按投资者委托在交易所市场上进行交易。经纪会员必须是以媒介有价证券买卖为专业，而且以媒介正式会员之间在东京证券交易市场上的买卖交易为主要业务的证券业者。与正式会员不同，经纪会员并不是按照自己的计划或一般顾客的委托在交易所市场进行买卖交易的，而只是媒介正式会员之间的交易，所以他们的股本及对交易所缴费要比正式会员少。

（2）东京证交所的管理制度。

东京证券交易所在组织管理上，吸取英国自主管理的自律原则，但摒弃其管理较松的做法，按照美国管理模式建立了严格的管理制度。东京证券交易所的管理有四大任务：市场管理，提供现代化的设施；会员管理，审核会员，决定会员进出和会费负担；交易管理，负责交易的记录和交割；公布行情。

1）第二部市场股票上市标准（见表10—3）。

表 10—3

申请	申请上市的公司必须满足下面标准（1）～（6），（9）和（10），并且还要满足标准（7）或者（8）
（1）用于上市的参股份额	至少 4 000 单位（*）
（2）由“special few”持有的股票份额（**）	在上市时需要列出不超过 75%的股票份额
（3）持有至少一单位的股东人数（包括 the “special few”）	如果被列出的股票数是： 1. 少于 10 000 单位的：至少 800 2. 10 000 至 20 000 单位的：至少 1 000 3. 20 000 单位以上的：1 200 并且超过 20 000 单位的部分，每多 10 000 加 100，最多不超过 2 200 根据每单位股票市价来确定的标准是： 1. 10 万日元到 50 万日元的：上面标准所规定的股东人数的一半（最少为 800） 2. 少于 10 万日元的：至少 800
（4）公司成立到上市所经历的时间	公司持续经营至少 3 年
（5）市场股本	至少 20 亿日元
（6）股东权益	至少 10 亿日元
（7）税前净利润	税前净利润必须满足下面的某一个条件： a. 在过去的 2 年内 （i）第一年：至少 1 亿日元 （ii）第二年：至少 4 亿日元 b. 在过去的 3 年内 （i）第一年：至少 1 亿日元 （ii）第三年：至少 4 亿日元 （iii）3 年总和：至少 6 亿日元
（8）市场股本总值	至少 1 000 亿日元，上一年的销售额超过 100 亿日元
申请	申请上市的公司必须满足下面标准（1）～（6），（9）和（10），并且还要满足标准（7）或者（8）
（9）财务陈述和审计报告	a. 最近 2 年没有虚伪记载（或者在 3 年内没有不满足标准（7）或者（8）） b. 在过去 2 年内的审计报告中（或者在过去 3 年内，公司满足标准（7）b 而不是标准（7）a），注册会计师表示公司所作的财务陈述是“真实公正的”或者称“有资格的” c. 最近一年审查意见为“无保留意见”

续前表

(10) 其他	申请公司需要委托一个由 TSE 认可的股东服务机构代理股东服务业务。招股说明书需要满足 TSE 要求的形式。对股票交易没有限制。申请公司要先与 JASDEC 签订契约关系

（*）一单位是可交易股票的最小单位。

（**）"special few" 包括 10 个最大的、在发行中享有特殊利益的股东和持有该股票的发行机构。

2）第一部市场股票上市标准（见表 10—4）。

表 10—4

申请	申请上市的公司必须满足下面标准（1）～（6），（9），并且还要满足标准（7）或者（8）
(1) 用于上市的参股份额	至少 2 万单位（*）
(2) 由"special few"持有的股票份额（**）	在上市时需要列出不超过 70%的股票份额
(3) 持有至少一单位的股东人数（包括 the "special few"）	如果被列出的股票数是： 1. 少于 3 万单位的：至少 2 200 2. 3 万至 20 万单位的：至少 2 200 并且超过第一个 2 万单位的部分，每多 1 万加 100 3. 20 万到 22 万单位的至少 4 000 4. 22 万单位以上的：至少 4 000 并且超过 20 万单位的部分，每多 2 万加 100 根据每单位股票市价来确定的标准是： 1. 10 万日元到 50 万日元的：上面标准所规定的股东人数的一半（最少为 800） 2. 少于 10 万日元的：至少 2 200
申请	申请上市的公司必须满足下面标准（1）～(6)，(9)，并且还要满足标准（7）或者（8）
(4) 平均月交易量	最近 3 个月中的每月交易量和之前的 3 个月都不少于 200 单位
(5) 市场股本	至少 40 亿日元
(6) 股东权益	至少 10 亿日元
(7) 税前净利润	税前净利润必须满足下面的某一个条件： a. 在过去的 2 年内 (i) 第一年：至少 1 亿日元 (ii) 第二年：至少 4 亿日元 b. 在过去的 3 年内 (i) 第一年：至少 1 亿日元 (ii) 第三年：至少 4 亿日元 (iii) 3 年总和：至少 6 亿日元
(8) 市场股本总值	至少 1 000 亿日元，如果上一年的销售额超过 100 亿日元

续前表

(9) 财务陈述和审计报告	a. 最近 2 年没有虚伪记载（或者在 3 年内没有不满足标准（7）或者（8）） b. 在过去 2 年内的审计报告中（或者在过去 3 年内，公司满足标准（7）b 而不是标准（7）a），注册会计师表示公司所作的财务陈述是“真实公正的”或者称“有资格的”

（*）一单位是可交易股票的最小单位。

3）东京证券交易所的交易方式有以下 4 种。

第一，当日结算交易，即买卖成交当日不经交易所清算部，而直接由买卖双方的会员之间办理证券与价款交割的交易；交割依当事人同意，可延期至第二日。

第二，普通交易，即股票在买卖成交后第 4 日、债券在买卖成交后第 15 日由清算部结算的交易（日期的计算应扣除法定节假日）。普通交易又分为现款交易与信用交易两种。

第三，特约日结算交易，即自成交日算起，在 15 日内由交易所清算部办理结算的交易。

第四，发行日结算交易，这是未发行股票的交易方式，即发行日已确定的未发行股票按照发行结算的原则而定约的交易，这只是一种权利的买卖。发行日交易按上市证券的交易办法进行办理，交易品目应从交易所上市旧股中选定，且经过交易所董事会的承认及财政部的核准。发行日交易完结后，该股票就自动变为正式上市品种。

以上 4 种交易方式都需事先申明，否则一概视为普通交易。

2. 场外交易

虽然会员必须主要在交易所场内遵循交易原则进行挂牌上市股票的交易，他们也被允许根据某些规定在场外进行交易。主要有以下几种情况：

（1）某券种场内交易暂停后，为委托人的利益进行场外交易；

（2）当该会员以一个敏感出价的代理人购买或卖出证券时；

（3）当一个会员同时也是另一个交易所的会员，在另一个交易所实现其交易时；

（4）当会员操作一笔低于规定交易单位的交易时；

（5）当会员操作债券交易时。

以上是对挂牌证券的场外交易的限制。除此之外，还有两种场内进行的场外交易的特殊情形：（1）由于不可避免的场内错误或会员与交易所之间的通信设备的中断造成顾客指令无法执行，可征得交易所同意进行场外交易；（2）交易时间以外处理的交易。这是根据交易所有关规定由会员将大批感兴趣的投资者召集起来，在交易时间过后进行的股票买卖。

3. 交易种类

根据交易所章程的规定，以交易的定约和结算日的时间差将交易分为六个类别。它们分别是现金交易、正常交易、特别约定交易和发行后交易，以及期货交易（在东京和大阪证券交易所）和期权交易（在东京和大阪等证券交易所）。

（1）现金交易。在订立合同的当天就进行结算，通过交易所支付现金和股份。支付也可以延期到下一个交易日，不过这需要得到双方的同意。

（2）正常交易。正常交易在定约后的第三个交易日通过交易所结算，交易一般以此进行，除非特别指明。

（3）特别约定交易。这种交易在定约后的 14 天内结算，以帮助身在遥远地方的顾客执行出售指令，但是这种形式的交易现在已经不常见。

（4）发行后交易。这种交易是为挂牌公司增加资本的新股安排的。当这些股票发行日已经确定但尚未发行时就可进行这样的交易。这种交易一般由交易所指定在股票发行后的某一天进行结算。这种形式的交易与期限交易有相似之处。但是这种交易应被分类为现货交易，因为支付和结算是安排在发行后的结算日进行的。允许进行此种交易的理由有如下两条：

1）尚未发行的股份有其客观的价值，因为它们在一段特定时间过后将会成功地发行；

2）给予持股者机会售出这种股份，以回避跌价的风险是必要的。

（5）期货交易。

（6）期权交易。

4. 证券市场的管理

目前，日本的证券管理仍以 1948 年的《证券交易法》为基础，其管理体制基本上属于美国型，但管理更集中、更严格，某些方面也有自己的管理特点。日本关于证券市场管理的法规主要有：《商典法》、《公司法》、《证券交易法》、《证券投资信托法》、《外国证券公司法》、《外汇和外贸管理法》、《担保债券信托法》以及有关行政命令、自律机构的规章制度等。日本政府在证券管理方面主要有 5 个专门机构。

（1）大藏省证券局。它是日本主管全国证券业务的政府机构。证券局除了对证券经营事项进行注册登记、批准、认可、检查以及对一切证券法令的执行情况进行监督外，还对证券公司的经营及证券交易实行直接行政指导。证券局下设 4 个职能部门即协调部、证券市场部、公司财务部和证券业务部。

（2）证券交易审议会。该机构是负责对有关证券的发行、买卖及其他交易等重要事项进行调查审议的最高行政机构，它带有学术机构的性质，并推动《证券交易法》的修改和完善。

（3）日本银行。它是日本的中央银行。日本银行代表国家对证券进行直接或间接的行政指导和干预，方式主要有：1）用规定或变更证券金融公司可以用来申请发行股票存单的股票名称及担保的数量等手段进行干预，以调节证券交易；2）对证券金融公司运用必要的贷款手段，指导其资金融通，使证券金融公司掌握必要的资金量，保证证券流通顺畅；3）直接指导接收公司和委托公司的债券发行；4）运用国债、政府担保债的公开操作来直接影响债券市场。

（4）证券金融公司。这是日本特有的专门从事证券交易融资服务的专业性金融机构，其主要业务是：通过证券交易所，为交易所的会员证券公司及顾客的有价证券的发行、流通和信用交易的结算，提供有关资金和有价证券的借贷。日本银行对证券市场的干预，有许多方式是通过证券金融公司进行的。

（5）证券业协会。这是由日本的各证券公司自愿组织的民间证券业团体。其主要任务是：为加强场外证券交易的自我管理、控制和监督而制定必要的规则；协调会员证券公司之间的关系；调解证券交易纠纷；组织会员证券交易公司的管理人员和一般职员的研修和资格考试等。

另外，日本对证券市场进行直接管理的最重要的机构还有各地的证券交易所。其他的有关团体有：公司承兑协会，证券投资信托协会，资本市场振兴财团以及证券情报中心等等。

（三）日本的股票市场

第二次世界大战后，日本股票市场逐渐复苏。60年代股市发生较大波动，70年代进入平缓增长期，80年代中期以来，日本股市取得飞速发展。东京股市已经成为与纽约股市并驾齐驱的世界上规模最大的股票市场，在国际资本市场上具有举足轻重的地位，日益受到世界各国投资者瞩目。

1. 股票发行市场

（1）日本股票发行的种类及发行方式。

日本的股票有许多种类。按股票性质可分为普通股票和优先股票；按发行性质可分为创业发行股票和增资发行股票；按其发行形态又可分为面额发行股票、时价发行股票和中间价发行股票；按公司规模可分成大公司股票、中小公司股票与风险公司股票。

日本的股票市场分为发行市场和流通市场。日本的股票发行市场与发行方式和其他国家差不多。发行市场由发行公司、投资者和证券公司构成。发行公司和投资者是发行市场的主体，证券公司是发行的中介。日本证券公司在证券市场中占有极为重要的地位，大部分证券业务都通过证券公司进行交易。日本公司企业利用发行新股筹措长期资金的方式可分为有偿增资、无偿增资和有偿与无偿配合筹资三种。

（2）日本股票的承销机构。

日本股票发行市场上的承销机构通常都由干事（主承销）公司，即承销有价证券额在5 000万日元以上、并与发行公司商定承销基本事项的证券公司来承担。大部分的承购业务几乎都为前四大证券公司所包办。四大证券公司以外的证券公司有时也充当干事公司，但所承销的基本上是中小型发行公司的股票，并且还要与四大公司之一共同组成承销组合，以及由四大证券公司任主干事。干事公司如为两个以上时，其承销比率由干事公司之间或与发行公司商量决定。股票承销后，干事公司以外的中小证券公司便可组织分销机构，从事分销事宜。一般而言，由于四大证券公司拥有众多的分支机构与推销人员，分销能力很强，故大部分的股票多由四大证券公司进行分销，日本银行虽不能参加承销，但与承销机构有着密切的联系。此外，干事证券公司所承销的发行公司也多属于与干事公司业务密切相关的银行的相关集团。

2. 股票交易市场

（1）交易所市场。交易所市场的主要特点是：1）每天的交易时间、价格是连续地决定的；2）有一个固定的交易场所；3）交易仅限于在会员中进行，会员必须具备特定的资格；4）交易限于那些挂牌的股票，这些股票已达到某些基本的标准；5）采用了集中性的市场系统，所有的买卖全部汇集于市场，交易合同的订立基于集合竞价的原则；6）为简化账户的结算，采用了一个清算系统；7）为确保交易的公平进行，交易所根据适当的条例有权监督交易并惩罚违规者。证券交易所对其上市股票要进行严格审查，不符合标准的不准上市，上市股票原则上禁止在场外交易，只能通过证券公司经纪人在交易所买卖。交易所上市的股票，若因某种原因停止在交易所上市，则可转场外交易。

（2）店头市场。日本的店头市场是以会员经纪人为中心的证券交易市场。OTC市场不像交易所市场组织得那么严密。它具有以下特点：1）交易在证券公司的柜台上进行；2）无固定交易场所，它只是抽象地存在着；3）交易通过买者和卖者的谈判进行；4）由于价格封闭地谈判决定，它可能随着不同的交易变化很大；5）可以在OTC市场交易的普通股，原则上需在日本的券商协会登记。

现在日本店头市场上的证券买卖多由证券公司通过电话进行，买卖的时间依照开市的时间而定。券商每天须将当日买卖股票的价格、交易数量等情况向证券业协会报告，而交易的清算则于第四天进行。

日本的店头市场设有股票的登记制度，依照这个制度，证券业协会负责未上市证券的登记，公告店头市场买卖的价格，以及公开股票发行公司的资料。日本的这种登记制度在一定程度上起着管理未上市证券店头买卖的作用。

（3）证券的信用交易及投资金融业务。1）信用交易。信用交易就是证券公司贷给顾客资金或证券以使顾客能在一个购入或售出交易中履行结算义务的一种交易形式，由这种交易形式进行交易的股票，主要是适用于信用交易的挂牌股票。进行信用交易有下面两个动机：首先，从买卖的差价上赢得利润；其次，以此使手中的股份套期保值。信用交易是作为协调临时供需的手段引进的，当股价过度波动时，希望它能起稳定器的作用，当股价不可思议地劲升或猛跌时，希望它能缓冲供需矛盾。然而信用交易对于市场价格具有极为复杂的影响和极浓的投机色彩，因而需要采取很多方法加以控制。2）投资金融业务。证券公司除在采用保证金信用交易形式进行股票买卖时，可向证券金融股份公司申请融资或借股外，如遇下述两种情况同样可以向其申请融资或借股：第一，证券公司在承销或购买公债、公司债务时，如果短期资金周转不足，可以申请贷款；第二，上市公司对其旧股东增资募集新股份时，证券公司可将上市股票或债券作抵押，申请认购新股贷款。

3. 股价指数

东京证券交易所为便于投资者把握股市行情，采用两种股价指数反映股票价格的涨落。东证股票价格指数是东京证券交易所第一市场全部挂牌股票的价格指数，从1969年7月开始发表，以1968年1月4日为基准日计算出的第一部市场上市股票的综合价格指数。日经股价指数是日本显示股票价格动向最有代表性的指标，由日本经济新闻社自1950年起开始发表，采用东京交易所上市的225种股票价格计算出的10种股票平均股价。1975年向美国道琼斯公司买进商标，称为“日经道式平均股价”。

（四）日本的债券市场

1. 债券发行市场

（1）公共债券的发行。

在日本，国债、特殊债券和地方债券总称为公共债券。

国债是由日本中央政府（或大藏省）发行的债券。根据偿还期限的长短，分为长期国债、中期国债、短期国债三种。发行方式可分为公募、承兑（认购）、推销、交付四种主要类型。其中公募发行是最重要的一种发行方式，按这种方式发行债券状况在不断变化。

日本国债的发行手续，因债种以及发行方式、发行条件的不同而有所区别，由大藏大臣在预算所定的发行限额范围内决定国债的发行。一般说来，每月国债的发行须经下列手续：

1）召开国债承销人会议，就每月的发行额、发行条件等达成协议；

2）大藏大臣委托日本银行总裁办理有关的发行业务；

3）日本银行与承购集团之间签订承购合同；

4）在承购集团内部签订承购合同；

5）发行结束后，在付款日到来时，各承购集团成员向日本银行交付债款，由日本银行汇总一并上缴国库。若采用公募投标等方式，发行手续还将增加相应的内容。

（2）特殊债券的发行。

日本的特殊债券，是指由日本政府有关机构及特殊法人（如以公社、公库命名的，受政府直接监督的公用事业企业和金融部门）根据《特别法》所发行的债券。其中，凡政府保证偿还本息的称为政府保证债券，没有这种保证的称为非政府保证债券。

1）政府保证债券的发行。在日本，发行政府保证债券，必须有法律依据。现在，在制度上可以发行政府保证债券的发行人，都是由政府保证的法人，如日本国有铁路、公营企业金融公库、日本电信电话公社、水利资源开发公团等，总共有 33 个团体。政府保证债券的种类，主要有政府保证铁路债券、政府保证公营企业债券等与发行人有关的各种名称的债券。发行方式采取以不特定多数投资者为对象的公募发行，由承购集团负责承购包销。

发行条件的决定由大藏省参与，大藏大臣同主管大臣共同协商认可，实施政府保证，并作为发行团体承购集团合同内的事项。

发行手续与国债相同，在决定年度发行额的时候，由大藏大臣召开发行恳谈会，听取意见，并在年度开始时承购集团召开会议，了解该年度的发行额。每月的发行额是在银行机构主要成员参与的债券发行会上作出最后的决定的。具体做法是：发行机关征得大藏省的债券发行保证之后，便与受托银行及承购集团的代表签订承销合同，并由后者与大藏省商议每月发行额度。

2）非政府保证债券的发行。非政府保证债券中，主要的是依赖于发行人与认购者之间连带关系的联合债券。除此之外，为了满足不断扩大的资金需要，从有交易关系的金融机关或无交易关系的金融机关中筹措资金的债券、私募债券的金融机关所吸收的联合债券，以及无政府保证的公募债券等发行额也在增加。

（3）地方债券的发行。

日本的地方债券，是指地方公共团体在一个会计年度内因财政资金来源不能满足年度支出需要而借入的债务。

日本的地方债券发行人一般为公共团体的都、道、府、县以及市、镇、村。此外，日本《地方自治法》在 283 条和 314 条第 2 款中也赋予了特殊地方公共团体，如特别地区、地方公共团体联合组织及地方开发事业的举债权利。发行方式采取公募和私募两种。

为了防止各地政府滥发地方债券，日本政府对地方发行债券实行严格的审批制度。《地方自治法》第 250 条规定，现阶段，地方公共团体在地方债券的发行及借债方法、利率、偿还方式等方面，必须获得自治大臣或都道府县知事的许可。

（4）民间债券的发行。

在日本，公共债券和外国债券之外的债券统称民间债券。按发行主体分类，包括金融债券和公司债券。

1）金融债券的发行。日本的金融债券，是金融机构根据特别法发行的债券。尽管金融债券由金融机构发行，但并不是所有的日本金融机构都能成为发行人，只有获得发行特别债务法律承认的金融机构才有发行金融债券的资格。发行的债券包括附息金融债券和贴现金融债券两种。

①附息金融债券的发行。日本的附息金融债券，是一种适用于中期投资的债券，在债券的店头交易总额中仅次于国债，占第二位。在发行方法上，不采用公募或招标发售方式，而多采用公开出售方式，即由发行银行或金库直接向投资者销售，有时也可以委托证券公司代理销售。也有采用募集发行的方法，即预先确定债券的发行额、利率、发行价格、发行日期和申请时间等，准备认购债券的单位和个人，要在申请时间内填写认购申请书，申请认购数额，若申请认购额超过了发行额，则按比例确定认购者的认购额。认购者包括个人和部分机构。

②贴现金融债券的发行。日本的贴现金融债券，是期限为1年的短期债券，采取公开出售的发行方式。一般都是由发行人向认购者直接销售，有时也可以委托证券公司代理销售。这种发行方法的特点是：事先只规定销售时间，而不确定发行额，在规定的销售时间内，投资者的认购额即为发行额。

2）公司债券的发行。在日本，由民间企业或股份公司发行的债券总称为公司债券，又称企业债券。公司债券的种类主要包括如下三种：①事业债券，由事业公司发行的债券。②可转换公司债券，投资者可随时将所持有的债券转换为该公司股票的债券。③附新股认购权公司债券，投资者享有购买发行公司新股份权利的债券。其特点是债权人在认购新股份之后，既是公司的股东，同时也是公司的债权人。

日本《商法》规定，所有的股份公司和民间企业在具备发债资格的情况下，均可以发行公司债券。即在纯资产（自有资本）数额、纯资产倍率、自有资产比率、偿还倍率、分配率等方面达到承销公司和受托公司所制定的固定的发行债券标准的股份公司和民间企业，可以作为发行人在商法规定的发行限额内发行公司债券。采用公募发行和私募发行两种方式。

公司债券的发行通常是发行公司选择与其关系比较密切的银行及证券公司作为受托银行与干事证券公司。在双方签订委托契约以后，由后者负责债券的承销及分销工作。一般的发行手续包括：

①由发行公司与干事证券公司研究拟定发债计划和承购条件；

②发行公司召开董事会，决定发行事项，并提出公司债券申请书等；

③在发售工作开始前公开发布发行债券的有关信息，并于当天与承销机构之间签订有关合同；

④发行公司公告发行总额、发行价格和利率等情况；

⑤应募及分销公司债券后，在约定的交款日，承购团各成员向受托公司缴纳债券款项，受托公司在交款日的第2天或第3天，将全部款项交付给发行公司。

（5）外国债券在日本的发行。

对于日本金融市场来说，外国债券是指非日本发行人在日本发行的债券。在这里，非日本本国债券发行人既有外国政府及其所属机构，也有外国公司、企业、社会团体等民间组织。

从币种情况看，在日本发行的外国债券有美元债券、瑞士法郎债券和日元债券等诸多种类。自20世纪70年代以来，由于日本经济的高速发展，日元的国际化程度不断加强，日元债券的发行规模不断扩大，进而已经成为在日本市场上发行的外国债券的主要债种。

在日本发行日元外债的方式主要有两种：公募发行和私募发行。这两种发行方式在手续上、程序上均有所不同，对于发行人来说，这两种发行方式也都是利弊兼备。

1）以公募方式发行日元外债。

公募是指从一般国民中招募日元外债应募者的一种发行办法。它的特点是应募者范围广，因而发行人付出的利率成本可能稍低。不过，迄今为止，由于日本政府并没有将对外间接投资全部实行自由化，对于在日本市场上新发行的股票和债券仍实行金融管制。因此，发行人必须按照日本政府规定的发行条件和标准发行日元外债。公募日元外债必须遵循有关的法律与规定。

①发行申请。按照日本评判交易法中的有关规定，凡公募日元外债，必须向大藏大臣提出申请，经批准后，方可进一步办理日元外债发行事宜。

②承购单位。日本证券交易法中的有关条款规定，在日本发行日元外债，发行人必须委托承购公司承购债券并办理债券的募集业务。承购团由发行人与干事承购公司协商选定。干事承购公司代表承购团发行人签订承购合同。

③委托单位。按照日本商法的规定，发行日元外债还必须委托日本公司（接受委托后称为某发行人的受托公司）办理设计印制债券、接收缴款等项业务。

④信息公开。日本证券交易法规定，发行人必须完全、准确地公开其事业的经营情况和财务状况。从形式上看，主要是：发行某种一定金额以上的有价证券，必须向大藏省提交《有价证券申报书》；出售有价证券时，必须事先向投资者或认购者交付《公开说明书》；在证券交易所登记的有价证券，发行人必须按照会计年度向有关政府机构和有关单位提交《有价证券报告书》。

在日本公募日元外债，需要花费一些时间，尤其是第一次发行时，一般需要3～4个月时间。大体程序如下：

①决定发行。选定发行债券的有关单位，主要是选定干事承购公司、代表受托公司和律师等；同干事承购公司商谈债券发行条件、日程等；就有关发行或担保问题在国内作法律准备；将填写有价证券申报书所需资料提供给干事承购公司；在日本大藏省和四大证券公司每月召开的会议上表明发行意向。

②准备有关文件。一是发行人、干事承购公司和双方各自的律师共同商议制定有价证券申报书和其他合同文件，二是更正、印制合同文件。

③向日本大藏省提交有价证券申报书。

④向承购团发送邀请书。

⑤决定承购团成员。

⑥向日本银行提交关于证券发行及募集的申请书。

⑦开始交涉并决定发行条件；签订承购合同书和委托募集合同书，并将这些合同书作为附件，第二次向大藏省提交有价证券申报书；有价证券申报书生效。

⑧开始募集，缴款。

⑨债券在东京证券交易所上市交易。

2）以私募方式发行日元外债。

私募也称非公募，通常由特定者承办，在小范围内募集。在日本，私募日元外债的许多条件、方法、法律规定以及商业行为习惯与公募法大体相同。因此，这里仅择其要者，将发行私募日元外债有关的规定及发行程序予以简单介绍。

按照惯例，发行私募日元外债时，首先必须指定经办者，尤其是首席经办者。通过首席经办者，主要完成以下业务：研究市场动向，提供有关参考意见；同日本大藏省商议办理发行许可、发行条件、发行时间等问题；制定和印制必要的说明书、合同等文件，并动员投资者认购。

关于认购者，日本证券交易法规定，私募日元外债的认购者不能超过50个投资机构，并且规定，这些投资机构是指城市银行、长期信用银行、信托银行、地方银行、信用金库、人寿保险公司、信托投资公司等银行和非银行金融机构。

按照惯例，发行私募日元外债，全部采用登记形式，因此，发行人须指定登记事务代办公司。此外，通常还须指定一家本息支付事务代办公司。

私募日元外债所花费的时间通常比公募日元外债所花费的时间短，一般需要1个月左右时间，程序也比较简单，通常需要经过这样几道程序：选择经办者或特定承办者；准备与商议有关的说明书和合同文件；决定发行条件；确定认购者；完成合同文件；签约；缴款。

2. 债券流通市场

(1) 债券的场外市场交易。

由于债券发行和交易单位的多样化，它们中的大部分是在场外市场（OTC）上，在证券公司和投资者之间或证券公司之间进行交易的，它们在1992年占总市场的98.8%。OTC市场上的主要参与者是作为交易商进行债券交易的证券公司和授权进行公共债券交易的银行机构。这些交易商持有大部分的债券，它们扮演了市场发现者的角色。

根据OTC市场的实践，通过及时披露信息以保证交易的公平性是非常必要的。有鉴于此，日本证券交易商协会采取了一些措施，改进了行情系统，将原来两种系统合二为一，将未挂牌债券以本金、类型、到期日、息票利率等重新分类。从1992年1月起每日发布300种经过这样分类的有代表性债券的行情供投资者参考。

从1986年6月开始，证券公司发布日元及外国债券的出价和要价。从1986年9月开始，证券公司和储蓄机构对于政府担保债券、地方政府债券和公司普通债券也同样发布这些价格，并且开始在它们自己的市场上交易。从1988年8月开始，为推动这些主要债券的市场，交易商之间对于这些证券的交易集中在日本债券交易公司（一个经纪人的经纪人）进行，并向投资者公布这些价格。

(2) 交易所市场上的债券交易。

所有未偿还政府债券的可转换债券以及部分未偿还政府担保债券、地方债券和公司普通债券都在交易所场内挂牌和交易，它们中的绝大部分交易，除了可转换债券外，都是在OTC市场上进行的，只有少数在场外进行。绝大部分政府债券交易一般都在OTC进行。但随着交易量的增加，1979年4月在交易所安装了大笔买卖交易系统，以通过在公开市场的价格形成过程的方式，加强政府债券价格的可靠性。同时，也安装了一个小笔买卖交易系统，以帮助个人投资者在反映市场真实性的价格上进行交易。

第二节 韩国及中国香港证券市场

一、韩国证券市场

（一）韩国证券市场的发展

1956年，韩国股票交易所成立，这标志着韩国现代证券市场开始建立。1962年，《证券与交易法》颁布，使新兴的证券市场初步得到规范。但此后十多年，韩国证券市场发展较慢，1968年9月，韩国政府颁布《资本市场促进法》。根据该法，成立了韩国投资公司。1969年，以常规交易取代期货交易，目的在于消除证券市场上过度的投机行为。1972年12月，通过《公共公司促进法》，赋予当局强制私人公司大众化的权力。1976年12月，对《证券交易法》进行了较大程度的修订，以确保市场有序、公平地运行。根据修正后的法案，1977年2月成立了证券交易委员会及其执行机构——证券监督委员会。1987年11月在《资本市场促进法》中将公司债券类型定为两类：可转让债券和参与债券。1988年9月，放松了对所有上市公司发行无担保债券的条件限制。

自20世纪70年代初以来，证券市场呈快速发展的态势，它在动员国民储蓄中的作用得到大大加强。在股票交易所上市的公司，从1972年末的66家增加到1995年6月末的701家。自80年代开始，韩国政府出台了多项政策以促进韩国证券市场走向国际化。

1997年，继泰国、印度尼西亚之后，韩国成为亚洲的又一金融动荡之地。一场严重的金融危机终于在韩国全面爆发，对韩国的国民经济造成了巨大影响。韩国在接受援助的同时，对其财政政策和货币政策进行了调整，已经渡过了不能偿还到期巨额外债的最坏时期。1998年后，韩国金融市场在起伏中逐渐趋稳。截至2011年底，韩国证券市场规模仅次于纽约交易所、纳斯达克、东京交易所、伦敦交易所、上海交易所和香港交易所，跻身为世界上的主要证券市场之一。截至2011年末，韩国证券交易所（KSE）市场上市公司有791家，市值1 042万亿韩元（10 057亿美元）；韩国创业板市场（KOASAQ）市场上市公司有1 031家，市值106万亿韩元（1 024亿美元）。

（二）市场构成要素

1. 股票交易所

韩国股票交易所成立于1956年，目的在于为一般公众提供一个买卖证券的公开场所。1963年，通过《证券交易法》的修改，它变成一家由政府控制的公共公司。1988年，在韩国股票交易所被非国有化并变成一家非营利性的会员制组织之后，它的地位进一步改变。韩国股票交易所的会员仅限于证券公司。

2005年1月，韩国证券市场进行了整合，原来的韩国证券交易所、韩国期货交易所和韩国创业板市场合并为韩国证券期货交易所（KRX）。KRX是一个综合性金融市场，交易品种包括股票、债券（国债、企业债、可转换债券等）、股指期货、股指期权、单个股票期权、各种基金及投资信托、外汇期货、利率期货和黄金期货等。

2. 证券公司

根据《证券交易法》，只有联合股份公司可以从事授权的证券业务。此外，它们希望从事活动的类型必须得到财政部长的批准。该法将基本的证券业务分为3种类型，即自营买卖证券；作为经纪人、中介或代理人买卖证券；作为一个证券承销团的会员承销证券，或组织证券的公开发行。除了基本的证券业务外，一家证券公司经财政部长批准可以从事自其主要或附属业务中产生的活动。这些活动包括向证券公司发放贷款、债券管理基金和办理证券储蓄业务，为公司债券的偿还提供担保，以回购协议的方式进行的各种债券的交易，以及可转让存单。此外，一家达到财政部长特定要求的证券公司可以在海外市场上从事证券业务。

3. 投资顾问公司

于1987年11月修改后的《证券交易法》对设立投资顾问公司作出了规定。第一家这样的公司成立于1988年。为了从事一项投资顾问业务，必须到财政经济部进行登记。投资顾问业务的范围通常包括三个方面，即为证券投资提供建议和指导；提供出资服务；以及代客户进行投资。目前，韩国只允许进行前两种活动。政府于1995年8月公布的证券业重组计划预示投资顾问公司将被转变为证券投资信托公司，前提是这些投资顾问公司中的绝大多数要作为证券公司或其他金融机构的附属机构。

（三）韩国的股票市场和债券市场

1. 股票市场

（1）一级市场。

政府鼓励股票投资、企业大众化的措施，以及经济的持续活跃对一级市场的繁荣起了重要的推动作用。但第二次石油危机使经济陷入衰退，股票的发行量在1979—1982年期间一直处于下降状态。1983年以后，随着经济的复苏以及政府促进证券市场发展的一系列措施出台，股票发行量开始恢复。

显著的是，从1986年起，在股票市场上以附权出售和新上市方式筹集的资金量迅速增长，到1989年已超过1 000亿韩元。同期面向公众筹资的公司数量也迅速增加，年平均增加100家以上，而1985年前还不到10家。这是韩国政府为发展健全的国内股票市场，并为资本市场的开放创造条件而积极鼓励公司直接筹资的结果。

然而，在1990—1992年期间，股票市场由于经济增长滑坡而陷于萧条。结果是：鉴于发行市场上的供求失衡，从1990年起，有关发行市场的政策转向限制股票的供给。在一级市场上通过发行股票筹集的资金，从1989年的146 690亿韩元下降到1992年的23 500亿韩元。但随着总体经济状况的好转和股票交易的活跃，从1993年起，以此种方式筹集的资金量又开始增加。截至2011年末，KSE市场上市公司有791家，市值1 042万亿韩元(10 057亿美元)；KOASAQ市场上市公司有1 031家，市值106万亿韩元(1 024亿美元)。

（2）二级市场。

韩国的二级市场可分为场内交易市场和场外交易市场两部分。在场内交易市场里，即韩国股票交易所市场里，进行的是符合规定条件的上市股票的大宗交易。不上市股票和零星股票交易在柜台市场上分散进行。

1）场内交易市场。上市使一家公司的股票可以在韩国股票交易所进行交易。欲上市的公司必须具备一定的条件，并向交易所提交上市申请。在交易所认为其证券可以上市后，该公司可进一步向证券交易委员会申请批准，由其作出最后的决定。

目前，上市的主要条件是：净资产 100 亿韩元（8 000 万元人民币）以上；3 年以上经营业绩为正且近 3 年审计报告中均无保留意见；最近会计年度的净资产收益率在 5%以上且最近 3 个会计年度年累计净资产收益率在 10%以上或最近会计年度的利润额在 25 亿韩元以上且最近 3 个会计年度年累计利润额在 50 亿韩元以上又或净资产在 1 000 亿韩元以上且最近会计年度的净资产收益率为 3%以上；最近 3 年平均销售收入达 200 亿韩元。

交易所的业务规则规定了两种股票交易，即现货交易和常规交易（3 天清算）。在现货交易限于在交易所管理下发行股票的交易的情况下，交割和清算在合同日进行。在常规交易占股票交易的大部分的情况下，交割和清算在合同日后第二个营业日进行。为撮合出价和报价，自 1995 年起开始启用个人顺序竞价系统，即价格根据发令的时间和数量来决定。

2）场外交易市场。韩国的场外市场主要是创业板市场，简称高斯达克，成立于 1996 年，目的是为中小企业或高科技企业提供直接融资的渠道。高斯达克市场在成立后的十几年间，先后经历了 1997 年亚洲金融风暴和 2008 年国际金融危机的洗礼。与此同时，高斯达克指数也经历了由 2 600 多点最高峰到 300 多点最低谷的剧烈波动。目前高斯达克已进入相对稳定的发展期。据统计，高斯达克的市值总额已由成立之初的 8.6 万亿韩元增长了 9.3 倍，达到近 80 万亿韩元，上市企业数量也由 1996 年的 343 个增加到目前的 1 032 个，增长了两倍。

对于上市企业的条件，高斯达克最新规定，一是持续经营年限不得少于 3 年，二是净资产为 2 000 万元人民币以上或总市值为 6 000 万元人民币以上，三是公司少数股东数量为 500 名以上，四是公司最近一个会计年度不得减损股本，五是最近一年经常利润为正，六是最近年度的利润率要达到 10%以上或者实现净利润为 1 400 万元人民币以上，或年销售额达到 7 000 万元人民币且总市值为 2 亿元人民币以上。

2. *债券市场*

（1）一级市场。

韩国债券市场上有三个品种：政府债券、公共债券和公司债券。公共债券包括市政债券以及根据各自特殊法律设立的企业或机构发行的债券。政府债券的发行需得到国会的批准。市政债券在发行前由市议会批准，然后报经内务部部长批准。

自 1993 年 11 月《利率放开计划》第二阶段起，绝大多数政府债券、公共债券的发行利率开始与市场利率接轨，期限根据债券的不同类型而定。国库券和大多数货币稳定债券的期限一般为 1 年或 1 年以内；二类国家住房债券期限为 20 年。

1972 年，韩国开始发行公司债券。公司债券分为两类：担保债券和无担保债券。大多数公司债券是以固定利率息票债券形式发行的。这些债券由商业银行、信用担保基金、投资财务公司和证券公司担保。

大多数债券是通过承销商面向公众发行的。就公司债券而言，通常成立承销团。证券公司、投资信托公司、银行机构、商人银行公司和投资财务公司均有权在发行市场上从事证券承销业务，但实际上证券公司包揽了所有的承销业务。

目前，韩国证券交易商协会的公司债券由协调委员会确定每月的发行总量，但原则上，公司债券的发行不受限制。

1997 年爆发的亚洲金融危机对韩国经济造成了较大的打击，却直接导致了韩国债券市场的大繁荣。国债规模从 1996 年的 26 万亿韩元增长到 2012 年的 754 万亿韩元。年均增长率为 23.42%，其中 OTC 市场交易量占全部债券交易量的比例超过 85%。

（2）二级市场。

债券交易市场亦分为交易所市场和柜台市场。尽管 80%以上的债券余额在交易所挂牌，但与股票交易市场不同，事实上 90%以上的债券交易发生在柜台市场上。柜台市场交易流行，主要是因为已发行的债券种类繁多，很难在交易所挂牌上市。

除政府债券、公共债券和财政部长为保护投资者而下令在交易所挂牌的债券外，在韩国股票交易所挂牌的债券应事先得到证券交易委员会的批准。公司债券的上市条件是：①发行人至少有 5 亿韩元的实收资本；②债券的发行面额至少为 3 亿韩元；③自发行之日起，期限不得超过 1 年。与股票交易一样，债券的交易方式也有两种，即现货交易和常规交易。与股票交易的行为不同，债券大多以现货方式交易。

自 20 世纪 70 年代初以来，债券交易量持续增长，与发行市场的扩张相一致，但在 1983—1986 年和 1989—1990 年期间却出现了相反的趋势。从 1991 年开始，债券交易活动又重新活跃起来。

2003 年韩国债券交易额达到了 21 449 019 亿韩元，是 1994 年的 100 多倍（见表 10—5）。

表 10—5　　韩国证券市场 2002 年和 2003 年概况

年份	2003	2002
上市公司总数（家）	684	683
发行公司总数（家）	856	861
市值总额（亿韩元）	355 362 626	258 680 756
股票交易总额（亿韩元）	547 509 091	742 150 030
债券交易总额（亿韩元）	21 449 019	47 174 220

资料来源：《韩国证券市场统计年鉴（2003）》，http：//sm. krx. co. kr/upload/。

二、中国香港证券市场

（一）香港证券市场的形成与发展

香港证券市场由来已久，早在 1866 年（即香港第一个公司法《公司条例》颁布的第二年)，中国香港便出现了零星的股票交易活动。迄今，在自由、开放的投资环境下，香港证券市场已走过了 68 年的发展历程，是亚洲第四大证券市场。从 1866 年开始股票买卖到 1947 年香港证券交易所成立期间，香港的经济发展并不十分引人注目，证券市场发展缓慢，市场规模很小，香港各公司的资金来源仍以银行信贷为主。从 20 世纪 60 年代起，香港的证券市场开始步入正轨，迎来了其发展史上的第一个春天，时称“四会”。“四会”时代在香港证券市场发展史上占有重要地位，这时香港已发展成为东南亚的国际性金融中心。

然而，“四会”的竞争导致上市公司的质量急剧下降，加之“四会”各自独立运作，也使证券交易效率降低，当局监管不易。在投资者的盲目投机情绪下，上市公司的盈利远远追不上股价的升幅，市盈率一度超过 100，最终由假股票事件成为导火线，触发股民抛售，香港股市爆发了其历史上的第一次危机。

1973—1974年的股市暴跌对香港证券市场、实业界和投资公众来说是一次痛苦的教训，也对证券市场的监管提出了更高的要求。现实需要“四会”走向合并，统一后的交易所定名为香港联合交易所有限公司（一般简称为联会或联交所），于1980年7月7日正式注册成立。1986年9月22日，香港联交所被接纳为国际证券交易所联合会的会员，从而建立了与世界各证券交易所之间的广泛合作，这标志着香港股票市场进入了国际认可的市场行列。

在联交所的锐意发展下，加之当时香港政治气候转趋明朗，经济表现出色，外资金融机构来港开展业务等有利的市场环境，香港股市不断创出新高，1986—1987年香港证券市场的大牛市在1987年10月中旬逆转成一场灾难性暴跌，充分暴露了香港证券市场投机过度，对外来冲击的抵抗能力薄弱等问题。面对股灾，证券业检讨会对香港证券市场进行了全面的考察，于1988年6月2日发表了《戴维森报告书》。《戴维森报告书》获得了香港金融界的共同认可，也对此作出了高度评价，并以此进行了多项改革。一系列的改革使香港证券市场逐步成熟和规范，彻底摆脱了1987年和1989年两次股灾的阴影，香港证券市场在稳定和繁荣的基础上更富活力。

1997年7月1日，中国恢复对香港行使主权。由于香港经济与大陆经济休戚相关，因此两地之间的亲密合作有力地推动了香港证券市场的发展，促进了香港股市的繁荣。回归后，两地的经济合作进一步加强，内地广阔的市场进一步向香港开放，内地的企业会更多地走向香港。对香港而言，股市中基础工业和制造业成分增加，使得股市行业结构更趋合理。此外，香港和海外投资者可以通过对港股的持有量的增加来分享中国经济强劲增长的好处。

相对其他市场来说，港元债券市场过去尚不够发达。近年来，香港金融管理局在发展债券市场方面积极进取，大大改变了港元债券市场的状况。随着未来亚洲乃至全球资金需求的增长，香港债券市场的吸引力将会越来越大，中国内地也将越来越多地利用香港债券市场筹集资金，从而进一步推动香港债券市场的发展。

（二）香港证券市场发展概况

1. 股票市场

香港股票市场是其市场体系中最主要和影响力最大的市场之一。从股市规模上看，2013年底，香港股票市场共有上市公司1 543家，总市值24.3万亿港元。从股价变动来看，受经济容量小、开放度大、股市上市企业门类较窄及其他政治因素影响，香港股市具有波动幅度较大、风险较高、投机性较强的特点。从股市结构来看，上市股票中地产、金融及综合企业所占市值比重较大。尤其是房地产业对股市的影响最为显著。

2. 债券市场

长期以来，香港资本市场的发展一直是股市一枝独秀，债券市场很不发达。原因是港府之前实施“量入为出，收支平衡”的财政政策，不需要通过公债融资，同时没有政府强制退休和医疗保险计划；市场投资者偏爱股票；香港没有一个国际公认的评级制度与票据交换所，降低了债券的发行和运作效率。香港债券市场的发展状况与香港国际金融中心的地位极不相称。

近十几年，港府为推动香港债务市场的发展，在发行品种、结构和市场配套设施等方面做了很多工作。香港债券市场取得了较大的发展。但目前，香港债券市场仍是一个发展中的市场，发展潜力很大。据统计，2001年香港股市市值是GDP的2.6倍；而港元债券市场的规模为3 400亿港元，仅为GDP的37%。尽管香港债券市场发展面临着其他地区的竞争问题，但诸多有利的因素使它处于有利的地位，具体表现在以下几个方面。

（1）已建立较为完善的市场设施。包括：基准收益率曲线，与国际联网的中央结算和港元利率掉期市场提供风险对冲途径。

（2）国际金融中心地位的有利条件。包括：国际认可的会计制度及完备的商业法制；国际水准的金融体制、稳健的银行体系及先进的通信设备；国际金融机构高度集中的国际化城市。

（3）市场供求条件的配合。公积金以及退休金计划的普及，加强对优质债券的需求；亚洲未来10年固定资产投资估计可达7万余亿美元；企业规模日益扩大，具备适当条件发行债券筹集资金。

（4）与内地联系日益紧密。中国经济发展带来巨大的机遇：未来基建投资庞大；长期性投资项目增加；更多大中型股份制公司进行集资；进一步扩大金融对外开放。

（三）市场的构成要素

1. 证券及期货事务监察委员会

证监会是1989年根据《证券及期货事务监察委员会条例》（以下简称《证监会条例》）成立的独立法定监管机关。证监会虽以公务员架构以外的独立法定团体形式成立，但广义而言，证监会仍属于香港政府架构的一部分。证监会执行其职责须向香港政府负责，并须向财政司汇报。证监会行使其某些职责及制定某些规则之前，须先征询财政司的意见。证监会的主席及理事由香港总督委任，而其年度财政预算必须获得香港总督批准，并须提交立法局审阅。

证监会在履行其法定职责时的工作概述如下：（1）监察联交所及期交所，以及其结算、交收及存管系统。（2）发牌给证券及期货交易商及其顾问，以及杠杆式外汇买卖商。（3）监管涉及香港公众公司的收购及合并活动，监察联交所与上市事务有关的职能，以及执行与上市公司有关的证券法规，例如，《证券（公开权益）条例》及《证券（内幕交易）条例》。（4）审批希望在香港分销、公开、集合投资的计划，包括单位信托及互惠基金、与投资有关的人寿保险、集资退休金计划及与移民有关的投资计划的人士的申请。（5）执行有关的监管规定，并监察在证券及期货市场进行的交易，以辨认出价格及交投量的不寻常波动（此等波动可能显示市场存在内幕交易或操纵价格活动）。

2. 交易场所

香港只存在集中交易市场，所有的证券交易均在场内进行。

（1）联交所的组织结构。联交所成立时其本身是一个股份有限责任公司，肩负为其股东谋利的责任，采取的是公司制的组织结构，香港联交所内部的最高行政决策和监管机构是理事会。收入来源主要是向市场投资公众征收的手续费，不可避免地存在着股东利益与公众利益相冲突的问题。为维护证券市场的“三公”原则和中立性，经证监会与联交所多次协商后，1992年联交所正式改组为非谋利的法人团体，采取会员制的组织结构。

(2) 联交所的会员制度。联交所的最高权力来自全体会员组成的会员大会。会员可分为公司会员和个人会员两种。联交所的会员须依据香港《证券条例》获准注册为证券交易商后方可出市买卖，此外还须遵守联交所的规定（最低流动资金和最低资本净值标准以及保存完整的账目记录等），公司会员甚至不能从事证券交易以外的业务。会员可以独资形式，也可与其他会员或非会员组成证券合伙商号的形式从事证券买卖。

3. 交易品种

在香港联交所上市挂牌交易的证券主要有普通股、优先股、债券和认股权证及单位信托基金等品种，其中股票占了绝大部分比重。

(1) 普通股。在香港，上市公司所发行的普通股有A、B股之分。香港A、B股与深、沪证券市场上的A、B股不一样。深、沪A、B股的持有人权益相同，但区别之处在于：A股只供国内投资者以人民币购买，而B股则专供境外投资者购买，以外汇结算。香港A、B股是指两种投票权相同而票面值大小不同的普通股，面值较大的称为A股，面值较小的称为B股。通常B种普通股的面额只相当于A种普通股面额的1/5或1/10，却与A股享有同样的表决权。A、B股的派息比率与面值成比例。

(2) 优先股。在香港证券市场上挂牌交易的优先股为数并不多，但大部分都具有可转换的特性。

(3) 认股权证。1986年以来，香港证券市场上市的认股权证增长迅猛，2004年在联交所挂牌的权证达到了1 259只，发行总额1 394亿港元。由于认购权的行使会导致未来控股权益结构的改变，通常为保障现有公司股东的利益，上市公司在发行认股权证时，一般要按控股比率派送给原股东，股东则享有在市场上转让的自由。

(4) 债券。香港的债券按发行主体可划分为政府债券和公司债券。与股票市场相比，香港债券市场非常落后，在联交所上市的债券为数不多，且多为外国公司所发行。致使香港债券市场发展滞后的原因主要是：①香港实行的是联系汇率制度，债券的发行以外汇储备为基础，只有在外汇储备增加时，才会增发债券。②香港银行业比较发达，企业获取银行资金支持比较容易，在满足大额资金需求方面，发行债券手续繁杂，在与银团贷款的竞争中并不具有明显的成本优势。③联交所上市债券的交易量非常微小，个人投资者投资债券的意愿不强，债券交易仍然局限于市场机构之间，而且机构交易的目的也主要是为满足资金头寸调节的需要。

(5) 单位信托基金。香港的第一家单位信托基金诞生于1960年，发起人为汇丰银行，此后香港的单位信托基金快速发展，20世纪80年代达到高峰。单位信托基金与互惠基金的区别在于，前者是非公司的组织，持有人不视为股东；而后者以公司的形式存在，性质与一般投资公司相似，持有人是公司股东。截至2013年底，香港的基金管理业务合计资产达160 070亿港元。从投资标的的角度可将香港的单位信托基金划分为以下五类：股票基金、港元货币市场基金、基金中的基金、雨伞基金、认股权证基金。

4. 市场投资者结构

香港存在名义人制度，多数大投资者习惯于请他人为其管理具体的投资业务，因而很难精确地了解投资者的实际构成情况。但按投资者比例分配的粗略统计，大致情况是香港机构投资者占30%，海外机构投资者占30%，香港的投资集团和私人投资者占20%，东南亚和中国内地的投资者占20%。

（四）证券上市制度

1. 上市标准（条件）

在香港，证券初次上市的一般规则可归纳如下。

（1）过去三个财政年度至少 5 000 万港元盈利（最近一年盈利至少 2 000 万港元，以及前两年累计盈利至少 3 000 万港元），同时上市时市值至少达到 2 亿港元或者上市时市值至少达到 40 亿港元且最近一个经审计财政年度的收入至少为 5 亿港元又或者上市时市值至少达到 20 亿港元，最近一个经审计财政年度的收入至少为 5 亿港元，且前三个财政年度来自营运业务的现金流入合计至少 1 亿港元。

（2）在至少前三个财政年度管理层大致维持不变，在至少最近一个经审计财政年度拥有权和控制权大致维持不变。

（3）证券上市时由公众人士持有的股份的市值至少为 5 000 万港元。

（4）公众持股量须占发行人发行股本的至少 25%。

（5）持有有关证券的公众股东须至少为 300 人，持股量最高的三名公众股东实际持有的股数不得占证券上市时公众持股量逾 50%。

2. 申请上市的步骤

符合上市条件的公司可按以下程序申请证券的挂牌上市。

（1）首先提出上市申请，预约暂定聆讯日期；

（2）聆讯日期至少 25 个营业日之前需要提交上市申请表格，支付首次上市费，根据《主板上市规则》第 9.11（1）至（5）条规定，提交的文件包括：招股章程较为完备的初稿连同一份上市文件初稿或草稿的只读光碟（第三个财政年度的账目至少应为初稿格式）；所有要求的豁免应遵守《上市规则》规定以及《公司条例》条文的初稿；任何账目调查表的初稿；

（3）在暂定聆讯日期前至少十五个营业日之前应根据《主板上市规则》第 9.11（10）条规定，提交的文件包括：盈利预测初稿以及现金流量预测的备忘录的初稿；

（4）在暂定聆讯日期前至少 4 个营业日之前应根据《主板上市规则》第 9.11（18）至（23）条规定提交文件；

（5）如果被推荐，则由上市委员会进行聆讯；如果上市申请被拒绝，可酌情向上市委员会提出上诉；

（6）上市委员会进行聆讯后如果拒绝，可向上市（复核）委员会提出上诉；如果批准上市，根据《主板上市规则》第 9.11（24）至（28）条规定提交文件；

（7）在上市委员会聆讯申请后，上市文件刊发日期之前，根据《主板上市规则》第 9.11（29）至（32）条规定提交相关文件；

（8）刊发招股章程及正式通告，证券开始买卖。同时应依据《主板上市规则》第 9.11（33）条规定，不迟于预计批准招股章程注册当日早晨 11 时将有关文件送达香港联交所；依据《主板上市规则》第 9.11（34）条及第 9.11（38）条，于招股章程刊发后，但于有关证券买卖开始之前，将有关文件送至香港联交所。

3. 上市及发行方式

（1）公开招股、报价（公开）招股。

申请上市的公司将其将要发行的证券向市场公众报价，以备公众申请认购。采用这种上市方式的公司须向联交所提交一份招股章程，所发行的证券必须由投资银行足额包销。

（2）二次销售。

二次销售是指由一名联交所会员发售已发行或该会员已同意认购的证券。二次销售与公开招股方式甚为类似，二者均以指定价格向公众出售证券；区别在于公开招股中出售的是公司新发行的证券（又称初次销售），而二次销售中出售的是已发行的现有证券，大多从大股东的手上转让。

（3）私募。

私募是指交易所的某个会员向交易所的其他会员出售或邀购证券。一般只有在市场化资本的发行总额比较小，从而表明私募能节省销售费用的情况下，才采用这种发行方式。在私募发行中，负责包销的投资银行要将至少60%的私募股份按一定比例分配给联交所会员，各会员要将所分得股份的75%或以上分售给公司。各包销商、分销商、联交所及证券经纪行均须提交有关股份分配情况和价格的市场声明，在上市前呈交证监会批准和备案。私募发行避免了公开申购及分配股份等工作，因而公司可以最短时间和最少的费用完成资本的筹集。

（4）推荐上市。

这种方式指的是申请将已广泛发行的证券在交易所挂牌交易的资格。由于推荐上市并没有涉及公司资本筹集的问题，因而不需要在销售方面做任何安排。推荐上市需具备以下基本条件：预备上市的证券发行面广、市值较大，并需有一定比例已被公众广泛持有，也就是要保证在上市时该证券有适当的流通量。推荐上市一般适用于以下情形：①申请上市的证券已在海外交易所挂牌交易，现申请在联交所挂牌；②已在联交所上市的公司将其所持有的附属公司的证券分配给其股东或另一控股公司的股东，该附属公司证券便可申请在联交所上市交易的资格；③一间新控股公司成立，发行自己的证券以替换原有上市公司已发行的证券，新发行的证券便可考虑申请以推荐方式上市；④推荐上市往往与私募一起配合使用，以达到既可选择有利的上市时间又可选择最佳股本结构的目的。

（5）竞价认购。

所谓竞价认购指的是：发行机构在证券发售期间指定一个最低的认购价，申购者可酌情报价申购，有效出价不能低于指定的最低认购价。竞价时期截止后按出价的高低顺序将证券分配给申购人，直到足额分配完为止。

（6）买壳上市。

所谓买壳，是指通过购买已上市的空壳公司来获取上市资格。

（五）证券交易制度

在香港，任何投资者买卖证券都必须在联合交易所进行，联交所的营业时间为每周星期一至星期五的9:30～12:00、13:00～16:00。与别的证券交易所一样，联交所实行经纪制，即投资者须通过其会员经纪进行证券交易，并借此获得赔偿基金的保障。下面分要点介绍联交所制定的证券交易制度。

1. 交易费用

在香港联交所买卖证券须支付的费用包括以下几种。

（1）经纪佣金。证券交易的买方和卖方均须支付给其各自的经纪人不少于成交额的0.15%、不高于1%的佣金。最低佣金额则为100港元。

（2）印花税。由港英政府向交易双方收取，税率为每笔成交额的0.1%，按1 000港元计算，不足1 000港元的按1 000港元计征。

（3）交易税。由联交所向交易双方征收0.005%的交易征费和0.002%的投资者赔偿征费；所得收入由证监会与联交所均分，以作两者的经费来源。

2. 交易单位和价位

联交所的标准交易单位称为一手，交易所内的任何证券交易必须是一手或其倍数；每手100股到10 000股不等，一般视各上市公司市值大小而定，但多数为1 000股一手。不足一手的称为碎股，碎股不能在联交所内买卖，因而转让困难、流动性差、价格相对低廉，但有些投资者或经纪行愿意以低价收购，出价通常比场内交易价低若干价位，集成一手后在联交所内出售以赚取价差。

香港证券市场不实行市场作价制度，而是实行买盘和卖盘制度。买盘和卖盘之间一般相差1～2个价位。所谓“价位”，就是股价变动的最小单位。价位的大小亦视公司市值而定，一般而言，股价越高，价位越大，反之则越小。

3. 交易规则

（1）报价方式：香港市场不设涨停板，最常见的报价方式为限价盘和竞价盘，投资者如果想以某个特定的价格成交，则报限价盘，即交易必须以指定的价格或优于该价格成交；投资者若不想指定价格，则可于开盘前时段发布竞价盘，即交易会于对盘时段内以价格及时间等优先次序按最佳价格顺序对盘。任何未完成配对的竞价盘会自动取消。

（2）买卖盘以价格优先原则，按照输入系统次序进行撮合成交。

（3）T+0交易制度：当天买入的股份可以当天卖出。

（4）T+2交收制度：股票和资金的交收时间为交易日之后的第2个工作日下午3点45分前。

4. 禁止的证券交易

（1）操纵市场。任何在证券交易中制造假象，借以托高、压低或盯住某证券价格的活动均属操纵市场。凡被认定为造假市者，最高刑罚为罚款5万港元及入狱2年；市场人士若因造假市期间进行交易而出现损失的，亦可根据《证券及期货条例》第299条要求造市者赔偿。

（2）内幕交易。1989年6月，港英政府发表《证券（内幕交易）条例草案》，对内幕交易作了广泛的释义和采取了更为严厉的制裁措施，其修订案于1991年9月1日起正式生效实施。该条例中有些条款是值得借鉴的，如：动机测试条款，若内幕交易人士并非出于牟利或避免损失的目的，则可获宽恕；提醒买方风险条款，大股东在进行交易时若事先通知对方自己的身份，则可获豁免。认股权证豁免条款，只要认股权证是早已持有的，即使在行使或放弃认购权时涉及知悉有关内幕消息者，亦不会被裁定为内幕交易人士。

（六）股价指数与恒生指数期货市场

1. 股价指数

联交所开业以前，香港证券市场曾同时存在过五种综合反映股市价格变动的股价指数。这5种指数分别是：恒生银行编制的恒生指数，远东证券交易所编制的远东指数和金银证券交易所编制的金指数、银指数、金银综合指数。这5种指数各具特色、互为参考，其中以恒生指数影响最大，一向与美国道琼斯指数、英国金融时报指数和日经指数同时在国际上被广为采用。目前，反映香港股价动态的指数有 3 种，它们是恒生指数、香港指数和所有普通股指数，每隔 15 分钟对外公布一次。

（1）恒生指数（Hang Seng Index，HSI）。恒生指数是香港证券市场历史最悠久、最具代表性和影响力最大的股价指数，由恒生银行的全资附属机构恒指服务有限公司负责编制，并于 1969 年 11 月 24 日开始公开发布。恒生指数从上市股份中选择了 33 种具有代表性的大公司的股票作为计算用的成份股。成份股的选择不仅要兼顾各行业，同时亦要求在该行业中具有相当规模的市值和活跃的交投。恒指以 1964 年 7 月 31 日为基日（该日指数定为 100），采用市值加权法加以计算。市值指的是所发行股份按市价计算的总值，亦即股份发行数目乘以其市价，加权则指股票价格以发行股数作为权数，股票的发行数量越广，权数（市值）越大，对指数水平的影响亦越大。采用市值计算的优点在于当股份进行拆细或派发红股时，指数水平并不受股价正常调整的影响。一般而言，恒指的变动可在一定程度上反映香港股市市值的变化，如恒指每升降 1 点，整个香港股市的市值就约增减 1.4 亿港元。严格说，恒指是所选 33 只成份股市价变动的指标，但由于这 33 只成份股代表性强，因此大体上亦反映了整个香港股市的平均走势。从 1985 年 1 月开始，恒指还附设了 4 个分类指数（即金融业、地产业、公用事业和工商业），用以反映各类股份公司股价的变动水平，其计算方法与恒指的计算相同。应当指出的是，恒生指数的成份股并不是固定不变的，随着成份股的兴衰，为确保恒指的代表性，恒指成份股亦会有所变更。

（2）香港指数（Hong Kong Index，HKI）。香港指数是联交所 1986 年 4 月 2 日开业后，由联交所编制，用以替代原来各家证交所编制的指数，反映香港股市定势的指标。香港指数共有成份股 48 只，分金融、公用、地产、工业、酒店和综合企业 6 类，计算亦采用市值加权法。此外，香港指数还依其成份股的分类附设有 6 种分类指数，为使香港指数更能充分地反映市场的走势，联交所每半年根据市场情况的变动和股份的表现，对成份股作出修订。

（3）所有普通股指数（All-Ordinaries Index，All-OrdIndex）。所有普通股指数是联交所负责编制的第二种指数，于 1989 年 1 月 2 日开始向市场公告。所有普通股指数的计算亦采用市值加权法，但在成份股的选择上与香港指数和恒生指数不同；恒指或港指均只选定一组股份作为计算基础，而所有普通股指数的计算覆盖了在联交所挂牌的全部普通股股份。为避免不必要的问题，All-OrdIndex 的成份股并不包括停牌超过一年的普通股份和在香港上市的外国公司股份（在外国注册但由于计算基础的不同，与恒生指数和香港指数相比，所有普通股指数的代表性更全面，弥补了前两者始终无法详尽反映各自成份股以外的走势的缺憾，为投资者提供了更能反映香港股市整体表现的走势资料。

2. 恒生指数期货市场

恒生指数期货是香港的第一个金融期货交易品种，1986 年 5 月 6 日正式开始交易，它的推出主要是为了配合香港股票市场的发展。恒生指数期货推出第一年，立即就成为极受欢迎的交易品种，并在实际上成了香港期货交易所交易活动的支柱。但在 1987 年 10 月 19 日香港股市出现狂跌风潮之后，恒生指数期货亦爆发了一场严重的危机。

由于 1987 年的危机，绝大多数恒生指数期货市场的参与者在 1988 年都遭受了沉重的打击。据统计，1988 年全年恒生指数期货市场的交易量仅为 140 155 宗，成交额仅为 178.64 亿港元。同 1987 年相比分别下降了 39.5%和 96.9%。若以日均成交量计，则从

1987年的14 680宗下降到565宗。从市场情况看，1988年上半年比下半年好。上半年每月交易量均超过1万宗，下半年则有5个月低于1万宗，其中12月份仅为5 919宗。1989年初，由于香港股市交投活跃、股指上扬，恒生指数期货市场也逐渐恢复。五六月间，出现了1987年10月股灾以来的最大跌幅，恒生指数期货市场也急剧波动，但因及时提高了保证金比例和采取了其他措施，市场有惊无险，未发生一年多前的危机，显示出该市场逐渐健全。

恒生指数期货是香港推出的第一个金融期货交易品种，由于流入香港的各地短期资金为数巨大，恒生指数期货推出后交易发展很快，其交易量、交易价格的升降大致与股市同步，而恒生指数期货的价格有时亦能起到预测股市走势的参考指标的作用。因此，恒生指数期货交易在现在和将来对推进证券市场的发展都具有相当积极的作用。

本章小结

本章第一节详细介绍了美国、英国和日本证券市场的情况。从历史发展、市场结构与监管模式，股票、债券及衍生工具市场，证券市场的未来发展来分析以上三国的证券市场情况。

本章第二节则详细分析了韩国和中国香港证券市场的情况。

本章关键问题

- 美国证券市场的形成与发展；
- 美国证券市场的监管模式；
- 美国股票市场、债券市场、共同基金市场与衍生品市场概况；
- 英国证券市场的发展；
- 英国证券市场结构与监管模式；
- 英国股票市场与债券市场概况；
- 日本证券市场的形成与发展；
- 日本证券市场结构与监管模式；
- 日本股票市场与债券市场概况；
- 韩国证券市场的形成与发展；
- 韩国股票市场与债券市场概况；
- 香港证券市场的形成与发展；
- 香港股票市场与债券市场概况；
- 香港证券市场的构成。

本章思考题

一、名词解释

“美国梧桐树”协定	纽约证券交易所	纳斯达克证券市场
道琼斯指数	标准普尔股价指数	扬基债券
美国共同基金	伦敦证券交易所	“金边债券”
FT30 指数	东京证券交易所	证券金融公司
日经股价指数	韩国股票交易所	“四会”时代
香港股票市场	价位	股票借贷制度
恒生指数	香港指数	所有普通股指数

二、简答题

1. 美国共同基金有何特点?
2. 纽约证券交易所的正式会员种类有哪些?
3. 美国证券市场的发展趋势有哪些?
4. 美国《1999 年金融服务法》对美国金融体系的影响有哪些方面?
5. 英国二板市场的主要特点是什么?
6. 试分析英国国际证券交易所的结构特点。
7. 试分析英国证券市场的监管模式。
8. 英国的股票发行方式有哪些?
10. 英国的“金边债券”有哪两种发行方式?
11. 东京证券交易所的交易方式有哪几种?
12. 日本第二部市场股票上市标准是什么?
13. 日本的民间债券包括哪几种类型?
14. 香港发展债券市场的有利因素具体表现在哪些方面?
15. 香港初次上市的条件是什么?

图书在版编目（CIP）数据

证券市场概论/魏建华等主编．—6版．—北京：中国人民大学出版社，2015.2
新编21世纪金融学系列教材
ISBN 978-7-300-20683-7

Ⅰ.①证… Ⅱ.①魏… Ⅲ.①证券市场-高等学校-教材 Ⅳ.①F830.91

中国版本图书馆CIP数据核字（2015）第012432号

新编21世纪金融学系列教材
证券市场概论（第六版）
魏建华　李雯　方芳　等 主编
Zhengquan Shichang Gailun

出版发行	中国人民大学出版社		
社　　址	北京中关村大街31号	邮政编码	100080
电　　话	010－62511242（总编室）		010－62511770（质管部）
	010－82501766（邮购部）		010－62514148（门市部）
	010－62515195（发行公司）		010－62515275（盗版举报）
网　　址	http://www.crup.com.cn		
	http://www.ttrnet.com(人大教研网)		
经　　销	新华书店		
印　　刷	北京昌联印刷有限公司	版　　次	2007年9月第1版
规　　格	185 mm×260 mm　16开本		2015年2月第6版
印　　张	16	印　　次	2015年2月第1次印刷
字　　数	376 000	定　　价	32.00元